学前教育专业规划教材

学前教育政策法规与职业道德

XUEQIAN JIAOYU ZHENGCE FAGUI YU ZHIYE DAODE

主　编　张利洪

副主编　胡　莉　刘书军

编　委　张露萍　曾　欣　韦　怀　武　颖

金　哲　汤　浪　胡益敏　吴若蓝

徐　珊　周　也　李　欢　陈林屹

周小雅　罗　星　孙慧芯　向　云

西南大学出版社

SWUP 国家一级出版社　全国百佳图书出版单位

图书在版编目(CIP)数据

学前教育政策法规与职业道德 / 张利洪主编. — 重庆：西南大学出版社, 2022.1
ISBN 978-7-5697-1070-0

Ⅰ.①学… Ⅱ.①张… Ⅲ.①学前教育－教育政策－中国－教材②学前教育－教育法－中国－教材 Ⅳ.①G619.20②D922.16

中国版本图书馆CIP数据核字(2021)第162367号

学前教育政策法规与职业道德

XUEQIAN JIAOYU ZHENGCE FAGUI YU ZHIYE DAODE

张利洪 主 编

策　　划：杨景罡　钟小族
执行策划：熊家艳
责任编辑：熊家艳
责任校对：翟腾飞
装帧设计：尚品视觉 CASTALY　周　娟　钟　琛　何欢欢
排　　版：张　祥
出版发行：西南大学出版社
　　　　　地址：重庆市北碚区天生路2号
　　　　　市场营销部：023-68868624
　　　　　邮编：400715
印　　刷：重庆三达广告印务装璜有限公司
幅面尺寸：185 mm×260 mm
印　　张：17.75
字　　数：325千字
版　　次：2022年1月　第1版
印　　次：2024年1月　第5次印刷
书　　号：ISBN 978-7-5697-1070-0
定　　价：49.80元

学前教育专业规划教材

总序

ZONGXU

党的二十大报告提出，要实施科教兴国的战略，强化现代化建设的人才支撑，强调要办好人民满意的教育。在学前教育领域，办好人民满意的教育就是要强化学前教育普惠发展。目前幼儿教师的专业性薄弱成为制约学前教育普惠发展的关键因素。为了满足社会对优质学前教育人才的需要，我国必须建立健全应用型学前教育人才培养机制。2018年，《中共中央 国务院关于学前教育深化改革规范发展的若干意见》强调“教师队伍建设滞后”是学前教育发展不平衡不充分主要表现之一，提出要大力加强幼儿园教师队伍建设，基本形成以本专科为主体的幼儿园教师培养体系，建立幼儿园教师专业成长机制。2021年12月，教育部等九部门印发了《“十四五”学前教育发展提升行动计划》，提出“补齐普惠资源短板”“完善普惠保障机制”“全面提升保教质量”三大任务，破解制约学前教育体制机制改革的瓶颈问题；同时强调要“提高教师专业素质和实践能力”，保障学前教育健康可持续发展。可见，师资培养已经成为当前学前教育发展的重中之重。

教材建设是职业教育“三教”改革的关键环节，幼儿教师教育类教材的开发，直接影响着未来幼儿教师的专业素养和专业成长。我们立足于学前教育教师的岗位需求，遵循学前教育教师资格标准和学前教育专业师范生职业能力标准，围绕“一践行、三学会”的能力要求，着眼于夯实学生的基本理论和基本能力，培养符合时代要求、具有良好专业素养的新型幼儿教师，力求体现时代性、科学性和实践性，组织编写了本套教材。

1. 编写队伍上，专家引领，校企合作

本套教材的主编、副主编及参编人员均来自各级各类院校、教研机构以及一线名园，均长期从事相关专业工作，有着扎实的理论基础和丰富的实践经验。

2. 内容选择上，以生为本，适应学情

教材编写强调以学生为中心，融合“教材即学材”的理念，符合职业教育的培养目标与学生认知规律，适应学生的学习能力和自主学习的需要。

3. 呈现形式上，创新模式，易教利学

融入多种板块（如学习目标、学习重难点、知识结构图、案例导入、本章小结、思考与练习）和学习材料（资料链接、人物介绍、拓展阅读），部分学科采取以项目执行来设置教学单元，增强了教材的可读性，易教利学。

4. 配套资源上，立体建设，拓展资源

配合教学中的教、学、做、测各环节，采用不同的技术手段，开发了多样的教学资源，具体包括PPT、典型案例、题库、名师名课视频等等，为教学提供全面支持。

总之，本系列教材注意了课程结构，反映了各门课程结构之间的联系和衔接，内容分配合理，既相互联系又相互区别，在帮助学生尽快掌握幼儿教育的基本理论和从事幼儿教育工作最基本的工作技能等方面做了有益的探索。

最后，要感谢参与本系列教材编写和审稿的各位老师所付出的大量辛勤劳动，也要感谢西南大学出版社职业教育分社的编辑们对本系列教材的支持和编辑工作。由于编写时间紧、人员能力有限等原因，本套教材还存在一些不足。在使用本教材的教师和学生的关心和帮助下，我们会不断改进和完善这套教材，促进我国学前教育专业的教学改革和课程建设，提高人才培养质量，进而促进学前教育质量的提升。

前言

QIANYAN

《教师教育课程标准(试行)》在学前教育专业的课程设置模块中建议教师教育机构开设“幼儿教育政策法规”和“教师职业道德”两门课程。《幼儿园教师专业标准(试行)》确立了“师德为先”的基本理念,并在基本内容里对幼儿教师应该具有的法律素养和教师职业道德提出了诸多的要求。在《中小学和幼儿园教师资格考试标准(试行)》(2011年)中,有关“良好的法律意识和职业道德”的内容占了《综合素质》(幼儿园)考试的四分之一。教育部颁布的《教师教育课程标准(试行)》《幼儿园教师专业标准(试行)》《中小学和幼儿园教师资格考试标准(试行)》“三大标准”,将“幼儿教育政策法规”和“教师职业道德”列入幼儿园教师职前教育的课程,并提出了课程目标和学习的具体内容,给学前教育专业课程改革提出了新的要求。从“三大标准”的总体要求来看,“幼儿教育政策法规”和“教师职业道德”作为两门独立的必修课程开设并不显得过分。然而,目前不少高校在修订学前教育专业人才培养方案时贯彻“精减学时”和“实践取向”的理念,在此背景下“幼儿教育政策法规与职业道德”课程的内容和学时不增只减。“政策上重要,事实上少要,考试又必要”恐怕是当下“幼儿教育政策法规与职业道德”课程的现实境遇。然而,这门课程对于学前教育专业的中等职业学校和高等职业院校的学生来说，坚持“必须、够用”的原则仍具有很大的合理性。

曾经想把该教材取名为“幼儿教师职业道德与政策法规”。但在当前幼儿园不断发生底线失守的侵权行为面前，编者似乎觉得“秉持法律先于道德”的观念更加有利于矫正当下底线失守的行为，更加有利于幼儿教育事业在媒体的聚光灯下健康成长。因此，我们最终将教材命名为“幼儿教育政策法规与职业道德”。

依据“三大标准”，国家要求幼儿园教师职前教育，应当符合以下要求：具有良好的法律意识和职业道德；强化法治观念，尊重和保护儿童的合法权益，将保护儿童的生命安全放在首位；了解和掌握教育政策法规的基本知识，如教师的权利和义务，儿童的权利和义务，教师和学生权益救济的途径；了解我国主要的法规和政策，主要包括《中华人民共和国教育法》《中华人民共和国义务教育法》《中华人民共和国教师法》《中华人民共和国未成年人保护法》《中华人民共和国预防未成年人犯罪法》《学生伤害事故处理办法》《幼儿园工作规程》《国家中长期教育改革和发展规划纲要（2010—2020年）》《儿童权利公约》等；具备运用教育政策法规基本原理分析评价教育实际问题的能力。基于此，本教材共安排了七章的内容。主要内容为：教育法与教师职业道德概论；幼儿权利的内容及其法律保障；幼儿教师权利的内容及其法律保障；幼儿园的法律地位及硬件设施；我国主要的幼儿教育政策法规解读；幼儿教师职业道德特性与内容；幼儿教师职业道德养成。其内在逻辑关系为，法律与道德关系的讨论是为各自厘定一个相对清晰的边界，幼儿和教师及其权益是相应的教育政策与法规服务的第一目的，秉承“法律是最低限度的道德”的观点，让法律在首，道德呈尾。

本教材首先立足于“必须够用，易教利学”的定位，同时为解决当前同类教材学术品性不高的问题而拓展了一些法理和教理。为了帮助大家更好地使用本教材，特别建议学员注意处理好三个方面的关系：处理好学习幼儿教育政策法规和职业道德的专门知识与学习一般法学和教育学知识的关系；处理好学习幼儿教育政策法规和职业道德基础知识与相关案例的关系；处理好真正地提高法律素养和应对公考能力的关系。在学习本课程的过程中，阅读一些法理学和行政法学教材，收看《今日说法》和《法律讲堂》等法制节目，对理解教材内容大有裨益。

本教材既可以作为高等学校学前教育专业学生的课本，也可以作为幼儿园教师和园长的参考资料。本教材在编写过程中力求体现以下特色：以学生为本，适应学情；创新模式，易教利学；配合公考，提高过关率；突出时效，与时俱进。

本教材由西华师范大学学前与初等教育学院的张利洪博士任主编，重庆文化艺术职业学院的胡莉副院长任副主编，西华师范大学学前与初等教育学院学前教育（学）硕士生张露萍、金哲、曾欣和汤浪，重庆文化艺术职业学院的韦怀老师、武颖老师参与编写。教材提纲由主编提出，经副主编和各位参编人员协商确定。具体编写分工为：张利洪，前言和第1章；张露萍，第2章；曾欣，第3章；韦怀，第5章；武颖，第6章；金哲，第7章；汤浪，第8章。余琦和王聆妃同学为本书整理了部分教师资格考试真题模拟训练资料和附录内容，特此感谢。最后，全书由主编统稿定稿。本教材部分地体现了主编对该门课程多年教学的认识和积累，但最终是集体智慧的结晶，是各位编写者群策群力的结果。

本教材在编写过程中，借鉴了国内许多专家、学者的著作和文献，引用了一些案例，并尽量注明了案例的出处，若有纰漏，请批评指正。在此，对这些著作、文献、案例的原作者表示衷心的感谢，并要特别感谢评审专家西南大学教育学部杨挺教授的宝贵建议。

由于本教材涉及内容较广，加之编者水平有限，难免存在不足之处，敬请广大读者提出宝贵意见，以便修订完善。热烈欢迎各位读者将对本书的意见和建议毫不吝啬地发送到电子邮箱：283702403@qq.com，我们将真诚地予以回复和致谢。

2018年3月

修订说明

XIUDING SHUOMING

承蒙老师和同学们的厚爱，此书出版后获得了较好的销售量和初评。此书自2018年出版后，我国学前教育政策法规环境产生了很大的变化，特别是2018年11月7日，中共中央国务院发布《关于学前教育深化改革规范发展的若干意见》；2019年4月17日，出台《关于促进3岁以下婴幼儿照护服务发展的指导意见》；2020年5月28日，《中华人民共和国民法典》诞生；2020年10月17日，第二次修订《中华人民共和国未成年人保护法》。如果一本政策法规教材不及时反映这些重大政策和重要法律的宗旨和精神，那么它的适用性会大大地降低。为了保持教材的及时性和可用性，在出版社的催促下，修订事宜提上了议事日程。但是，诸多事务导致此项工作未能卓有成效地推进。抱着“最低限度的修改、必要的增加和可能的完善”三个原则，整体上对教材作了较大的修改。

此次修订的主要特点有三：第一，单独增加“托育服务政策”一章，其目的在于回应新时代对照护服务的需求性和迫切性，也是对逐步改变学前教育政策法规沦为幼儿园政策法规困境的努力。该章的第一节“托育服务的价值”，就内容来讲不属于政策法规的范畴，其增加的目的在于增强读者对于托育服务政策意义的理解和学习自觉。第二，保持教材的时代感。教材里收录最新的文件截止时间为2021年4月9日，读者看了可能有“这是一盘刚刚炒好的时令蔬菜”的感受。同时，将教材引用的政策内容和法条都更新到最新版本，比如民法总则和民法通则变成民法典等。每章后的真题练习更新到2021年上半年的试题。第三，对个别语句和知识作了完善。此次修订的不足之处在于对部分新文件的精神反应不够，比如《幼儿园教师职业行为十大准则》等。

本次修订工作的主要参与者：胡益敏撰写“托育服务政策”和试题更新，汤浪修订第7章，张露萍修订第2章，吴若蓝完成第1章部分修订工作，徐珊汇总婴幼儿照护政策，周也、李欢、陈林屹、罗星等对3至6章内容作了认真核对，周小雅整体负责最后的核对和PDF格式内容添加。主编负责整体统筹、内容修改和完善。总之，正因为大家的齐心协力，才能在较短时间内完成修订。教材的编写水平代表整个团队的实力，其谬误和不当敬请读者批评指正。由于时间紧迫、水平有限，教材还有诸多尚待完善的空间，真诚欢迎大家批评指正。

2021年8月

目录

MULU

第1章 教育法与教师职业道德概论

法律与道德的关系是法理学或法律哲学讨论的永恒经典问题。历史上但凡有些声望的法理学家都会就此问题发表见解，比如美国著名法学家罗斯科·庞德的《法律与道德》、富勒的《法律的道德性》等。教育是个富含道德意蕴的事业，因此教育法本身具有比别的法律更多的法律与道德之间的矛盾与冲突。然而，通观现行的教育法学教材和专著研究，较少涉猎如此重要的法理命题。与初等、中等教育相比，幼儿教育法律中的伦理冲突更为强烈。因此，本章尝试简单地讨论法律与道德的关系。

学习目标

1. 初步了解法律与道德的关系，明确教育法与教师职业道德所不同的调整对象。

2. 理解教育法的渊源、教育法律关系的构成要素。

3. 了解教育法律责任和教育法律救济的内涵，理解教育法律责任的构成要件和教育法律救济的主要途径。

4. 了解我国学前教育政策法规与幼儿教师职业道德的演进过程。

学习重难点

1. 理解教育法律关系的构成要素、教育法的渊源。

2. 理解教育法律责任的构成要件和教育法律救济的主要途径。

知识结构图

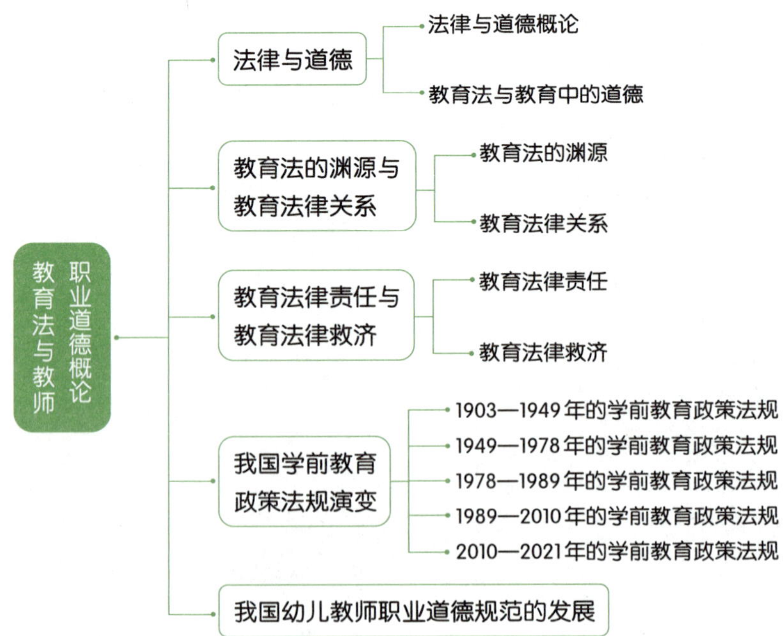

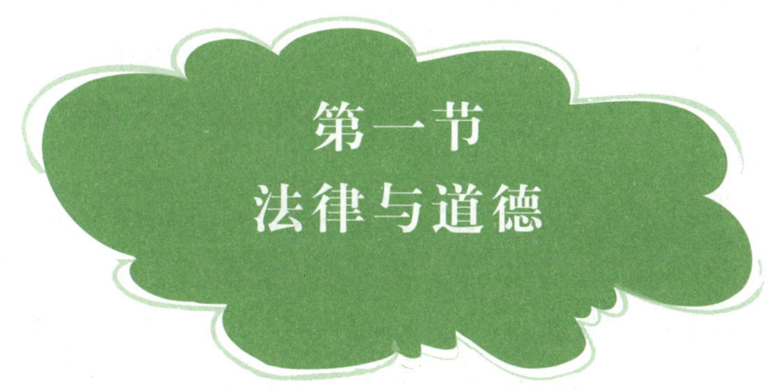

一、法律与道德概论

在人类社会的早期，法律与道德没有被区分开来，都以惯例、风俗、习惯、道德等形式存在。随着社会的分化和成文法的发展，法律与道德等社会规范才出现相对的分离。在人类进入工业社会之后，随着社会分工越来越细，人际交往越来越复杂，对法律的需求也越来越大，法律逐渐成为相对独立、自成体系的规范系统。进入复杂多元的现代社会之后，“依法治国，建设法治国家”成为现代国家的标配。

法律脱胎于道德，又有别于道德，因此，明辨二者的联系和区别十分必要。在有序的社会里，法律与道德共同维护社会的主流价值；法律与道德的实现都离不开民众的认同与信奉；法律和道德二者可以相互转换，即良好的法律得到长期的执行后可能成为社会道德之一部分，基本道德原则亦可能转化为法律。二者的关系非常类似于阴阳太极图中阴阳两极的关系。

法律与道德的主要不同之处是：①形成的方式不同。道德观念和规范是在人类长期社会生活中自发形成的，具有自然性，而现代化国家的法律主要是由制定法或司法判例形成的，更具人为性。②表现的形式不同。道德主要以观念的形式存在，法律以成文法的形式存在。③适用的范围不同。在高度伦理化的社会里，两者的范围是无法界定的。在法律发展完备的社会里，二者应该是泾渭分明的。法律只限于保障基本道德的要求，其不能，也不应将其目光放在不易满足的高道德的尖端，据此人们事实上可视法律为道德的最低限度。[①]④实现的力量不同。国家强制力是法律得以实现的保障，而保证道德实现的主要力量是社会舆情与公众内心信念。

在当代中国，法律与道德都是管理国家、治理社会和规范个人的主要手段。正如《中共中央关于全面推进依法治国若干重大问题的决定》中指出："坚持依法治国和以德治国相结合。国家和社会治理需要法律和道德共同发挥作用。必须坚持一手抓法治、一手抓德治，大力弘扬社会主义核心价值观，弘扬中华传统美德，培育社会公德、职业道德、家庭美德、个人品德，既重视发挥法律的规范作用，又重视发挥道德的教化作用，以法治体现道德理念、强化法律对道德建设的促进作用，以道德滋养法治精神、强化道德对法治文化的支撑作用，实现法律和道德相辅相成、法治和德治相得益彰。"社会公德、职业道德、家庭美德、个人品德（简称"四德"）较早由中共中央于2001年9月20日在《公民道德建设实施纲要》中提出。社会公德主要处理人与人、人与社会、人与自然之间的关系。当代社会大力倡导以文明礼貌、助人为乐、爱护公物、保护环境、遵纪守法为主要内容的社会公德，鼓励人们在社会上做一个好公民。职业道德涵盖了从业人员与服务对象、职业与职工、职业与职业之间的关系。职业道德的主要内容为爱岗敬业、诚实守信、办事公道、服务群众、奉献社会。家庭美德涵盖了夫妻、长幼、邻里之间的关系，其主要内容为尊老爱幼、男女平等、夫妻和睦、勤俭持家、邻里团结。个人品德与社会公德、职业道德、家庭美德是一个有机的统一体，是构建和谐家庭、建设和谐社会的基础，其主要内容有为人正直、对人友善、诚实守信、待人宽容、自立自强。

二、教育法与教育中的道德

法律与道德的关系本就是个不简单的问题，加上教育因素之后，它们之间的关系则变得更加扑朔迷离。正如格林费尔德所说："教育是一项打上了深深的道德烙印的事业。对这样一项事业的管理怎样能够少谈道德呢？"[②]若说教育本身是一项深含道德意蕴的事业，那么将这个命题推向极致就成为"教育即道德"，因此关于法律与道德的关系讨论可以转化成法律与教育的讨论。要讨论二者的关

① 阿图尔·考夫曼．法律哲学[M]．刘幸义，等，译．2版．北京：法律出版社，2011：233.

② 中央教育科学研究所比较教育研究室．教育管理[M]．北京：教育科学出版社，1992：73.

系关键在于回答法律介入教育的广度及其限度，以此反对两种取向——泛道德主义与立法万能主义。谭晓玉在其博士学位论文《教育与法律关系的法理学思考》[①]中从法理学的角度深入讨论了教育与法律的关系。此处删繁就简，只从教育的内部事项与外部事项理论出发简单分析教育领域中法律的空间。

一般认为，教育的内部事项是指为直接达成教育目标，由教师所开展的学科教学事务或发生教育效果之生活教养活动。“教育目标的达成，除应借由法律规范予以确立外，尚需经由教师全心投入教学加以实现。授课与教学的成功与否，有赖教师感情的投入、师生的互动，亦即教师专业的纯熟。教学成效与教师个人之特质息息相关，不宜透过法律详尽规范，而应藉由授予教师专业自主权，使教师能针对个别学生的人格特质、学习能力，做最好的教学引导，实践学习权保障的真谛。”[②]教育的内部事项应由教师自主自律，此部分主要由专业伦理道德调整，国家法律不宜干预或介入，国家权力行使的范围应局限于为教育工作创造条件的外部事项。教育的外部事项是指为间接达成教育目标，由学校管理人员和教育行政主管人员调配和管理各种人、财、物的各种服务事项。教育的外部事项不直接涉及培养人的创造性活动，法律应当充分介入，以便提供管理的依据和程序。教育的外部事项与内部事项划分是相对的，不是完美无缺的，但这些都不能妨碍我们在审视法律介入教育的限度与原则方面的独特的视角和启发，试以“小学化”政策为例。

为解决“小学化”现象，教育部于2011年12月专门出台了《教育部关于规范幼儿园保育教育工作防止和纠正“小学化”现象的通知》（教基二〔2011〕8号）。该文件中规定：“严禁幼儿园提前教授小学教育内容。幼儿园不得以举办兴趣班、特长班和实验班为名进行各种提前学习和强化训练活动，不得给幼儿布置家庭作业。”这些内容更多属于教育的内部事项，不适宜教育政策和法律的介入。教育部出台此文件的初衷是想解决“小学化”问题，但是“小学化”问题的成因是极其复杂的，绝不是出台一个文件就可以解决的。幼儿园“小学化”至少有四个方面的原因：其一是家长不科学的教育观念绑架了幼儿园的教育行为；其二是社会教育培训机构助长了家长的绑架行为；其三是幼儿园，尤其是民办幼儿园为了生存，放弃了健康的教育理念而迎合家长的不合理需要；其四是幼儿园“小学化”还受科举文化熏陶出来的识字教育和现代教育功利主义思想的影响。更为重要

① 谭晓玉．教育与法律关系的法理学思考[D]．上海：华东师范大学，1996.

② 董保诚．教育法与学术自由[M]．台北：月旦出版社股份有限公司，1997. 转引自申素平．教育法学：原理、规范与应用[M]．北京：教育科学出版社，2009:2.

的是幼儿园“小学化”本身的表现形式复杂多样，政策文本本身对其没有权威的定义而让政策调整缺乏明确的对象。幼儿园“小学化”的表象在幼儿园，根源实在小学。教育部把责罚的板子打在幼儿园的身上实有冤枉幼儿园的嫌疑。

退一步讲，教育部统一规定“严禁幼儿园提前教授小学教育内容”“不得给幼儿布置家庭作业”等与教育部颁布幼儿教师专业标准在理念上有些背道而驰、自相矛盾。幼儿教师的教育内容只要没有违反国家的宪法、法律和大政方针，教育部等行政部门就不便干涉，否则便有越权之嫌。在我国不少地方尚存幼儿班（尤其是学前班）班额较大、玩具教具数量不足、教师教学能力不足的情况，所以说幼儿园不得已进行一些小学教育内容是有现实基础的。政策如果罔顾现实，岂不是从出台之日起就成为一纸空文？幼儿教师教什么，怎样教，在很大程度上归属于幼儿教师的专业自主权，在其权限范围之内，在教的内容不违法，教的方式不违背儿童身心发展特点的情况下，这些完全属于教师的教育自由，不受国家政策和司法的审查。否则会出现管理变强制，控制变压制的局面。为了防止教师滥用自己的专业权威，其应该接受专业组织和管理人员的监督。如果国家权力意志不恰当地介入了某个社会领域或专业组织，既会破坏该领域或组织本身的自发秩序，又会损害自身的权威形象和威严。

教育的内外部事项划分理论可防范学前教育领域出现立法万能主义与泛道德主义。教育立法万能主义强调教育领域中出现的大小事情都可以诉诸教育立法来解决。另外一种极端取向就是泛道德主义，其主张教育领域里面的一切事由都排除了法律的空间，只能诉诸道德规范的力量。在现实中，当然很少出现这两种如此极端的倾向，但是确有滑向其中一端的倾向，当前尤其要注意立法万能主义苗头的出现。正如前所言，在教育法制发展过程中，“无法可依的问题还比较突出，因此对教育立法甚为关注。但犹在此时，必须注意避免陷入立法万能的误区，不能将教育立法作为解决所有教育问题的万能钥匙”①。

思考与练习

子曰：“道之以政，齐之以刑，民免而无耻。道之以德，齐之以礼，有耻且格。”（出自《论语·为政》）从法律与道德的关系，结合当下教育生态谈谈教育治理坚持依法治教和以德治教的必要性。

① 申素平．教育法学：原理、规范与应用[M]．北京：教育科学出版社，2009:3.

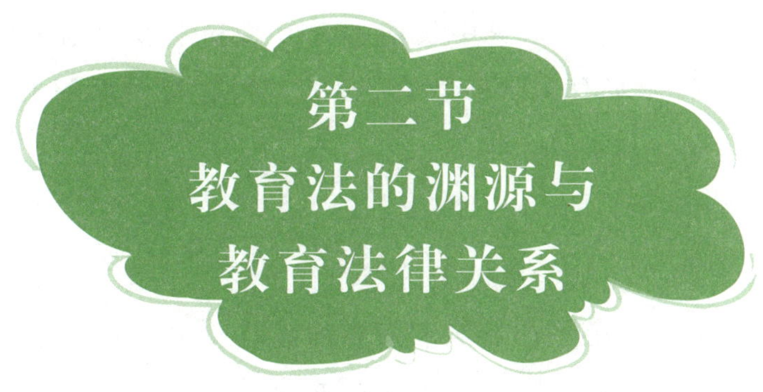

第二节 教育法的渊源与教育法律关系

一、教育法的渊源

“法的渊源”一词在法学著述中是一个包括多重含义的概念。它可指法的实质渊源和形式渊源。法的形式渊源是指法的具体的外部表现形式。我国属于成文法国家，教育法的渊源表现为成文法的形式。我国教育法的渊源主要有五种类型。

（一）宪法

宪法是由全国人民代表大会制定和修改的，具有最高法律地位和法律效力。我国现行宪法中有多个条文涉及教育问题，特别是第十九条、第四十六条、第四十七条等，这些规定成为制定教育法的宪法依据。《中华人民共和国宪法》第十九条第二款规定：“国家举办各种学校，普及初等义务教育，发展中等教育、职业教育和高等教育，并且发展学前教育。”这款规定是我国制定教育法的宪法依据，任何教育法律都不得逾越宪法的理念和规范。

（二）法律

这里的法律是指狭义的法律，指国家最高权力机关及其常设机构制定的规范性文件。法律的地位和效力仅次于宪法，可以拘束行政立法和地方立法。我国自改革开放至今，全国人民代表大会及其常务委员会制定颁布了《中华人民共和国学位条例》（1980 年 2 月 12 日）、《中华人民共和国义务教育法》（1986 年 4 月 12 日）、《中华人民共和国教师法》（1993 年 10 月 31 日）、《中华人民共和国教育法》（1995 年 3 月 18 日）、《中华人民共和国职业教育法》（1996 年 5 月 15 日）、《中华人民共和国高等教育法》(1998年8月29日)、《中华人民共和国国家通用语言文字法》(2000年10月31日)、《中华人民共和国民办教育促进法》(2002年12月30日)8部教育法律。按照《国家中长期教育改革和发展规划纲要(2010—2020年)》的规划,我国将制定有关学前教育、考试、学校、终身学习和家庭教育等法律。截至2020年,这一目标无一完成。

(三)行政法规

行政法规是指国务院制定和颁布的规范性文件。它是国务院依据宪法和法律的规定,在自己的职权范围内制定和发布的规范性文件。目前,由国务院制定颁布了多项教育行政法规。与学前教育相关的行政法规有《幼儿园管理条例》(1989年9月11日)、《学校体育工作条例》(1990年3月12日)、《学校卫生工作条例》(1990年6月4日)、《国务院关于贯彻实施〈中华人民共和国教师法〉若干问题的通知》(1993年11月21日)、《教学成果奖励条例》(1994年3月14日)、《教师资格条例》(1995年12月12日)、《中华人民共和国民办教育促进法实施条例》(2004年3月5日)。

(四)地方性法规、自治条例和单行条例

根据《中华人民共和国立法法》的规定,地方性法规是指省、自治区、直辖市的人民代表大会及其常务委员会根据本行政区域的具体情况和实际需要,在不同宪法、法律、行政法规相抵触的前提下制定的规范性文件。设区的市的人民代表大会及其常务委员会根据本市的具体情况和实际需要,在不同宪法、法律、行政法规和本省、自治区的地方性法规相抵触的前提下,可以对城乡建设与管理、环境保护、历史文化保护等方面的事项制定地方性法规,法律对设区的市制定地方性法规的事项另有规定的,从其规定。设区的市的地方性法规须报省、自治区的人民代表大会常务委员会批准后施行。省、自治区的人民代表大会常务委员会对报请批准的地方性法规,应当对其合法性进行审查,同宪法、法律、行政法规和本省、自治区的地方性法规不抵触的,应当在四个月内予以批准。省、自治区的人民代表大会常务委员会在对报请批准的设区的市的地方性法规进行审查时,发现其同本省、自治区的人民政府的规章相抵触的,应当作出处理决定。地方性法规可以就下列事项作出规定:为执行法律、行政法规的规定,需要根据本行政区域的实际情况作具体规定的事项;属于地方性事务需要制定地方性法规的事项。

自治条例和单行条例属于自治法规，由民族自治地方的人民代表大会制定。民族自治地方的人民代表大会有权依照当地民族的政治、经济和文化的特点，制定自治条例和单行条例。自治区的自治条例和单行条例，报全国人民代表大会常务委员会批准后生效。自治州、自治县的自治条例和单行条例，报省、自治区、直辖市的人民代表大会常务委员会批准后生效。自治条例和单行条例可以依照当地民族的特点，对法律和行政法规的规定作出变通规定，但不得违背法律或者行政法规的基本原则，不得对宪法和民族区域自治法的规定以及其他有关法律、行政法规专门就民族自治地方所作的规定作出变通规定。

（五）规章

根据《中华人民共和国立法法》的规定，国务院各部、委员会、中国人民银行、审计署和具有行政管理职能的直属机构，可以根据法律和国务院的行政法规、决定、命令，在本部门的权限范围内，制定规章。部门规章规定的事项应当属于执行法律或者国务院的行政法规、决定、命令的事项。没有法律或者国务院的行政法规、决定、命令的依据，部门规章不得设定减损公民、法人和其他组织权利或者增加其义务的规范，不得增加本部门的权力或者减少本部门的法定职责。涉及两个以上国务院部门职权范围的事项，应当提请国务院制定行政法规或者由国务院有关部门联合制定规章。省、自治区、直辖市和设区的市、自治州的人民政府，可以根据法律、行政法规和本省、自治区、直辖市的地方性法规，制定规章。地方政府规章可以就下列事项作出规定：为执行法律、行政法规、地方性法规的规定需要制定规章的事项；属于本行政区域的具体行政管理事项。关于学前教育的规定绝大多数属于部门规章。

我国教育法的渊源包括宪法、法律、行政法规、地方性法规、自治条例与单行条例、规章等，它们依效力高低与适用范围的大小形成了一个较为完整的法律体系。若要准确地适用教育法，必须遵循一些基本原则：上位法优于下位法；特别法优于普通法；新法优于旧法；法不溯及既往等。

二、教育法律关系

法律关系是法律规范在确认和调整人们行为过程中形成的权利和义务关系。教育法律关系是教育法规在确认和调整人们教育活动过程中形成的权利和义务关系。理解此概念须注意三点：第一，教育法律规范的存在是教育法律关系产生的前提。也就是说，先有教育法律才有教育法律关系。目前，我国的教育法律有《中华人民共和国教育法》《中华人民共和国教师法》《中华人民共和国义务教育法》《中华人民共和国高等教育法》《中华人民共和国民办教育促进法》《中华人民共和国职业教育法》等8部。第二，教育的外部事项是教育法律关系形成的主要地带。教育法规定的权利与义务是教育法律关系的内容。没有教育法律规范上权利的享有和义务的履行，也就不可能有教育法律纠纷的产生，也就不会形成教育法律关系。第三，教育法律关系根据其性质的不同，可分为教育民事法律关系、教育行政法律关系和教育特别法律关系。[①]

教育法律关系由主体、客体和内容三个要素组成。教育法律关系的主体、客体和内容相互联系、相互制约，缺一不可，其中任何一个要素的改变，都会导致原有法律关系的变更。

(一)教育法律关系的主体

教育法律关系的主体是指在教育法律关系中享有权利并承担义务的自然人或法人。自然人是指因出生而取得民事主体资格的人，包括我国公民、外国公民和无国籍人。法人是具有民事权利能力和民事行为能力，依法独立享有民事权利和承担民事义务的组织。法人应当具备下列条件：依法成立；有独立的财产或者经费；有自己的名称、组织机构和场所；能够独立承担民事责任；能够以自己的名义参加民事活动与民事诉讼。我国2020年5月28日颁布的《中华人民共和国民法典》规定，法人分为营利法人、非营利法人和特别法人三种。营利法人是指以取得利润并分配给股东等出资人为目的而成立的法人，包括有限责任公司、股份有限公司和其他企业法人等。非营利法人是指为公益目的或者其他非营利目的成立，不向出资人、设立人或者会员分配所取得利润的法人，包括事业单位、社会团体、基金会、社会服务机构等。特别法人包括机关法人、农村集体经济组织法人、城镇农村的合作经济组织法人、基层群众性自治组织法人等。

(二)教育法律关系的客体

教育法律关系的客体，是指教育法律关系的权利和义务所指向的对象。它包括物、教育行为和智力成果。

在教育法律关系中，作为客体的“物”主要包括教育经费、基建投资、校舍、场地及其他基本教学设施、教育仪器、图书资料，以及文娱、体育、卫生器材等。比

---

① 张维平，石连海．教育法学[M]．北京：人民教育出版社，2008:93.

如学校乱收费就侵犯了学生的财产权，在这一法律关系中，客体就是学生的钱物。教育行为是指教育法律关系主体的作为或不作为。比如教师有教育教学的权利，强调的是教师的行为。教师发现其他教师有体罚学生的行为而不加制止，则是一种不作为的行为。智力成果是指教育法律关系的主体取得或拥有的著作权、专利权、商标权、发明权等权益。

（三）教育法律关系的内容

教育法律关系的内容，是指教育法律关系主体之间因教育活动而享有的权利和承担的义务。法律上的权利是指国家法律规定的权利人以某种自由的作为或者不作为的方式来获得一定利益的资格。在现代法治国家，任何人的权利，不得被任何组织和个人侵犯或非法剥夺。一般来说，权利人对其拥有的利益是可以放弃的，但当权利与职责相联系时，法律关系的主体就不可以随意放弃，否则可能构成失职。法律义务是指法律关系的主体依据法律规范的规定必须承担和履行的某种责任，表现为法律关系的主体必须作出或不作出一定的行为。凡是法定义务，必须履行，不得放弃。

权利与义务是密不可分的，二者相互依存，互为存在的前提。每种权利都必然伴随着某种相应的义务，或者是作为的义务，即促使相应权利实现的特定义务；或者是不作为的义务，即不作出破坏或阻碍他人法定权利实现行为的义务。权利的行使不能超越法律许可的范围，即只有在法律保护的范围之内享受权利才是合法的。

教育法律关系是基于人们的教育活动所形成的人与人之间的权利义务关系，因此，其必然涉及教育者与受教育者。两者之间的权利与义务就是教育法律关系的核心内容。在教育实践中，教育者和受教育者的权利和义务具有一致性。如国家有对公民实施教育的权利，而这种权利同样是一种义务，因为国家的这种权利必须以作为为目的。教育者和受教育者的法律关系内容突出表现为两个方面，即教育权力（简称教育权）与受教育权利（简称受教育权）。

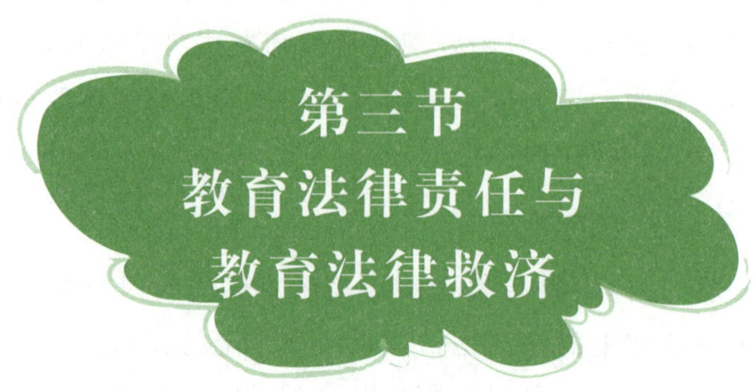

第三节 教育法律责任与教育法律救济

在法律实践中并非所有的教育法律关系主体都能依法履行责任，对违法责任人需要进行处理，强制其承担相应的法律责任。同时，对受到侵害的相对人，需要实施法律救济。

一、教育法律责任

法律责任具有广义和狭义两种解释。就广义而言，它具有两方面的含义：一是指法律义务，包括法定的作为或不作为以及合法约定的作为或者不作为的义务，亦称第一性义务；二是指行为人因违反了法定义务或约定义务而引起的新的特定义务，亦称第二性义务。狭义上的法律责任即第二性义务。通常认为，教育法律责任是教育法律关系的主体因为实施了违法行为，而必须依法承担的带有强制性和惩罚性的法律后果。

（一）教育法律责任的类型

教育法律责任按违法的性质和危害程度不同可分为：教育行政法律责任、教育民事法律责任和教育刑事法律责任。教育行政法律责任指教育法律关系主体违反了教育行政法律规范而承担的否定性法律后果。依据行政法和教育法的规定，违反教育行政法律规范的责任承担方式主要有行政处分和行政处罚两类。行政处分是指国家机关、企事业单位对所属的国家公务人员违法失职行为尚不构成犯罪，依据法律、法规所规定的权限而给予的一种惩戒。依据《行政机关公务员处分条例》，行政机关公务员处分种类有：警告、记过、记大过、降级、撤职、开除六种。比如，《中华人民共和国教师法》第三十七条第一款规定："教师有下列情形之一的，由所在学校、其他教育机构或者教育行政部门给予行政处分或者解聘：（一）故意不完成教育教学任务给教育教学工作造成损失的；（二）体罚学生，经教育不改的；（三）品行不良、侮辱学生，影响恶劣的。”

行政处罚是指行政机关依法对违反行政管理秩序的公民、法人或者其他组织，以减损利益或者增加义务的方式予以惩罚的行为。依据《教育行政处罚暂行实施办法》，教育行政处罚的种类包括十种：警告；罚款；没收违法所得，没收违法颁发、印制的学历证书、学位证书及其他学业证书；撤销违法举办的学校和其他教育机构；取消颁发学历、学位和其他学业证书的资格；撤销教师资格；停考，停止申请认定资格；责令停止招生；吊销办学许可证；法律、法规规定的其他教育行政处罚。

行政处分和行政处罚虽然都是行政制裁措施，但二者有较大区别，主要表现在：行政处分属于内部行政行为，由行政主体基于行政隶属关系对所属行政相对人依法作出。它具有强烈的约束力，行政相对人不服的，行政主体可以强制执行。行政处罚是外部行政行为，是国家特定的具有行政处罚权的行政机关依照法定权限和程序作出的行为，属于外部行政管理职能，其处罚对象既可以是个人，也可以是组织。

教育民事法律责任是指教育法律关系主体违反了教育法律法规或民事法律规定的平等主体之间的财产关系或人身关系，依照法律规定承担的惩罚性法律后果。如《中华人民共和国教育法》第八十三条规定：“违反本法规定，侵犯教师、受教育者、学校或者其他教育机构的合法权益，造成损失、损害的，应当依法承担民事责任。”根据《中华人民共和国民法典》第一百七十九条规定，承担民事责任的方式主要有：停止侵害，排除妨碍，消除危险，返还财产，恢复原状，修理、重作、更换，继续履行，赔偿损失，支付违约金，消除影响、恢复名誉，赔礼道歉。法律规定惩罚性赔偿的，依照其规定。本条规定的承担民事责任的方式，可以单独适用，也可以合并适用。

教育刑事法律责任指教育法律关系主体实施违反教育法的行为同时触犯了刑法，达到犯罪程度时，必须承担的法律后果。追究教育刑事法律责任是国家对违反教育法的行为人最为严厉的法律制裁。具体条款见《中华人民共和国教育法》第七十一条第二款、第七十二条第一款、第七十三条、第七十六条、第七十七条、第七十九条、第八十条、第八十一条和第八十二条第二款等。《中华人民共和国刑法》第一百三十八条、第二百八十四条、第二百八十四条之一、第四百一十八条等。如《中华人民共和国教育法》第七十三条规定：“明知校舍或者教育教学设施有危险，而不采取措施，造成人员伤亡或者重大财产损失的，对直接负责的主管人员和其他直接责任人员，依法追究刑事责任。”《中华人民共和国刑法》第一百三十八条规定：“明知校舍或者教育教学设施有危险，而不采取措施或者不及时报告，致使发生重大伤亡事故的，对直接责任人员，处三年以下有期徒刑或者拘役；后果特别严重的，处三年以上七年以下有期徒刑。”

（二）教育法律责任的构成要件

教育法律责任的构成要件是指构成教育法律责任所必备的客观要件和主观要件的总和，是执法机关要求行为人承担法律责任的标准。根据违法行为的一般特点可以把法律责任的构成要件概括为违法行为、主观过错、损害事实和因果关系。教育法律关系主体只有具备以下四个教育法律责任的归责要件，才能被认定为教育法律责任主体，才应该承担相应的法律后果。

1. 违法行为

违法行为是指责任人实施了违反法律、法规的行为。假若行为人的行为没有违法，他就不承担法律责任。行为违法是构成教育法律责任的前提条件。

这个条件包括两个方面的含义：一方面是指行为的违法性。只有行为违反了现行法律的规定才是违法行为。这种违法行为可以是积极的作为，如考试作弊，殴打、侮辱教师，侵占学校财产；也可以是消极不作为，如不及时维修危房、拖欠教师的工资等。另一方面，违法行为必须是一种行为。人的行为虽然受思想支配，但是如果思想不表现为行为，则不构成违法。内在的思想，只有表现为外在的行为时，才可能构成违法。

2. 主观过错

所谓过错，是指行为人在实施行为时，具有主观上的故意或过失的心理状态。故意的心理状态，是指行为人明知自己的行为会产生危害社会的结果，但希望或放任这种结果的发生。例如，招生办公室主任收受贿赂后，有意招收分数低的学生，不招收分数高的学生，致使分数高的学生落榜。过失的心理状态，是指行为人在本应避免危害结果发生时，由于疏忽大意或者过于自信而没有避免，以致产生危害结果。例如，教师在教育方式不当而对学生进行人格侮辱后，学生因不堪忍受而自杀。该教师的行为即有过失的因素。

3. 损害事实

损害事实是指行为人有侵害教育管理、教学秩序及从事教育教学活动的公民、法人和其他组织的合法权益的客观事实存在。这是构成教育法律责任的必要前提。

违法对社会所造成的损害,有两种:一种是违法行为造成了实际的损害,如体罚学生致使学生身体受到伤害;另一种是违法行为虽未实际造成损害,但已存在这种可能性,如有关部门明知学校房屋有倒塌的危险,却拒不拨款维修。违法行为造成的损害后果,表现为物质性的后果和非物质性的后果。物质性的后果具体、有形、能够计量,如挪用学校的建设经费,其数额可以计算。非物质性的后果抽象、无形、难以计量,如教师侮辱学生,造成学生精神上、心理上长期的伤害,则无法计量。

4. 因果关系

因果关系是指违法行为是导致损害事实发生的原因,损害事实是违法行为造成的必然结果,二者之间存在着内在的必然联系。前者决定后者的发生,后者是前者的必然结果。因果关系是承担法律责任的重要条件之一。

二、教育法律救济

没有救济的权利就不是真正的权利。教育法律救济制度,是依法治教的重要内容,对于保障教师和学生的合法权益具有重要的意义。教育法律救济是指通过一定的程序和途径裁决教育法律纠纷,对教育法律关系主体受到侵害的合法权益进行法律上的恢复或补救。教育法律救济是法律救济在教育领域中的具体体现。

(一)教育法律救济的特征

教育纠纷是教育法律救济的前提条件。教育法律救济是与相应的纠纷相联系的。在教育活动中,纠纷通常表现为教育法律关系上的利益矛盾或冲突,而这种矛盾或冲突,往往是由某种教育侵权行为所导致的。比如教育行政纠纷是基于教育行政机关在行政管理中违法或运用权力不当造成相对人的权益受损而引起的。教育民事纠纷是作为平等主体的双方当事人之间因人身权、财产权方面的争议而引起的。有纠纷就要求有解决纠纷的程序和制度,以便补救受损一方的合法权益,教育法律救济制度也就应运而生。

损害事实是教育法律救济的基本依据。损害事实是指损害方实施了违法行为或权力运用不当造成了受害方财产上或人身上实际的损失。若没有发生教育损害事实,教育法律救济就无从发生。即使存在教育法律纠纷,但是并未因此造成实际上的损害,即未出现损害事实,教育法律救济也就无从发生。相对人只能在合法权益受到侵害的基础上才可以提出救济请求。

权益补救是教育法律救济的根本目的。在教育行政法律关系中,教育法律救济只能适用于相对人,而不能适用于教育行政机关。"权力"不需要救济,因为教育行政机关运用的权力具有极强的影响力、支配力、强制力和可执行性。"权利"必须有救济,因为在强大的公共权力面前行政相对人的权益容易受到侵害。在教育民事救济活动中,侵犯他人权益者承担法律责任的方式也充分体现出补救受害者权益的特征,如停止侵害、返还财产、恢复原状、赔偿损失、赔礼道歉等都是对受损者权益的补救。

教育法律救济是确保宪法规定的公民的诉权和受救济权得以实现的需要,是维护教育法律关系主体合法权益的需要,是促进教育行政部门依法行政的需要,是加强教育法治建设的需要。

(二)教育法律救济的途径

法律救济的途径和形式是多样的,在我国主要有行政救济和民事救济两种。行政救济主要包括行政复议制度和行政诉讼制度。民事救济主要指民事诉讼制度。在教育领域内,还有两类特殊的法律救济制度,它们分别是教师申诉制度和学生申诉制度。此处重点谈教师申诉制度。

教师申诉制度是指教师对学校或其他教育机构及有关政府部门作出的处理不服,或对侵犯其权益的行为,依照《中华人民共和国教师法》的规定,向主管的行政机关申诉理由,请求处理的制度。

教师申诉制度是一项专为教师制定的与教师教育教学等权利有关的法律救济制度。它具有如下特点:首先,教师申诉制度是一项正式的法律救济制度;其次,教师申诉制度是一项专门性的申诉制度;再次,教师申诉制度是一种行政性的申诉制度。

教师申诉制度是依据 1993 年颁布的《中华人民共和国教师法》确立的,其具体内容为:"教师对学校或者其他教育机构侵犯其合法权益的,或者对学校或者其他教育机构作出的处理不服的,可以向教育行政部门提出申诉,教育行政部门应当在接到申诉的三十日内,作出处理。教师认为当地人民政府有关行政部门侵犯其根据本法规定享有的权利的,可以向同级人民政府或者上一级人民政府有关部门提出申诉,同级人民政府或者上一级人民政府有关部门应当作出处理。"

同时，为了保障教师申诉权的行使，《中华人民共和国教师法》(1993)第三十六条规定："对依法提出申诉、控告、检举的教师进行打击报复的，由其所在单位或者上级机关责令改正；情节严重的，可以根据具体情况给予行政处分。国家工作人员对教师打击报复构成犯罪的，依照刑法第一百四十六条的规定追究刑事责任。"以上规定确立了教师申诉制度的法律地位，使其成为一项专门保护教师权益的法律制度。

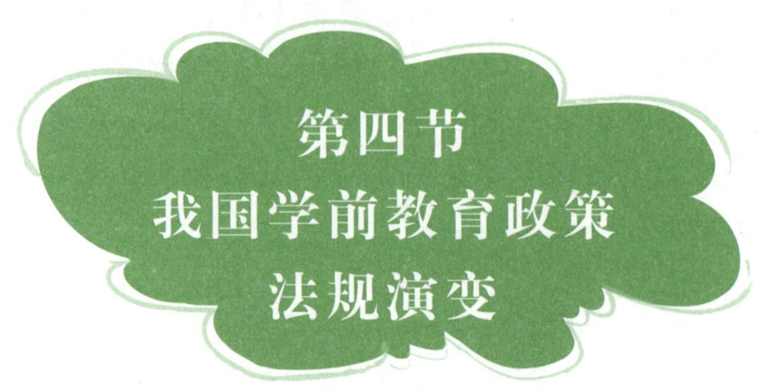

第四节 我国学前教育政策法规演变

自2010年起,我国学前教育事业的发展进入了一个新阶段,各种政策法规高密集地出台实施。为了准确地定位学前教育的现在和展望学前教育的明天,简要地回顾我国学前教育政策与法规一百多年的发展历史是十分必要的。

一、1903—1949年的学前教育政策法规

(一)清政府时期的学前教育政策法规(1903—1911年)

鸦片战争之后,清末资本主义的发展为学前教育机构的产生奠定了生产力基础;一部分先进的中国人出于保国保种的思考,表现出对儿童教育的兴趣,这为学前儿童公共教育制度建立埋下了思想的萌芽;西方传教士在中国办教堂、兴办幼稚园等为我国引进西方的幼儿公共教育制度拉开了序幕。1902年,清政府颁布了《钦定学堂章程》,即"壬寅学制",未曾实行。1903年制定了《奏定学堂章程》,即"癸卯学制",于1904年起实施,这是中国近代史上第一个以法令形式公布的具有现代意义的学校教育制度。在"癸卯学制"中,《奏定蒙养院章程及家庭教育法章程》将学前教育机构的名称确定了下来。根据其规定,蒙养院实行"蒙养家教合一之宗旨,在于以蒙养院辅助家庭教育,以家庭教育包括女学"。该章程在很大程度上学习和借鉴了日本的相关制度,具有浓厚的东洋色彩。尽管如此,该章程正式地标志着我国近代学前教育国家化进程的开始,在我国学前教育史上具有里程碑的意义。

(二)具有双重性质的学前教育政策法规(1912—1949年)

1912—1913年,《学校系统令》确立"壬子·癸丑学制"。"壬子·癸丑学制"是中

国第一个正式实施的现代学制。1912 年,《师范教育令》确立蒙养院的体制,规定师范学校要培养幼稚园教师。1922 年,《学校系统改革令》颁布,又称“壬戌学制”。“壬戌学制”摒弃了日本模式,在借鉴美国“六三三”学制的基础上充分考虑当时中国的国情,是一个比较成熟的近代学制。规定在小学下设幼稚园,收受六岁以下的儿童,并把幼稚园正式列入学校系统,确定了学前教育机构在学制系统中作为国民教育第一阶段的地位。

1932 年,中华民国国民政府颁布了由陈鹤琴主持编制并修改的《幼稚园课程标准》。这个课程标准主要以增进幼稚儿童身心的健康、力谋幼稚儿童应有的快乐和幸福、培养人生基本的优良习惯、协助家庭教养幼稚儿童,并谋家庭教育的改进为幼稚教育的总目标。该课程标准是近代首个规定幼稚课程设置及教学要求的专门法规,是我国第一个自己制定的幼稚园课程标准。1938 年,中华民国国民政府制定了《战时各级教育实施方案纲要》,该方案重申了课程标准的基本精神,首次提出创立托儿所,这推动了现代学前教育制度的发展。1939 年 12 月,中华民国国民政府教育部颁布了《幼稚园规程》,1943 年,将其修订为《幼稚园设置办法》,这是我国第一个比较完备的学前教育法规,标志着近代学前教育制度逐步走向成熟。

1934 年,中华苏维埃共和国中央内务人民委员部颁布《托儿所组织条例》,它是红色政权颁布的第一部关于学前教育的文件。该文件是土地革命战争时期,革命根据地学前教育的指导性、纲领性文件。1941 年,陕甘宁边区政府颁发了《陕甘宁边区政府关于保育儿童的决定》。这些文件的颁布促进了红色地区学前教育的发展,为解放事业做好了基础性的工作。

1903—1949 年的学前教育政策法规具有这些特点:一是除解放区学前教育外,机构化的学前教育协助家庭教养幼稚儿童,并谋家庭教育的改进;二是与其他各级教育相比,学前教育政策法规受到的重视程度较低,体制不够完备;三是学前教育政策法规的制定经历了从单纯模仿到逐步中国化的过程,这一过程为中华人民共和国成立后幼教事业的发展奠定了基础。

二、1949—1978 年的学前教育政策法规

1949 年,中华人民共和国的成立为学前教育政策法规翻开了崭新的一页。1951 年 10 月,政务院公布施行《关于改革学制的决定》,由此产生了中华人民共和国第一个学制,明确了幼儿教育是我国学制的重要组成部分。其中规定:“实

施幼儿教育的组织为幼儿园。幼儿园收三足岁到七足岁的幼儿，使他们的身心在入小学前获得健全的发育。”这个学制将沿用了30年的“幼稚园”改称为“幼儿园”。1952年，教育部颁发了《幼儿园暂行规程(草案)》和《幼儿园暂行教学纲要(草案)》。它们的制定和试行，明确了幼儿园抚育儿童身心健康发展的方针，强调了幼儿园教育教学的思想性、系统性和科学性，为全面改造旧教育，建立新教育发挥了作用。1953年9月1日，教育部、财政部、卫生部颁布了《关于适当解决小学、幼儿园教职员工福利问题的几项原则的决定》。1954年7月3日，教育部、出版总署颁发《关于出版中学、小学、师范学校、幼儿园课本、教材、教学参考书和工农兵妇女课本、教材的规定》。1955年1月8日，国务院批准了《教育部关于工矿、企业自办中学、小学和幼儿园的决定》，在这个文件的指导下，我国初步形成了政府、单位、集体为主的办园体制和投资机制。1956年2月20日，教育部颁布了《关于颁发师范学院教育系幼儿教育专业暂行教学计划及其说明的通知》。1956年2月23日，教育部、卫生部、内务部颁布了《关于托儿所幼儿园几个问题的联合通知》，规定托儿所招收3周岁以下的儿童，幼儿园招收3至6周岁的儿童。1956年3月20日，教育部、教育工会全国委员会颁布了《关于中小学、师范学校的托儿所工作的指示》。1956年5月19日，教育部颁布了《幼儿师范学校教学计划》。1956年6月30日，教育部颁布了《关于大力培养小学教师和幼儿园教养员的指示》。1956年11月6日，教育部颁布了《关于组织幼儿教育义务视导员进行视导工作的办法》和《关于幼儿园幼儿的作息制度和各项活动的规定》。1960年7月6日，教育部、全国妇联颁布了《关于在幼儿园教学汉语拼音、汉字和算术的通知》，就幼儿园的语言和算术教学提出了三点建议。[①]从“大跃进”运动、“文化大革命”至改革开放前，这一时间段几乎没有任何关于学前教育的政策法规出台。

1949—1978年的学前教育政策法规具有这些特点：一是为中华人民共和国的学前教育事业发展奠定了基本框架；二是深受政治运动的影响；三是基本上用政策代替法律。

三、1978—1989年的学前教育政策法规

1979年7月24日至8月7日，当时教育部、卫生部、国家劳动总局、全国总工会和全国妇联联合召开了全国托幼工作会议。会议是针对粉碎“四人帮”后托幼

① 文件详细内容参见中国学前教育研究会编.中华人民共和国幼儿教育重要文献汇编[M].北京：北京师范大学出版社，1999.

工作中存在的园所数量少，保教质量低，场地小、房屋设备差、环境污染重，保教人员社会地位低、缺乏专业训练等问题而召开的。会议建议国务院设立托幼工作领导小组。中共中央和国务院以中发〔1979〕73号文件转发了本次会议的纪要。1979年11月8日，教育部印发了《城市幼儿园工作条例（试行草案）》，其是粉碎“四人帮”后颁布的第一个幼教法规。1980年10月14日，教育部印发了《幼儿师范学校教学计划试行草案》。1980年10月15日，卫生部、教育部印发了《托儿所、幼儿园卫生保健制度（草案）》。

1981年6月6日，卫生部妇幼卫生局颁布了《三岁前小儿教养大纲（草案）》。1981年10月，教育部颁布了《幼儿园教育纲要（试行草案）》，该草案起到了在幼儿教育领域拨乱反正、提高教育质量的作用。1983年9月21日，教育部出台了《关于发展农村幼儿教育的几点意见》。1985年，中共中央发布的《关于教育体制改革的决定》中，提出“要努力发展幼儿教育”。1985年5月6日，教育部颁布了《幼儿师范学校教学计划》。1985年12月7日，卫生部颁布了《托儿所、幼儿园卫生保健制度》。1986年，国家教委制定了《小学教师职务试行条例》，明确小学（含幼儿园）教师职务设置。1986年6月10日，国家教委颁布了《关于进一步办好幼儿学前班的意见》。1986年10月14日，国家教委发布《关于幼儿园教师考核的补充意见》。1986年，国家教委印发了《中小学教师考核合格证书试行办法》。1987年3月9日，劳动人事部、国家教委印发了《全日制、寄宿制幼儿园编制标准（试行）》。1987年9月3日，城乡建设环境保护部、国家教委颁发了《托儿所、幼儿园建筑设计规范》。1987年10月，经国务院批准，国家教委召开了全国幼儿教育工作会议。这是中华人民共和国成立以来第一次有关幼儿教育的专门会议。会议明确提出幼儿教育是社会主义教育事业的重要组成部分，是学校教育的预备阶段，同时又是一项社会公共福利事业，各级政府都应重视幼儿教育的改革与发展。1987年10月，国务院办公厅转发了国家教委、国家计委、卫生部、劳动人事部、财政部、城乡建设环境保护部、轻工业部、纺织部、商业部颁发的《关于明确幼儿教育事业领导管理职责分工的请示》（国办发〔1987〕69号文件），要求各有关部门遵照执行，并强调各级政府应该重视幼儿教育事业的改革和发展。1988年7月14日，国家教委、建设部颁发了《城市幼儿园建筑面积定额（试行）》。1988年8月15日，国务院办公厅转发了国家教委、国家计委、财政部、人事部、劳动部、建设部、卫生部、物价局颁发的《关于加强幼儿教育工作的意见》。1988年10月25日，国家教委印发了《关于进一步办好职业高中幼师专业的意见》。这个时期最为重要的事情之一应是1982年宪法的颁布，其从国家根本法上确立了学前教育制度。《中华人民共和国宪法》(1982)第十九条第二款规定:“国家举办各种学校,普及初等义务教育,发展中等教育、职业教育和高等教育,并且发展学前教育。”

1978—1989年的幼儿教育政策法规具有这些特点:一是该时期的学前教育政策法规具有恢复的特点。以党的十一届三中全会为契机,此前几乎停滞二十年的学前教育迎来了发展的春天,相关的大政方针既与二十年前的政策保持一定的连续性,又与时俱进。二是专项文件皆为部门规章,其法律效力层级较低,难以有效推动学前教育事业的发展。三是在社会的急剧转型中,学前教育政策法规基本保证了幼儿接受教育的基本需要。

四、1989—2010年的学前教育政策法规

1989年6月,国家教委颁布了《幼儿园工作规程(试行)》,并定于1990年2月1日起施行,规程共10章60条。经过6年的试行,于1996年3月正式形成了《幼儿园工作规程》,于同年6月1日起施行。《幼儿园工作规程》的颁布,对加强幼儿园内部的科学管理,提高保育和教育质量起着重要作用。《幼儿园管理条例》于1989年8月经国务院批准,以国家教委第4号令发布,1990年2月1日起施行。该条例是在以往有关法规基础上形成的,是中华人民共和国成立以来第一个经国务院批准颁发的有关学前教育的行政法规,对宏观调控幼儿园的管理和发展、加强对学前教育事业的领导起着关键作用,是我国学前教育向法治化建设迈进的里程碑。1991年,国家教委颁发了《关于改进和加强学前班管理的意见》。1991年6月21日,国家教委办公厅印发了《关于加强幼儿园安全工作的通知》。1992年5月5日,国家教委办公厅印发了《关于在幼儿园加强爱家乡、爱祖国教育的意见》。1992年12月,国家教委印发了《幼儿园玩教具配备目录》。1994年12月1日,卫生部、国家教委颁发了《托儿所、幼儿园卫生保健管理办法》。1995年1月27日,国家教委颁发的《三年制中等幼儿师范学校教学方案(试行)》。

1995年9月,国家教委、国家计委、民政部、建设部、国家经贸委、全国总工会、全国妇联联合颁发了《关于企业办幼儿园的若干意见》。该意见明确指出:坚持依靠社会力量发展幼儿教育的方针,有条件的企业应继续办好幼儿园。深化改革,积极稳妥地推进幼儿教育逐步走向社会化。该意见为企业在经济体制改革中办好幼儿园指明了方向。1996年1月26日,国家教委颁发了《全国幼儿园园长任职资格、职责和岗位要求(试行)》。1997年7月17日,国家教委颁发了《全国幼儿教育事业“九五”发展目标实施意见》。

2001年，国务院发布了《中国儿童发展纲要（2001—2010年）》。2001年，教育部印发了《幼儿园教育指导纲要（试行）》。2003年3月，国务院办公厅转发了教育部、中央编办等10个部门制定的《关于幼儿教育改革与发展的指导意见》。该意见明确了2003—2007年幼儿教育改革的总目标：形成以公办幼儿园为骨干和示范，以社会力量兴办幼儿园为主体，公办与民办、正规与非正规教育相结合的发展格局。该意见绘制出了21世纪初叶我国学前教育改革与发展的宏伟蓝图。

1991年，全国人大常委会颁布了《中华人民共和国未成年人保护法》。1992年，国务院出台了《九十年代中国儿童发展规划纲要》。1993年2月13日，中共中央、国务院发布了《中国教育改革和发展纲要》，该纲要提出到2000年，我国大中城市基本满足幼儿接受教育的要求，广大农村积极发展学前一年教育。1993年10月，全国人大常委会颁布了《中华人民共和国教师法》。1995年，全国人大颁布了《中华人民共和国教育法》，其中第十七条第一款规定："国家实行学前教育、初等教育、中等教育、高等教育的学校教育制度。"该条规定使学前教育获得了教育基本法的认可。1999年，全国人大常委会颁布了《中华人民共和国预防未成年人犯罪法》。2002年，全国人大常委会颁布了《中华人民共和国民办教育促进法》。2009年，全国人大常委会颁布了《中华人民共和国侵权责任法》，在第三十八条、第三十九条和第四十条对学前教育进行了规定。这些法规和政策的实施基本保障了学前教育事业的顺利发展。随着1999年全国人民代表大会把依法治国的理念载入宪法，我国的学前教育事业也正在步入法治化的进程中。

该时期的学前教育政策法规具有如下特点：一是在我国整体有序推进法治化建设的进程中，学前教育法治化建设迈向新台阶，其标志就是《幼儿园管理条例》的出台实施；二是学前教育法治化建设总体推进缓慢，政出多门的问题日益严重；三是"入园难"和"入园贵"成为此时期学前教育政策法规出台后未能取得应有成效的缩影。

五、2010—2021年的学前教育政策法规

2010年7月8日，《国家中长期教育改革和发展规划纲要（2010—2020年）》（以下简称《纲要》）正式颁布。该《纲要》首次将学前教育专章陈述，明确提出"积极发展学前教育，到2020年，普及学前一年教育，基本普及学前两年教育，有条件的地区普及学前三年教育。重视0至3岁婴幼儿教育"的中长期发展目标。为贯彻落实《纲要》精神，2010年11月21日出台了《国务院关于当前发展学前教

育的若干意见》(以下简称《国十条》)。《国十条》要求:把发展学前教育摆在更加重要的位置;多种形式扩大学前教育资源;多种途径加强幼儿教师队伍建设;多种渠道加大学前教育投入;加强幼儿园准入管理;强化幼儿园安全监管;规范幼儿园收费管理;坚持科学保教,促进幼儿身心健康发展;完善工作机制,加强组织领导;统筹规划,实施学前教育三年行动计划。可以说,《国十条》就是对《纲要》中学前教育发展要求的具体化。《国十条》是我国学前教育领域的第二部行政法规,标志着我国学前教育全面进入依法办园的阶段,也揭开了我国学前教育政策法规高密集出台的序幕。

2010年9月6日,卫生部、教育部出台了《托儿所幼儿园卫生保健管理办法》。2011年3月8日,《教育部办公厅关于成立教育部学前教育三年行动计划推进工作领导小组的通知》(教人厅〔2011〕4号)发布。2011年9月5日,财政部和教育部联合发布了《关于加大财政投入支持学前教育发展的通知》。2011年9月21日,《教育部办公厅关于近期连续发生数起幼儿园幼儿被遗忘在接送车内导致死亡事故的情况通报》(教基一厅〔2011〕8号)发布。2011年10月,教育部师范教育司和教育部考试中心联合发布了《中小学和幼儿园教师资格考试标准(试行)》。2011年10月8日,教育部发布了《关于大力推进教师教育课程改革的意见》(教师〔2011〕6号),就推进教师教育课程改革和实施《教师教育课程标准(试行)》提出了若干意见。2011年12月28日,《教育部关于规范幼儿园保育教育工作防止和纠正"小学化"现象的通知》(教基二〔2011〕8号)发布。2011年12月31日,国家发展改革委、教育部、财政部联合颁发了《幼儿园收费管理暂行办法》(发改价格〔2011〕3207号)。2012年2月10日,教育部颁布了《幼儿园教师专业标准(试行)》。2012年2月12日,教育部发布了《学前教育督导评估暂行办法》(教督〔2012〕5号)。2012年2月17日,教育部发布了《关于建立中小学幼儿园家长委员会的指导意见》(教基一〔2012〕2号)。2012年4月17日,《教育部办公厅关于开展0—3岁婴幼儿早期教育试点工作有关事项的通知》(教基二厅函〔2012〕8号)发布。2012年5月9日,卫生部印发《托儿所幼儿园卫生保健工作规范》(卫妇社发〔2012〕35号)。2012年9月20日,教育部、中央编办、财政部、人力资源和社会保障部联合出台了《关于加强幼儿园教师队伍建设的意见》(教师〔2012〕11号)。2012年10月9日,教育部印发了《3—6岁儿童学习与发展指南》(教基二〔2012〕4号)。2013年1月8日,教育部出台了《幼儿园教职工配备标准(暂行)》(教师〔2013〕1号)。2013年3月22日,《幼儿园工作规程(修订稿)》(征求意见稿）出台。2013年8月15日，教育部发布了《中小学教师资格考试暂行办法》。2014年4月3日，教育部办公厅和财政部办公厅联合发布了《关于做好2014年中西部农村偏远地区学前教育巡回支教试点工作的通知》。2014年11月3日，教育部、国家发展改革委、财政部联合发布了《关于实施第二期学前教育三年行动计划的意见》（教基二〔2014〕9号）。2015年1月10日，教育部印发了《幼儿园园长专业标准》。2015年7月1日，财政部和教育部发布了《中央财政支持学前教育发展资金管理办法》。2015年8月18日，教育部和公安部发布了《关于加强中小学幼儿园消防安全管理工作的意见》（教督〔2015〕4号）。2015年10月11日，教育部出台《关于加强家庭教育工作的指导意见》（教基一〔2015〕10号）。2015年12月31日，中共中央和国务院发布了《关于实施全面两孩政策改革完善计划生育服务管理的决定》。2016年1月5日，教育部发布了修订后的《幼儿园工作规程》。2016年4月20日，住房和城乡建设部发布了《托儿所、幼儿园建筑设计规范》（JGJ39-2016）。2016年11月2日，住房和城乡建设部、国家发展改革委批准发布了《幼儿园建设标准》，自2017年1月1日起施行。2016年12月30日，教育部、人力资源社会保障部、民政部、中央编办和工商总局联合发布了《民办学校分类登记实施细则》（教发〔2016〕19号）。2016年12月30日，教育部、人力资源社会保障部和工商总局联合发布了《营利性民办学校监督管理实施细则》。2017年4月13日，教育部、国家发展改革委、财政部和人力资源社会保障部联合发布了《关于实施第三期学前教育行动计划的意见》（教基〔2017〕3号）。2017年4月18日，教育部发布了《幼儿园办园行为督导评估办法》（教督〔2017〕7号）。2017年4月5日，教育部发布了《教育部办公厅关于开展2017年全国学前教育宣传月活动的通知》（教基厅函〔2017〕5号）。2017年4月25日，国务院办公厅发布《关于加强中小学幼儿园安全风险防控体系建设的意见》（国办发〔2017〕35号）。2017年10月26日，教育部颁布了《普通高等学校师范类专业认证实施办法（暂行）》（教师〔2017〕13号），该文件包含了《学前教育专业认证标准》。2017年11月8日，发布了《财政部、教育部关于提前下达2018年中央财政支持学前教育发展资金预计数的通知》（财科教〔2017〕165号）。2017年11月24日，国务院教育督导委员会办公室发布了《关于开展幼儿园规范办园行为专项督导检查的紧急通知》（国教督办函〔2017〕91号）。

2011年6月29日，国务院发布了《国务院关于进一步加大财政教育投入的意见》。2012年4月5日，国务院发布了《校车安全管理条例》。2012年9月9日，国务院发布了《教育督导条例》(国务院令第624号)。2014年1月8日,国务院办公厅转发教育部、发展改革委、民政部、财政部、人力资源社会保障部、卫生计生委、中国残联《特殊教育提升计划(2014—2016年)》。2015年12月27日,第二次修正的《中华人民共和国教育法》颁布实施。2015年12月27日,全国人大常委会颁布了《中华人民共和国反家庭暴力法》。2016年11月7日,全国人大常委会修订了《中华人民共和国民办教育促进法》。2016年12月29日,国务院发布了《关于鼓励社会力量兴办教育促进民办教育健康发展的若干意见》(国发〔2016〕81号)。

2017年4月5日,教育部发布了《教育部办公厅关于开展2017年全国学前教育宣传月活动的通知》(教基厅函〔2017〕5号)。2017年4月25日,国务院办公厅发布《关于加强中小学幼儿园安全风险防控体系建设的意见》(国办发〔2017〕35号)。2017年11月8日,财政部和教育部联合发布了《财政部、教育部关于提前下达2018年中央财政支持学前教育发展资金预计数的通知》(财科教〔2017〕165号)。2018年4月10日,发布了《教育部办公厅关于开展2018年全国学前教育宣传月活动的通知》(教基厅函〔2018〕18号)。2018年5月,李克强总理听取了教育部关于学前教育工作的汇报,指出要多渠道增加学前教育资源供给。2018年10月31日,财政部和教育部发布了《关于提前下达2019年支持学前教育发展资金预算的通知》(财科教〔2018〕123号)。2018年11月8日,教育部关于印发《幼儿园教师违反职业道德行为处理办法》(教师〔2018〕19号)的通知。

2018年11月7日,中共中央、国务院发布《关于学前教育深化改革规范发展的若干意见》,这是中华人民共和国成立以来第一次以中共中央、国务院名义专门印发关于学前教育工作的文件,也是指导未来中长期学前教育发展的纲领性文件。2018年11月23日,国务院教育督导委员会办公室发布《关于加强中小学(幼儿园)冬季安全工作的通知》(国教督办函〔2018〕98号)。2019年1月9日,国务院办公厅发布了《关于开展城镇小区配套幼儿园治理工作的通知》(国办发〔2019〕3号)。2019年1月17日,教育部、住房和城乡建设部发布《关于印发〈幼儿园标准设计样图〉的通知》(教发函〔2019〕1号)。2019年3月29日,发布了《财政部、教育部关于下达2019年支持学前教育发展资金预算的通知》(财科教〔2019〕20号)。2019年8月22日,国务院发布了《关于学前教育事业改革和发展情况的报告》。2019年12月31日,为规范和加强支持学前教育发展资金管理,提高资金使用效益,发布了《财政部、教育部关于印发〈支持学前教育发展资金管理办法〉的通知》(财教〔2019〕256号)。2020年2月18日,教育部发布《关于印发

〈县域学前教育普及普惠督导评估办法〉的通知》（教督〔2020〕1号）。2020年5月9日，教育部办公厅发布《关于开展2020年全国学前教育宣传月活动的通知》（教基厅函〔2020〕11号）。2020年9月7日，教育部发布了《关于〈中华人民共和国学前教育法草案（征求意见稿）〉公开征求意见的公告》。2021年3月25日，教育部办公厅发布了《关于开展2021年全国学前教育宣传月活动的通知》（教基厅函〔2021〕10号）。2021年3月30日，教育部发布了《关于大力推进幼儿园与小学科学衔接的指导意见》（教基〔2021〕4号），文件针对长期以来存在的幼小分离、衔接意识薄弱、过度重视知识准备、衔接机制不健全等问题，提出了一系列重要举措。

2019年4月17日，国务院办公厅发布了《关于促进3岁以下婴幼儿照护服务发展的指导意见》（国办发〔2019〕15号），该文件开创了中国托育服务的元年。2019年6月28日，财政部等部委联合发布《关于养老、托育、家政等社区家庭服务业税费优惠政策的公告》（财政部公告2019年第76号）。2019年10月8日，国家卫生健康委发布《关于印发托育机构设置标准（试行）和托育机构管理规范（试行）的通知》（国卫人口发〔2019〕58号）。2019年10月9日，国家发展改革委、国家卫生健康委发布《关于印发〈支持社会力量发展普惠托育服务专项行动实施方案（试行）〉的通知》（发改社会〔2019〕1606号）。2019年11月26日，国家发展改革委办公厅、国家卫生健康委办公厅发布《关于编报普惠托育服务专项行动2020年中央预算内投资项目计划建议的通知》（发改办社会〔2019〕1090号）。2019年12月19日，国家卫生健康委办公厅、中央编办综合局、民政部办公厅、市场监管总局办公厅发布《关于印发托育机构登记和备案办法（试行）的通知》（国卫办人口发〔2019〕25号）。2020年1月28日，国家卫生健康委员会发布《关于做好托育机构相关工作的通知》（国卫人口函〔2020〕23号）。2020年1月22日，国家发展改革委办公厅、国家卫生健康委办公厅发布《关于组织实施普惠托育服务专项行动的通知》（发改办社会〔2020〕74号）。2020年6月15日，国家卫生健康委员会发布《关于做好托育机构复托相关工作的通知》（国卫办人口函〔2020〕469号）。2020年12月14日，国务院办公厅发布《关于促进养老托育服务健康发展的意见》（国办发〔2020〕52号）。2021年1月12日，国家卫生健康委办公厅发布《关于印发托育机构婴幼儿伤害预防指南（试行）的通知》（国卫办人口函〔2021〕19号）和《关于印发托育机构保育指导大纲（试行）的通知》（国卫人口发〔2021〕2号）。2019年7月2日，上海市卫生健康委员会发布了《关于本市开展儿童早期发展基地创建工作的通知》(沪卫妇幼〔2019〕10号)。2020年8月22日,上海市人民政府办公厅发布了《上海市托育服务三年行动计划(2020—2022年)》(沪府办发〔2020〕6号)。2020年1月8日,四川省人民政府办公厅发布了《关于促进3岁以下婴幼儿照护服务发展的实施意见》(川办发〔2020〕1号)。2020年1月10日,杭州市卫生健康委员会、杭州市民政局、杭州市市场监督管理局、杭州市城乡建设委员会、杭州市计划生育协会发布《关于做好杭州市3岁以下婴幼儿托育机构管理工作的通知》(杭卫发〔2020〕2号)。2020年10月17日第十三届全国人民代表大会常务委员会第二十二次会议第三次修订《中华人民共和国未成年人保护法》。

该时期的学前教育政策法规具有如下特点:一是文件出台的密度大,数量多,这十余年出台的政策法规超过了过去六十多年出台的政策法规的总和;二是政策文件的针对性和全面性强;三是为办人民满意的学前教育提供了有力的法律保障;四是国家开始重视托育服务工作。

第五节 我国幼儿教师职业道德规范的发展

如果将1903年9月在武昌寻常小学堂（后又称模范初等小学堂）内创办的湖北幼稚园作为我国第一所幼儿园，我国现代意义上的幼儿教师职业诞生已有百余年的历史，然而，迄今为止我国尚没有专门针对幼儿教师的职业道德规范。

中华人民共和国成立后，历经了几次大的政治运动，教师职业道德规范的发展一度中断和停滞。改革开放之后，我国中小学职业道德规范的发展进入了新的时期。1984年版《中、小学教师职业道德要求（试行）》提出，教师要：热爱祖国，热爱中国共产党，热爱社会主义，热爱人民教育事业；热爱学生，了解学生；奉公守法、遵守纪律；衣着整洁，举止端庄；以身作则，为人师表。1991年版《中小学教师职业道德规范》提出，教师要：热爱社会主义祖国，拥护中国共产党的领导，热爱教育事业；不断提高科学文化和教育理论水平；热爱、尊重、了解和严格要求学生；热爱学校，关心集体；衣着整洁、大方，举止端庄，以身作则，为人师表。1997年版《中小学教师职业道德规范》提出，教师要：依法执教，自觉遵守《中华人民共和国教师法》等法律法规；爱岗敬业，热爱教育，教书育人；热爱学生，尊重学生的人格，平等、公正对待学生；严谨治学，刻苦钻研业务，提高教育、教学和科研水平；为人师表，模范遵守社会公德，严于律己，以身作则，注重身教。2008年版《中小学教师职业道德规范》在爱国守法、爱岗敬业、关爱学生、教书育人、为人师表和终身学习等六个方面提出了具体要求。2013年印发的《教育部关于建立健全中小学师德建设长效机制的意见》（教师〔2013〕10号）就建立健全教育、宣传、考核、监督与奖惩相结合的中小学师德建设长效机制提出了有益的意见。2014年1月11日，教育部出台了《中小学教师违反职业道德行为处理办法》（教师〔2014〕1号）。该办法规定教师有下列行为之一的，视情节轻重分别给予相应处分：（一）在教育教学活动中有违背党和国家方针政策言行的；（二）在教育教学活动中遇突发事件时，不履行保护学生人身安全职责的；(三)在教育教学活动和学生管理、评价中不公平公正对待学生，产生明显负面影响的；(四)在招生、考试、考核评价、职务评审、教研科研中弄虚作假、营私舞弊的；(五)体罚学生的和以侮辱、歧视等方式变相体罚学生，造成学生身心伤害的；(六)对学生实施性骚扰或者与学生发生不正当关系的；(七)索要或者违反规定收受家长、学生财物的；(八)组织或者参与针对学生的经营性活动，或者强制学生订购教辅资料、报刊等谋取利益的；(九)组织、要求学生参加校内外有偿补课，或者组织、参与校外培训机构对学生有偿补课的；(十)其他严重违反职业道德的行为应当给予相应处分的。2016年7月13日，教育部办公厅发布了《关于开展治理中小学有偿补课和教师违规收受礼品礼金问题自查工作的通知》，决定自2016年7月中旬起，开展为期3个月的治理中小学有偿补课和教师违规收受礼品礼金问题自查工作。2018年1月20日，中共中央、国务院出台了《关于全面深化新时代教师队伍建设改革的意见》，该意见在谈到弘扬高尚师德时着重指出："坚持教书与育人相统一、言传与身教相统一、潜心问道与关注社会相统一、学术自由与学术规范相统一，争做'四有'好教师，全心全意做学生锤炼品格、学习知识、创新思维、奉献祖国的引路人。"2018年11月8日，教育部印发《新时代幼儿园教师职业行为十项准则》和《幼儿园教师违反职业道德行为处理办法》。

总而言之，当前我国中小学教师职业道德体系正在不断发展和完善，期待关于我国幼儿教师的职业道德规范早日出台。

本章小结

法律与道德的关系命题是讨论教育法的正当性和效力范围的核心问题，讨论学前教育法时当然不能抛开这一命题。在文明社会，法律与道德共同担负着维护社会秩序的使命。法律是最低限度的道德，道德是评鉴法律的一把标尺。教育的内部事项与外部事项理论为我们确定教育法与教育道德的边界提供了一个参照的框架。

我国教育法的渊源主要有宪法、法律、行政法规、地方性法规、自治条例、单行条例和部门规章等类型。教育法律关系是教育法规在确认和调整的人们在教育活动过程中形成的权利和义务关系。教育法律关系根据其性质的不同，可分为三类：一是教育民事法律关系，二是教育行政法律关系，三是教育特别法律关系。教育法律责任是教育法律关系的主体由于实施了违法行为，必须依法承担的带有强制性和惩罚性的法律后果，可分为教育民事法律责任、教育行政法律责任和教育刑事法律责任。教育法律救济是指通过一定的程序和途径裁决教育法律纠纷，对教育法律关系主体受到侵害的合法权益依法给予恢复或补救。

思考与练习

1. 下面不属于我国现行教育法的渊源的是（　　）。

A. 宪法　　B. 法律　　C. 行政法规　　D. 中国共产党章程

2. 学校可以充当独立的法人机构吗？

3. 行政处分与行政处罚有何区别？

真题解析

1. 教师方某经常给学生取侮辱性绰号，造成恶劣影响，对于方某的这种行为，所在学校或者教育行政部门应当给予（　　）。

A. 行政强制或拘留　　B. 行政处罚或解聘

C. 行政警告或拘留　　D. 行政处分或解聘

【答案】D。《中华人民共和国教师法》第三十七条规定教师有“品行不良、侮辱学生”的行为，由所在学校或者教育行政部门给予行政处分或者解聘。

2. 教师钱某对幼儿园解聘自己的决定不服，可以向教育行政部门（　　）。

A. 检举　　B. 揭发　　C. 提出诉讼　　D. 提出申诉

【答案】D。《中华人民共和国教师法》第三十九条第一款规定：教师对学校或者其他教育机构侵犯其合法权益的，或者对学校或者其他教育机构作出的处理不服的，可以向教育行政部门提出申诉，教育行政部门应当在接到申诉的三十日内，作出处理。

3. 孙某和张某共同开办了一家具有法人资格的幼儿园，由张某担任园长，该幼儿园的法人代表是（　　）。

A. 张某　　B. 孙某

C. 孙某和张某　　D. 教职工大会

【答案】A。根据《中华人民共和国民法典》《中华人民共和国教育法》和《幼儿园工作规程》的有关规定，幼儿园实行园长负责制，张某为该幼儿园的园长，因此张某为该园的法人代表。

4.某幼儿园职工家属刘某侵占幼儿园一间园舍，用于经营快递。根据《中华人民共和国教育法》，刘某应该承担(　　)。

A.刑事责任　　B.违宪责任　　C.民事责任　　D.行政责任

【答案】C。本题考查《中华人民共和国教育法》的主要内容。第七十二条第二款规定：侵占学校及其他教育机构的校舍、场地及其他财产的，依法承担民事责任。题干中幼儿园职工家属刘某侵占幼儿园一间园舍，用于经营快递，违反了这一规定，应该承担民事责任。

5.梁某受聘在某政府机关举办的幼儿园中从事专职食品安全管理工作，根据《中华人民共和国教育法》的规定，对于梁某的管理应当实行(　　)。

A.国家公务员制度　　B.教育雇员制度

C.教育职员制度　　D.教育公务员制

【答案】C。此题考查《中华人民共和国教育法》。《中华人民共和国教育法》第三十六条规定：学校及其他教育机构中的管理人员，实行教育职员制度。学校及其他教育机构中的教学辅助人员和其他专业技术人员，实行专业技术职务聘任制度。

6.雯雯还未完成义务教育就辍学回家了，班主任王老师多次上门家访，雯雯的父母总以读了书也找不到工作为由，拒绝让雯雯回学校上学，根据《中华人民共和国义务教育法》的规定，对于雯雯的父母，当地居民委员会可以采取的措施是(　　)。

A.给予批评教育，督促限期改正

B.给予行政处分，责令赔礼道歉

C.做好协助工作，督促家长送雯雯接受义务教育

D.采取强制措施，责令家长送雯雯接受义务教育

【答案】C。此题考查的是《中华人民共和国义务教育法》。《中华人民共和国义务教育法》第十三条规定：县级人民政府教育行政部门和乡镇人民政府组织和督促适龄儿童、少年入学，帮助解决适龄儿童、少年接受义务教育的困难，采取措施防止适龄儿童、少年辍学。居民委员会和村民委员会协助政府做好工作，督促适龄儿童、少年入学。

7.某公办幼儿园园长在招生工作中徇私舞弊，尚未构成犯罪，依据《中华人民共和国教育法》的相关规定，对于园长(　　)。

A.应依法给予行政处分　　B.应依法给予行政处罚

C.应依法追究民事责任　　D.可免于追究法律责任

【答案】A。根据《中华人民共和国教育法》第七十七条第一款规定：在招收学生工作中滥用职权、玩忽职守、徇私舞弊的，由教育行政部门或者其他有关行政部门责令退回招收的不符合入学条件人员；对直接负责的主管人员和其他直接责任人员，依法给予处分；构成犯罪的，依法追究刑事责任。

8. 某小学修建大楼，要求学生家长每人缴纳3000元集资款，并承诺学生毕业后集资款返还。该学校的做法（　　）。

A. 正确，学校承诺了集资款返还　　B. 正确，家长应该支援学校

C. 错误，学校不能非法集资　　D. 错误，学校应该返本付息

【答案】C。《中华人民共和国教育法》第七十八条规定：学校及其他教育机构违反国家有关规定向受教育者收取费用的，由教育行政部门或者其他有关行政部门责令退还所收费用；对直接负责的主管人员和其他直接责任人员，依法给予处分。题中，该小学向学生家长收取费用用于修建大楼，属于违规行为，学校不得非法集资。

9.《中华人民共和国教育法》第十条规定：国家根据各少数民族的特点和需要，帮助各少数民族地区发展教育事业。国家扶持边远贫困地区发展教育事业。国家扶持和发展残疾人教育事业。这体现的教育法的基本原则是（　　）。

A. 公益性　　B. 方向性　　C. 强制性　　D. 公平性

【答案】D。本题考查《中华人民共和国教育法》的基本原则。为了提高少数民族地区和边远贫困地区的教育发展水平，促进各民族、各地区共同繁荣，国家必须对少数民族地区给予特殊的扶持和帮助。与此同时，残疾人作为我国公民的一个组成部分，与正常人一样享有学习权、发展权。因此，本条法律体现了教育事业的公平性。

10. 秦老师按照行为表现把班里的幼儿分为“精英组”“平民组”“娱乐组”。“娱乐组”里全都是调皮的孩子。秦老师的做法（　　）。

A. 尊重了幼儿发展的个别差异　　B. 体现了因材施教的教育理念

C. 未能平等公正对待幼儿　　D. 未能培养幼儿良好品行

【答案】C。作为教师要关爱学生，秦老师的做法是将幼儿分为了三六九等，没有做到关心爱护全体学生，尊重学生人格，平等地对待学生。故本题选C。

推荐阅读

1. 劳凯声. 中国教育改革30年：政策与法律卷[M]. 北京：北京师范大学出版社，2009.

2. 庞丽娟. 中国教育改革30年：学前教育卷[M]. 北京：北京师范大学出版社，2009.

3. 申素平. 教育法学：原理、规范与应用[M]. 北京：教育科学出版社，2009.

4. 张宁娟，等. 从追赶到超越——教育跨越式发展之路[M]. 上海：华东师范大学出版社，2018.

5. 张利洪. 改革开放40年我国学前教育政策法规的历程、成就与反思[J]. 陕西师范大学学报（哲学社会科学版），2019，48（1）：54-60.

6. 梁治平. 论法治与德治[M]. 北京：九州出版社，2020.

第2章 幼儿权利的内容及其法律保障

随着社会的发展进步，幼儿权利保护观念和法律意识正在逐渐形成，幼儿权利保护虽也取得进步，但现状仍不容乐观。近几年幼儿权利受损事件不断发生，如西安幼儿园私自给幼儿服用处方药事件、上海携程亲子园虐童事件、北京红黄蓝幼儿园虐童事件等。这些事件骇人听闻，幼儿权利保护刻不容缓。家庭、托幼机构和社会各界必须彰显幼儿权利的法律地位，承担起保护幼儿权利的主体责任，切实保障幼儿权利。

学习目标

1. 了解权利的概念及分类，理解幼儿的一般权利，掌握幼儿的特殊权利。

2. 正确理解保护幼儿权利的意义，树立依法保护幼儿权利的意识。

3. 在教育实践活动中运用法律保护幼儿的权利。

学习重难点

1. 掌握幼儿的生存权、发展权、受保护权和参与权四项权利，以及幼儿的特殊权利。

2. 怎样在实践中依法保护幼儿的权利。

知识结构图

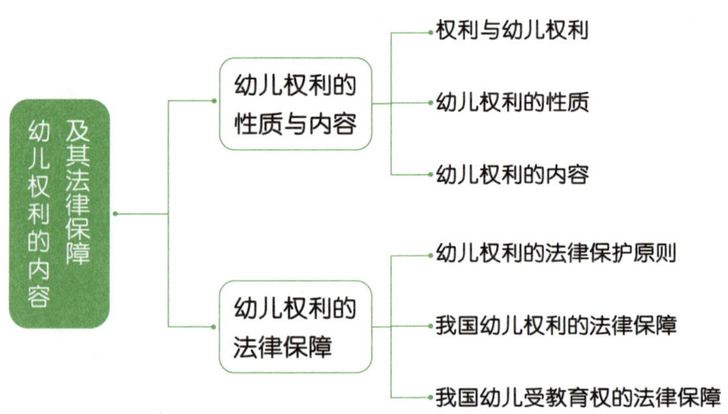

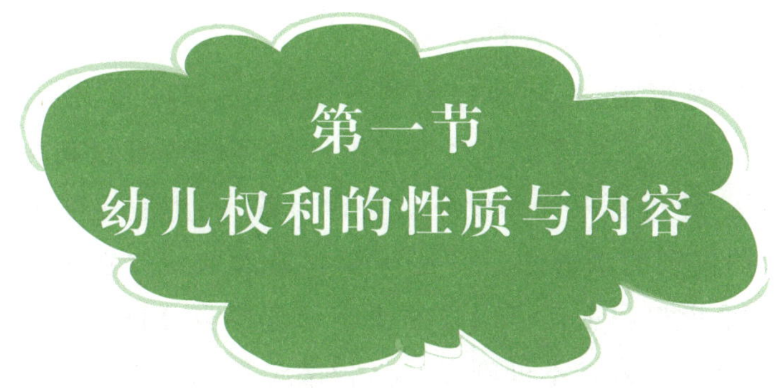

一、权利与幼儿权利

（一）权利

康德在谈到“权利”时说过：“问一位法学家‘什么是权利？’就像问一位逻辑学家一个众所周知的问题‘什么是真理？’同样使他感到为难。他的回答很可能是这样，且在回答中极力避免同义语的反复，而仅仅承认这样的事实，即指出某个国家在某个时期的法律认为唯一正确的东西是什么，而不正面解答问者提出来的那个普遍性的问题。”[①]可见，要确切地定义权利是一件非常困难的事，并且在不同的时期不同国家的人们对权利有不同的理解。关于权利的本质的学说很多，但从权利的某一属性出发论述权利的本质显得失之偏颇，因此，有学者认为，应考量权利本质的多方属性。夏勇认为：“权利是为道德、法律或习俗所认定为正当的利益、主张、资格、力量或自由。”[②]在这五个要素中，利益包含于任何权利之中，既可是物质的，也可是精神的。而一种利益需要由利益主体对它提出诉求或主张才能成为权利。提出利益主张要有所凭借，即为资格。一种利益、主张或资格的成立需要具有相应的权能。自由是权利主体可以按照个人意志去行使或放弃该项权利，不受外来因素干预或胁迫。这五个要素必不可少，任意一个均能表示权利的某种本质属性。根据所强调的权利属性的不同，以其中任一要素为核心，其他要素为内容给权利下定义均不为错。本书赞同前述夏勇对权利本质的论述。

① 康德.法的形而上学原理——权利的科学[M].沈叔平，译.北京：商务印书馆，1991:39.

② 夏勇.权利哲学的基本问题[J].法学研究，2004(3):3-26.

（二）权利的分类

1. 道德权利、法律权利、实有权利

按照权利的存在形态，权利划分为道德权利、法律权利、实有权利。道德权利又叫应有权利，是以某种道德体系为标准所认可的所有权利构成的体系[①]，是一种应然性权利。即道德权利并没有被法律所确认，但它是实实在在存在并合乎道德的，是法律权利的来源之一。法律权利最大的特点在于其规范性和不可剥夺性。规范性是指权利主体可以根据既定的程序自己做出一些行为或者要求他人做或不做一定的行为。不可剥夺性是指法定权利非因法定理由不得限制权利主体的行使，不可在非法定限制理由和非法律程序的前提下剥夺任何权利主体的法定权利。由于客观条件的制约，并不是每一项法律权利都能得以实现。实有权利就是指人们实际享有和行使的权利，是权利实现的形态。

2. 未成年人权利、成年人权利

按照权利主体的年龄，权利分为未成年人权利和成年人权利。未成年人因其天然的弱势地位而享有较成年人特殊的权利。排除精神病人，成年人具有完全民事行为能力，可以独立地进行民事行为活动。未成年人可分为完全民事行为能力人、限制民事行为能力人和无民事行为能力人。16周岁以上不满18周岁的未成年人，以自己的劳动收入为主要生活来源的，视为完全民事行为能力人。8周岁以上的未成年人是限制民事行为能力人，可以进行与他的年龄、智力相适应的民事法律行为，其他民事法律行为由他的法定代理人代理或者经他的法定代理人同意、追认。不满8周岁的未成年人是无民事行为能力人，由他的法定代理人代理民事法律行为。监护作为一项民事法律规定，旨在对限制民事行为能力人和无民事行为能力人进行合法权益的保障和监管。未成年人作为限制民事行为能力人和无民事行为能力人，受到成年人的监护，拥有特殊的权利。

---

① 王广辉.人权法学[M].北京:清华大学出版社,2015.

知识链接

中华人民共和国民法典[①]（节选）

第十六条　涉及遗产继承、接受赠与等胎儿利益保护的，胎儿视为具有民事权利能力。但是，胎儿娩出时为死体的，其民事权利能力自始不存在。

第十七条　十八周岁以上的自然人为成年人。不满十八周岁的自然人为未成年人。

第十八条　成年人为完全民事行为能力人，可以独立实施民事法律行为。

十六周岁以上的未成年人，以自己的劳动收入为主要生活来源的，视为完全民事行为能力人。

第十九条　八周岁以上的未成年人为限制民事行为能力人，实施民事法律行为由其法定代理人代理或者经其法定代理人同意、追认；但是，可以独立实施纯获利益的民事法律行为或者与其年龄、智力相适应的民事法律行为。

第二十条　不满八周岁的未成年人为无民事行为能力人，由其法定代理人代理实施民事法律行为。

第二十一条　不能辨认自己行为的成年人为无民事行为能力人，由其法定代理人代理实施民事法律行为。

八周岁以上的未成年人不能辨认自己行为的，适用前款规定。

3. 自由权、社会权、发展权

按照权利的发展进程，权利分为自由权、社会权和发展权。自由权是指那些免于国家干涉，要求国家消极不作为的基本权利，主要是指《公民权利和政治权利国际公约》上的那些权利，通常又被称为“消极权利”。[②]自由权包括行为自由和意志自由两方面，特征在于自由权的主体只限于自然人。[③]自由权是一种基本权利。自由权为其他权利提供了基础。社会权是指那些依赖于国家积极作为才能实现的基本权利，主要指《经济、社会及文化权利国际公约》上的那些权利，通常又被称为“积极权利”。[④]社会权有狭义与广义之分，狭义的社会权指社会保障权，是广义社会权的主体；广义的社会权是与自由权相对应的一种人权类型，包

① 2020年5月28日十三届全国人大第三次会议通过。

② 上官丕亮，陆永胜，朱中一．宪法原理[M]．苏州：苏州大学出版社，2013:112.

③ 徐双喜．民法学原理与实践[M]．郑州：郑州大学出版社，2015:499.

④ 上官丕亮，陆永胜，朱中一．宪法原理[M]．苏州：苏州大学出版社，2013:112.

括狭义的社会权、经济权和文化权。发展权的本质属性是一种人权，它从应有权利转变为一种法定权利，经历了从人权到发展权再到国家发展权的过程。发展权最初是作为个人权利而被提出的，第二次世界大战后，发展中国家面临经济挑战和发展问题，开始关注国家发展权问题。自由权、社会权与发展权分别对应自由、平等与发展的理念。

（三）幼儿权利

从不同的层面理解权利会产生对幼儿权利不同的解释，有人根据夏勇《中国民权哲学》中对权利的定义，将幼儿权利定义为“道德、法律或者习俗所认定为0—6岁儿童应具有的正当的利益、主张、资格、力量或自由”。[①]也有人基于学前儿童这一对象，以自由和利益为核心，定义权利为“习俗、道德或法律所认定为正当的自由或利益，包括道德权利、法定权利和实有权利”。[②]因为，一是自由是人生而有之的、人之为人的本质属性，二是以儿童为对象需遵循《儿童权利公约》达成的儿童利益最大化原则。幼儿是特殊的儿童，理解儿童权利的含义是对幼儿权利含义辨析的需要。所谓儿童权利，有人认为是指“儿童基于其特殊身心需求所拥有的一种有别于成人的权利，这种权利为道德、法律或习俗所认可为正当的，其范围包括受保护权和自主权两个相互依存的方面。受保护权与自主权共同构筑了一项完整的儿童权利，两者缺一不可”。[③]就像婴幼儿时期的儿童需要襁褓的包裹一样，其权利也需要成人的保护，但随着儿童的成长，这种襁褓会逐渐褪去，儿童的自主权逐渐变强。因此，儿童的受保护权和自主权就是矛盾的统一体，前者为矛盾的主要方面，后者为矛盾的次要方面。“对儿童来说，自由的实质化问题更为重要和迫切，因为儿童缺乏必要的能力卫护自己的自由，在现实关系中，儿童自由常常因为各种原因而遭受僭越甚至取消。面对自由遭受侵害或者否定，儿童有时不能够清楚地觉知，或者即便觉知也无能力改变。所以，儿童自由更加需要权利保障”。[④]儿童受保护权的正当性毋庸置疑，同时不能因此忽视其自主性。综上，幼儿权利可以被认为是幼儿基于其特殊身份而享有的，被道德或法律所认定的自由和利益。

---

① 蔡迎旗．幼儿教育政策法规[M]．北京：高等教育出版社，2014:46.

② 张利洪．学前儿童受教育权研究[D]．重庆：西南大学，2013:37.

③ 吴鹏飞．嗷嗷待哺：儿童权利的一般理论与中国实践[D]．苏州：苏州大学，2013:16.

④ 王本余．教育中的儿童基本权利及优先性研究[D]．南京：南京师范大学，2007:45.

二、幼儿权利的性质

（一）受保护性

在人类社会发展的很长时间里，无论是成年人还是国家，往往将儿童视为“私有财产”，视为家庭的希望和国家的未来，加之儿童行使权利的能力不足，儿童行使权利缺乏主动性，因此，儿童权利常常被忽略甚至被成年人有意或无意地侵犯。儿童被视为弱者，而幼儿更是弱者中的弱者。幼儿身心发展均比较幼稚，自我意识处于萌发阶段，权利意识薄弱甚至没有权利意识。而成年人自身可能也缺乏权利意识，更谈不上尊重幼儿的权利。受传统儿童观的影响，加之幼儿在物质与精神上均对成年人有很大的依赖性，幼儿被视为成年人的附庸，受到成年人的支配，幼儿的自由遭到侵害。幼儿权利被动且易被侵犯，因此对幼儿权利的保护十分必要。

（二）独立性

幼儿的权利与生俱来并具有独立性，表现在两个方面。一是幼儿个人权利的独立性，主要是指幼儿作为个人拥有的权利，是针对社会而言，社会要承担一定的责任来保护幼儿的权利。二是幼儿集体权利的独立性，包含两层含义。第一，幼儿集体权利与幼儿个人权利、成年人权利不同，有其特殊性，是独立存在的。第二，在幼儿集体权利范畴内部，各个特别的群体享有的权利不尽相同，具有独立性。比如，残疾幼儿群体和正常幼儿群体之间有相同点也有区别，是相对独立的。幼儿权利的独立性是相对的，因为权利和义务是相对的，幼儿享有权利，对应的就需要成年人履行义务，幼儿权利的内容、范围和实现程度均受到成年人的限制。

（三）发展性

幼儿权利的发展性可以从两个角度解释。一是权利本身的发展性。一项权利是会随着时间的推移、社会的发展和文化背景的不同而发生改变的。比如道德权利，在不同的道德体系之下，所认可的道德权利会有差异。二是幼儿本身具有发展性，随着幼儿的成长其所拥有的权利也会随之发生改变。婴儿阶段享有《中华人民共和国母婴保健法》规定的相关权利，未成年人阶段享有《中华人民共和国未成年人保护法》规定的相关权利。作为无民事行为能力人的幼儿会成长为具有完全民事行为能力的人，从而权利会发生改变。

(四)整体性

幼儿权利的整体性是指幼儿权利的相互依赖和不可分割。幼儿的各项权利之间相互联系。例如生存权与健康权,人首先有生命的存在才能谈健康,而人也只有健康才能使生命得以持续;健康权与发展权,幼儿的发展包括身体、智力、精神、个性和社会性等各方面的充分发展,而健康的身体是充分发展的前提;发展权与受教育权,接受教育使幼儿获得全面的发展,包括身体健康、智力发展等方面。正如人权的相互依赖和不可分割,对幼儿一项权利的侵犯将会影响幼儿对其他权利的享有,影响对幼儿其他权利的尊重。总之,幼儿各项权利之间不是截然分开的,各项权利的落实与否对其他权利的享有产生影响,幼儿权利的真正实现有赖于幼儿的各项权利的共同实现。

三、幼儿权利的内容

(一)《儿童权利公约》视野中的幼儿权利

根据《儿童权利公约》,儿童享有以下权利:人身自由、平等不受歧视、隐私权、姓名权、荣誉权、名誉权、宗教自由、思想自由、受教育权、言论自由、和平集会的自由、结社的自由、财产权、获得国籍、社会保障权利、休息和闲暇权利、健康权、受保护权、获得特殊保护的权利等。

1. 人身权

人身权是公民一项重要的人格权,是指公民人身由自己支配和控制,非经法定程序不受逮捕、拘禁、搜查和侵犯的权利,包括生命权、身体权、健康权、姓名权、肖像权、名誉权、荣誉权和隐私权等。生命权、身体权和健康权是人身权的最基本内容。我国民法典第一千零二条规定:“自然人享有生命权。自然人的生命安全和生命尊严受法律保护。任何组织或者个人不得侵害他人的生命权。”第一千零三条规定:“自然人享有身体权。自然人的身体完整和行动自由受法律保护。任何组织或者个人不得侵害他人的身体权。”第一千零四条规定:“自然人享有健康权。自然人的身心健康受法律保护。任何组织或者个人不得侵害他人的健康权。”儿童享有的生命权、身体权和健康权包括三重含义,一是儿童的生命不容侵犯,二是儿童的身体完整和行动自由不容侵害,三是儿童有享受维持生命延续所需物质基础的权利。根据《儿童权利公约》,生命权是最高标准的健康权。

儿童享有获得充分营养食品、清洁饮水权，享有适当标准的生活水准权。幼儿的生命权、身体权和健康权主要包括生命健康、人身安全、行动自由等方面的内容。

姓名权是权利主体就自己姓名所享有的权利。我国民法典第一千零一十二条规定："自然人享有姓名权，有权依法决定、使用、变更或者许可他人使用自己的姓名，但是不得违背公序良俗。"姓名权的内容包括姓名决定权、姓名使用权和姓名改变权。作为公民，幼儿享有姓名权。

肖像权是公民所享有的与自己的肖像有关并以人格利益为内容的权利。我国民法典第一千零一十八条规定："自然人享有肖像权，有权依法制作、使用、公开或者许可他人使用自己的肖像。肖像是通过影像、雕塑、绘画等方式在一定载体上所反映的特定自然人可以被识别的外部形象。"第一千零一十九条规定："任何组织或者个人不得以丑化、污损，或者利用信息技术手段伪造等方式侵害他人的肖像权。未经肖像权人同意，不得制作、使用、公开肖像权人的肖像，但是法律另有规定的除外。未经肖像权人同意，肖像作品权利人不得以发表、复制、发行、出租、展览等方式使用或者公开肖像权人的肖像。"幼儿依法享有肖像权。

名誉权是指民事主体维护对自身属性和价值所获得的社会评价的人格权利。我国民法典第一千零二十四条规定："民事主体享有名誉权。任何组织或者个人不得以侮辱、诽谤等方式侵害他人的名誉权。名誉是对民事主体的品德、声望、才能、信用等的社会评价。"幼儿对自己在名誉上的利益享有权利。

荣誉权是指民事主体对自己依法所获得的荣誉和由此带来的利益享有保持和支配的权利。我国民法典第一千零三十一条规定："民事主体享有荣誉权。任何组织或者个人不得非法剥夺他人的荣誉称号，不得诋毁、贬损他人的荣誉。获得的荣誉称号应当记载而没有记载的，民事主体可以请求记载；获得的荣誉称号记载错误的，民事主体可以请求更正。"每个人都享有荣誉权，幼儿对自己所获得的荣誉享有不可侵犯的权利。

隐私权一般是指自然人享有的对与自己的个人秘密和个人私生活有关的利益进行支配并排除他人干涉的权利。幼儿虽年龄小，但也具有独立的人格，其隐私权不会因为年龄小而有所影响。我国未成年人保护法第四条规定，保护未成年人，应当坚持最有利于未成年人的原则，处理涉及未成年人事项，应当符合的第三条要求就是"保护未成年人隐私权和个人信息"。幼儿的生活领域主要是家庭和托幼机构，这二者是侵犯幼儿隐私权的主要地方。幼儿的独立性被忽略，幼儿常被认为不需要自由的空间，父母以爱之名侵犯幼儿隐私的现象时有发生。幼儿教师以威胁、引诱等方式逼迫幼儿说出不想说的秘密也是侵犯幼儿隐私权的表现。

2. 财产权

财产权是以财富利益为内容的权利，直接和经济权益联系，包括财产所有权、继承权、受赠权，以及著作权、专利权中的财产权等。我国未成年人保护法第一百零七条第一款规定："人民法院审理继承案件，应当依法保护未成年人的继承权和受遗赠权。"财产所有权是个人对合法获得的财产享有占有、使用、收益、处分的权利。《世界人权宣言》第十七条规定："人人得有单独的财产所有权以及同他人合有的所有权。任何人的财产不得任意剥夺。"人人享有财产所有权并且任何人的财产不得被任意剥夺，包括幼儿在内。继承权是指依法享有的，能够无偿取得死亡公民遗留的个人合法财产的权利。继承权以身份关系或拟制身份关系为基础，是一种特殊的财产权，同时继承产生新的财产所有权主体，是财产所有权的延续。我国宪法第十三条第一款和第二款规定："公民的合法的私有财产不受侵犯。国家依照法律规定保护公民的私有财产权和继承权。"1985 年 4 月，中华人民共和国第六届全国人民代表大会第三次会议通过了《中华人民共和国继承法》，对保障继承权的实施起到积极作用。受赠权即接受别人赠与财物的权利。2020 年 5 月，中华人民共和国第十三届全国人民代表大会第三次会议通过了《中华人民共和国民法典》，其第十六条中规定："涉及遗产继承、接受赠与等胎儿利益保护的，胎儿视为具有民事权利能力。但是，胎儿娩出时为死体的，其民事权利能力自始不存在。"胎儿也具有继承权和受赠权，因此，无关年龄，幼儿的受赠权亦不容剥夺。著作权中的财产权是指使用人经著作权人同意而使用其著作并支付报酬的权利。专利权中的财产权是指允许他人使用专利和收取专利使用费的权利。著作权中的财产权和专利权中的财产权均属于知识产权中的财产权。

3. 受教育权

受教育权是指公民依法享有的要求国家积极提供均等的受教育条件和机会，通过学习来发展自身个性、才智和身心等能力，以获得平等的生存和发展机会的基本权利。幼儿受教育机会均等包括受教育起点的机会平等、受教育过程的机会平等、受教育结果的机会平等。受教育起点的机会平等是指幼儿有平等的入园机会。受教育过程的机会平等是指在幼儿园的教育活动中，每个幼儿均有权利参与其中，且有权利使用各种玩教具，幼儿之间是平等的。受教育结果的机会平等是指幼儿在接受教育后，有获得学校和社会公正评价的平等权利，有进一步求学的平等机会。

（二）《中华人民共和国未成年人保护法》视野中的幼儿权利

我国未成年人保护法第三条第一款规定未成年人享有生存权、发展权、受保护权、参与权等权利，国家根据未成年人身心发展特点给予特殊、优先保护，保障未成年人的合法权益不受侵犯。《中国儿童发展纲要（2011—2020年）》指出："儿童时期是人生发展的关键时期。为儿童提供必要的生存、发展、受保护和参与的机会和条件，最大限度地满足儿童的发展需要，发挥儿童潜能，将为儿童一生的发展奠定重要基础。"如果说儿童时期是人生发展的关键期，那么幼儿时期就是关键时期中的关键时期，幼儿不仅享有以上权利，而且其权利表现出特殊性。

1. 生存权

奥地利法学家门格尔（A.Menger）最早将生存权作为明确的法律概念提出。他在《全部劳动权史论》（1886）一书中认为生存权同劳动权、劳动收益权是构成新一代人的经济基本权的基础。生存权的提出基于特定的物质生活条件，生存的欲望被认为在人所有欲望中最具优先地位。[①]德国《魏玛宪法》是世界上首个将生存权明文规定进行保障的宪法。《魏玛宪法》第二编第五章《经济生活》中第一百五十一条规定："经济生活之组织，应与公平之原则及人类生存维持之目的相适应。"这表明生存权需要国家的干预来实现和保障。

生存权作为法律概念是指人的生命不受非法侵犯，并且人享有使生命得以延续的物质基础的权利。这包含两方面的内容：一方面是生命权，是指人的生命不得被非法剥夺的权利。生命权不因人的差异而有所不同，人人均享有生命安全的权利。生命权被国际社会公认为基本人权，是其他一切权利的载体。另一方面是生命延续权，即人应当得到生存所必需的物质生活保障。由于世界各国的经济发展差异巨大，生命延续权的保障在不同的国家和地区不尽相同。发达国家经济水平较高，有完备的社会保障制度，人民享有充裕的物质以保障生命的延续。而在贫困地区，人们的温饱问题尚不能解决，生命延续权的保障堪忧。

一个人的生命权获得保障，不仅使他的生命得以延续，还将通过繁衍生息，使整个人类得以延续。从个人的成长过程来看，幼儿期是一个脆弱的时期，幼儿身心的发展处于初始阶段，其自身能力也不足以保护自己。因此，幼儿的生命权更加需要成年人的保护。从整个人类的发展来看，幼儿是未来的成年人，保障幼儿的生存权，就是保障人类的未来。幼儿失去生存的权利，就失去了他的未来，意味着人类也失去未来。

---

① 南京大学法学院《人权法学》教材编写组．人权法学[M]．北京：科学出版社，2005:99.

2. 发展权

1969年，非洲阿尔及利亚正义与和平委员会发表关于“不发达国家发展权利”的报告，首次使用了“发展权利”四个字。塞内加尔第一任最高法院院长、联合国人权委员会委员凯巴·姆巴耶，首次尝试给“发展权”下定义。凯巴·姆巴耶在一次题为“作为一项人权的发展权”的演讲中指出：发展权是一项人权，所有的基本权利和自由必然与发展权相联系。1979年1月，联合国人权委员会通过决议，指出“发展机会均等，既是国家的权利，也是国内个人的权利”。1979年11月23日，第三十四届联合国大会通过《关于发展权的决议》，指出“发展权利是一项人权，平等的发展机会既是各个国家的特权，也是各国国内个人的特权”。联合国大会于1986年12月4日通过《发展权利宣言》，将发展权与人权结合，认为发展权是“一种不可让渡的人权，基于此种权利，每个人和所有国家的人民都有责任与权利去参与、贡献并享有经济文化和政治的发展，而所有的人权和基本的自由就可以在当中被完全实现。”联合国大会1989年通过的《儿童权利公约》规定，应最大限度地确保儿童的发展。发展权包含人的全面发展所涉及的各个领域，涉及“人之所以为人”所需要的基本条件和基本内容，因此，相比其他人权，发展权具有特殊的地位。个体作为发展权的基本主体，享有依其自由意志独立谋求自身发展或从集体发展中受益的权利。个体自身的全面发展关系整个人类的全面发展。人的生长发育具有阶段性。幼儿期是人生长发育比较快的一个时期，表现在两个阶段：从出生到两岁发展十分迅速，两岁到六岁发展较为平缓，但总体的发育速度高于六岁到十二岁。幼儿期是个体生理和心理发展的特殊时期。婴幼儿期儿童的生长发育最为迅速，营养物质需求高于成人。幼儿期的生长发育缺陷极有可能造成不可逆转的后果。幼儿期是人语言、认知、人格等发展的关键期，其发展直接影响整个人的一生。因此，幼儿期的身心发展对个体的全面发展具有非常重要的意义。

《儿童权利公约》规定儿童的发展权包括受教育权、个性发展权、思想和宗教自由权等，旨在保证儿童身体、智力、精神、个性和社会性等各方面的充分发展。幼儿发展权具有其特殊性。首先，幼儿的身心发展均不成熟，并且具有不均衡性和个体差异性。其次，幼儿具有依赖性和较强的可塑性。幼儿的自主性尚未完全形成，容易受到外界环境的影响。幼儿的发展在很大程度上取决于所处的环境，养育者和教育者对幼儿的发展有重要的影响。再次，与成人相比，幼儿显得弱小无力，其身心更容易受到侵害，导致发展权利受损。

3. 受保护权

《儿童权利宣言》中特别申明“儿童因身心尚未成熟，在其出生以前和以后均需要特殊的保护及照料，包括法律上的适当保护”。《儿童权利宣言》规定的十条原则可作为各国采取立法和其他措施确保儿童权利的依据，其中有四条提到了要保护儿童。《儿童权利宣言》第二条原则规定“儿童应受到特别保护，并应通过法律和其他方法而获得各种机会与便利，使其能在健康而正常的状态和自由与尊严的条件下，得到身体、心智、道德、精神和社会等方面的发展”。第八条原则规定“儿童在一切情况下均应属于首先受到保护和救济之列”。第九条原则规定“儿童应被保护不受一切形式的忽视、虐待和剥削。”第十条原则规定“儿童应受到保护使其不致沾染可能养成种族、宗教和任何其他方面歧视态度的习惯”。《儿童权利公约》第三十二条规定“儿童有权受到保护，以免受经济剥削和从事任何可能妨碍或影响儿童教育或有害儿童健康或身体、心理、精神、道德或社会发展的工作”。儿童受保护权旨在减少儿童生存和发展过程中的不利因素，确保儿童的生命安全，保障儿童身体、心理、精神、道德和社会等各方面的发展。幼儿期儿童的身体发展特征明显：肌肉力量较弱、关节牢固性较差、神经系统较脆弱、大脑神经细胞容易疲劳、脑组织对于缺氧十分敏感且耐受力较差、心脏未完全发育成熟、呼吸系统易发生感染、抵抗能力较弱等。幼儿期儿童的心理发展不成熟，自我辨识和控制能力较低，基本不具备道德意识，分析能力差而容易受暗示，情绪不稳定而容易受外界环境的影响，具有较强的模仿性等。正是因为幼儿自身身心发展的局限，幼儿较容易受到伤害，并且自我保护能力差，使得对幼儿进行特殊保护十分必要。

4. 参与权

《中国儿童发展纲要（2011—2020年）》基本原则之一是“儿童参与原则”，即鼓励和支持儿童参与家庭、文化和社会生活，为儿童参与创造有利的社会环境，确保儿童发表意见的渠道畅通，重视儿童的意见、吸收儿童的意见。《中国儿童发展纲要（2011—2020年）》特别强调儿童参与权，为保障儿童参与家庭生活、学校和社会事务的权利，提出了相应的策略和措施：“将儿童参与纳入儿童事务和儿童服务决策过程，决定有关儿童的重大事项，吸收儿童代表参加，听取儿童意见。畅通儿童参与和表达渠道，增加儿童社会实践机会，鼓励儿童参与力所能及的社会事务和社会公益活动，提高儿童的社会参与能力。”除此之外，广泛开展相关主题宣传教育活动，为提高公众对儿童权利尤其是儿童参与权的认识，为保障儿童参与权创造有利的社会环境;提倡父母与子女加强交流和沟通,倡导平等、文明、和睦、稳定的家庭关系,为儿童参与家庭相关事务营造良好的氛围,保障儿童参与权在家庭中的实现;积极组织适合儿童的文化活动,为儿童提供公益性互联网上网服务,各类文化、科技、体育等公益性设施和场所对儿童免费或优惠开放,为儿童参与社会生活创造条件。这些举措均间接体现了对儿童参与权的重视。在国际上,《儿童权利公约》第三十一条第二款规定:“缔约国应尊重并促进儿童充分参加文化和艺术生活的权利,并应鼓励提供从事文化、艺术、娱乐和休闲活动的适当和均等的机会。”

(三)幼儿的特殊权利

《中国儿童发展纲要(2011—2020年)》指出:“儿童时期是人生发展的关键时期。为儿童提供必要的生存、发展、受保护和参与的机会和条件,最大限度地满足儿童的发展需要,发挥儿童潜能,将为儿童一生的发展奠定重要基础。”如果说儿童时期是人生发展的关键期,那么幼儿时期就是关键时期中的关键时期,幼儿权利具有一般性,更表现出其特殊性。

1. 健康权

健康权是指“政府必须创造条件使人人能够尽可能健康,这些条件包括确保获得卫生服务,健康和安全的工作条件,适足的住房和有营养的食物等”①。《儿童权利公约》第二十四条确认儿童享有“可达到的最高标准的健康,并享有医疗和康复设施”的权利。《儿童权利公约》要求缔约国应努力确保没有任何儿童的这种获得保健服务的权利被剥夺。为确保这项权利的有效落实,《儿童权利公约》在第二十四条中要求各缔约国应当采取以下措施:第一,降低婴幼儿死亡率;第二,确保向所有儿童提供必要的医疗援助和保健,侧重发展初级保健;第三,消除疾病和营养不良现象,包括在初级保健范围内利用现有可得的技术和提供充足的营养食品和清洁饮水,要考虑到环境污染的危险和风险;第四,确保母亲得到适当的产前和产后保健;第五,确保向社会各阶层,特别是向父母和儿童介绍有关儿童保健和营养、母乳育婴优点、个人卫生和环境卫生及防止意外事故的基本知识,使他们得到这方面的教育并帮助他们应用这种基本知识;第六,开展预防保健、对父母的指导以及计划生育教育和服务。幼儿身心发展的特点决定了健康权对于幼儿有特殊的意义。《幼儿园管理条例》《幼儿园工作规程》《幼儿园教育指导纲要(试行)》和《国务院关于当前发展学前教育的若干意见》等法规性文件均

① 吴鹏飞.儿童权利一般理论研究[M].北京:中国政法大学出版社,2013:53-54.

体现我国学前教育“保育和教育并重”的原则。有人认为将这一原则修正为“保育优先，教育其次；保育为重，教育为辅”才是真正切中学前教育的本质，健康权是幼儿所享有的最基本的权利，是幼儿享有其他一切权利的基础。①

2. 游戏权

最早对儿童游戏权作出规定的是《儿童权利宣言》，其原则七中规定：“儿童应有游戏和娱乐的充分机会，应使游戏和娱乐达到与教育相同的目的；社会和公众事务当局应尽力设法使儿童得享此种权利。”《儿童权利宣言》是联合国大会通过的一项决议，其本身被认为不具有直接的法律效力。因此，《儿童权利公约》中对儿童游戏权的规定被认为是儿童游戏权的正式确立。《儿童权利公约》第三十一条规定：“缔约国确认儿童有权享有休息和闲暇，从事与儿童年龄相宜的游戏和娱乐活动，以及自由参加文化生活和艺术活动。”游戏权被认为是“社会或法律所承认和支持的，体现儿童尊严与平等、自由和全面发展价值的，具有普遍性和反抗性的，以游戏自由权、游戏社会权及个体发展权构成的统一体”②。儿童的游戏自由权体现为其有选择游戏与否、怎样游戏、与谁游戏等的自由。儿童的游戏社会权体现为社会应为儿童提供必要的游戏场所和物质条件。儿童在游戏中的追逐跑跳有助于锻炼儿童的身体，增强儿童的体质。儿童在游戏中可以获得精神的满足，体会与人交往的快乐，增进其社会性的发展。从游戏之于儿童的价值来看，游戏权可认为是一种发展权。游戏之于儿童就像水之于鱼。儿童在游戏中发展身体，愉悦精神，也在游戏中认识世界。就像成人需要工作一样，儿童也需要游戏，游戏是儿童专属的权利。正如马卡连柯所言：“游戏在儿童生活中具有重要的意义，游戏对儿童的意义犹如事业、工作、公务之于成年人具有的意义一样。儿童在游戏中的表现是怎样的，长大以后在工作中也大体上会是怎样的。因此，培养未来的活动家首先应该在游戏中进行……”③因此，理解和保护幼儿游戏权具有重要的价值。

3. 学习权

1985 年，联合国教科文组织发表《学习权宣言》，界定了学习权的概念。所谓学习权是指“读与写的权利；持续疑问与深入思考的权利；现象与创造的权利；阅

---

① 张利洪．学前儿童受教育权研究[D]．重庆：西南大学，2013:92.

② 吴鹏飞．儿童权利一般理论研究[M]．北京：中国政法大学出版社，2013:198.

③ B.H.阿瓦涅索娃，等．学龄前儿童教育[M]．杨挹敏，等，译．北京：教育科学出版社，2004:199.转引自张利洪．学前儿童受教育权研究[D]．重庆：西南大学，2013:108.

读自己本身的世界而编纂其历史的权利；获得一切教育方法的权利；使个人与集体的力量发达的权利。”学者在讨论受教育权的本质时，有三种不同的观点：生存权说、公民权说和学习权说。学习权说认为受教育权的本质是学习权，认为每个人生来具有发展自己潜能和完善自己人格的权利，这种权利的实现一部分是通过自身的学习，一部分是通过政府提供的受教育机会和条件。[①]学习权是受教育权的价值来源和逻辑起点[②]，是受教育权的核心和本质[③]。学习权说的产生实现了如下转变：“从国家法律规定的被动接受教育的权利发展为公民以自由人适用的方式行使自己生长和学习的权利。”[④]学习权而非受教育权作为幼儿的特殊权利，在教育理论上强调幼儿作为学习者的主体地位，在法理上强调幼儿作为受教育权主体的权利主动性和自由性。学习权始于终身教育理念和学习化社会背景。终身教育理念强调时间的维度，认为人一生都需要学习，而学习能力和学习品质是一个人学习成败的关键因素。幼儿学习权的特殊性在于幼儿期的学习强调的是学习品质的培养，而非知识性的学习。《3—6岁儿童学习与发展指南》指出，幼儿在活动过程中表现出的积极态度和良好行为倾向是终身学习与发展所必需的宝贵品质。要充分尊重和保护幼儿的好奇心和学习兴趣，帮助幼儿逐步养成积极主动、认真专注、不怕困难、敢于探究和尝试、乐于想象和创造等良好学习品质。有学者将幼儿接受幼儿园教育权分为接受幼儿园学习机会权、接受幼儿园学习条件权、接受幼儿园学习成功权，简称学习机会权、学习条件权、学习成功权。[⑤]学习成功权是受教育过程结束的结果权利，幼儿有获得公正评价的权利。幼儿学习的成功标准很难确定，但绝对不能用义务教育阶段的知识性测评来衡量幼儿的学习结果。因此，理解和尊重幼儿学习权，有利于纠正学前教育“小学化”现象，为幼儿未来的学习打下良好的基础，让幼儿的学习潜力不被扼杀。

---

① 申素平.教育法学：原理、规范与应用[M].北京：教育科学出版社，2009:18.

② 陈恩伦.论学习权[D].重庆：西南师范大学，2003:3.

③ 王柱国.学习自由与参与平等：受教育权的理论和实践[M].北京：中国民主法制出版社，2009:63.转引自张利洪.学前儿童受教育权研究[D].重庆：西南大学，2013:100.

④ 劳凯声.变革社会中的教育权与受教育权：教育法学基本问题研究[M].北京：教育科学出版社，2003:233.

⑤ 张利洪.学前儿童受教育权研究[D].重庆：西南大学，2013:101.

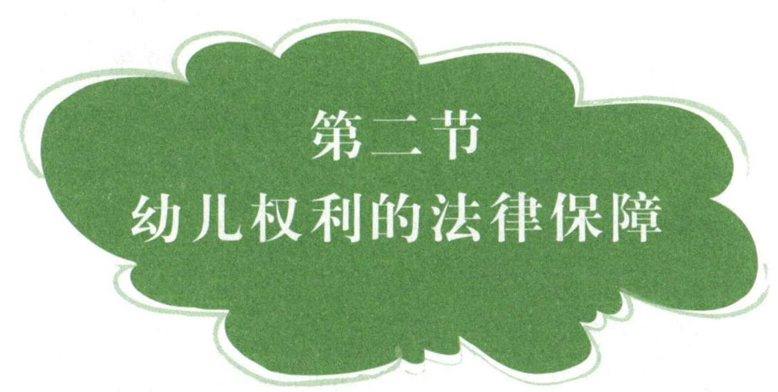

第二节 幼儿权利的法律保障

一、幼儿权利的法律保护原则

幼儿权利的法律保护原则,即所有有关幼儿保护的法律法规中所体现的关于幼儿相关工作事务的基本要求与准则。《儿童权利公约》第一条、第三条、第六条、第十二条和第二十一条中体现了儿童保护的一般原则,即儿童的最大利益原则,尊重儿童的意见原则,无歧视原则,最大限度地确保儿童的生命、生存与发展原则。《中华人民共和国未成年人保护法》第四条规定:"保护未成年人,应当坚持最有利于未成年人的原则。处理涉及未成年人事项,应当符合下列要求:(一)给予未成年人特殊、优先保护;(二)尊重未成年人人格尊严;(三)保护未成年人隐私权和个人信息;(四)适应未成年人身心健康发展的规律和特点;(五)听取未成年人的意见;(六)保护与教育相结合。"根据二者的规定,幼儿权利保护主要有四个原则。

(一)幼儿权益最大化原则

幼儿权益最大化原则,即在涉及幼儿的相关事务中,应综合考虑多方因素,尽一切的可能和最大的努力,充分保障幼儿的各项权利。《儿童权利公约》第三条中规定:"关于儿童的一切行动,不论是由公私社会福利机构、法院、行政当局或立法机构执行,均应以儿童的最大利益为一种首要考虑。"第二十一条规定:"凡承认和(或)许可收养制度的国家应确保以儿童的最大利益为首要考虑"。《儿童权利公约》中对儿童最大利益的规定其实是赋予了《儿童权利宣言》中最大利益原则的条约法律效力,对各缔约国产生约束力。根据儿童权益最大化原则,在解决儿童保护问题时,当遇到国家或成人利益与儿童利益相冲突的情况,要将儿童的利益放在同等重要甚至更高的地位考虑。《儿童权利公约》第四条指出:"缔约国应采取一切适当的立法、行政和其他措施以实现本公约所确认的权利。关于经济、社会及文化权利，缔约国应根据其现有资源所允许的最大限度并视需要在国际合作范围内采取此类措施。”《中华人民共和国未成年人保护法》第四条第（一）项规定：“给予未成年人特殊、优先保护。”第五十六条第三款指出：“公共场所发生突发事件时，应当优先救护未成年人。”可见，在生存和发展所需资源有限的情况下，在儿童的生命安全处于危险之中时，“儿童优先”不容置疑，这是幼儿权益最大化的体现。在我国，幼儿权益最大化原则的落实并不如人意，我国未来的关于幼儿权利保护的相关立法中，幼儿权利最大化应当成为指导思想。幼儿权益最大化是一个重要的理念，对国家来说，是制定幼儿相关政策的依据，对成人来说，也应对此重点关注。

（二）平等（无歧视）原则

所谓无歧视指的是“每一位儿童不因本人或其父母（包括法定监护人）的种族、肤色、性别、语言、宗教、政治或其他观点、民族、族裔或社会出身、财产、伤残、出生或其他身份而受到区分、排除、限制或冷落等不公平的待遇”。[①]《儿童权利宣言》中提出儿童“不因其本人的或家族的种族、肤色、性别、语言、宗教、政见或其他意见、国籍或社会成分、财产、出身或其他身份而受到差别对待或歧视”。联合国1989年通过的《儿童权利公约》最早将儿童不受歧视和虐待作为儿童的一项权利确定下来。《儿童权利公约》第二条第二款规定各缔约国“应采取一切适当措施确保儿童得到保护，不受基于儿童父母、法定监护人或家庭成员的身份、活动、所表达的观点或信仰而加诸的一切形式的歧视或惩罚”。第三十七条规定“任何儿童不受酷刑或其他形式的残忍、不人道或有辱人格的待遇或处罚”，“其人格固有尊严应受尊重”。

我国关于保障儿童不受歧视的法律法规主要体现在以下条文。《中华人民共和国未成年人保护法》第二十七条规定：“学校、幼儿园的教职员工应当尊重未成年人人格尊严，不得对未成年人实施体罚、变相体罚或者其他侮辱人格尊严的行为。”《中华人民共和国教师法》第八条第（四）项规定：“关心、爱护全体学生，尊重学生人格，促进学生在品德、智力、体质等方面全面发展”。《幼儿园管理条例》第十七条规定：“严禁体罚和变相体罚幼儿。”《幼儿园工作规程》第六条规定：“幼儿园教职工应当尊重、爱护幼儿，严禁虐待、歧视、体罚和变相体罚、侮辱幼儿人格等损害幼儿身心健康的行为。”《幼儿园教师专业标准（试行）》在专业理念与

① 洪秀敏.幼儿园教师必知的60条教育政策与法规[M].北京：中国轻工业出版社，2014:30.

师德部分第七条规定："尊重幼儿人格，维护幼儿合法权益，平等对待每一位幼儿。不讽刺、挖苦、歧视幼儿，不体罚或变相体罚幼儿。"

（三）尊重幼儿原则

尊重幼儿的原则，包括尊重幼儿的各项权利、尊重幼儿的人格尊严、遵循幼儿身心发展规律和尊重幼儿的意见。《儿童权利公约》中对儿童的生存权、发展权、受保护权、参与权和受教育权等权利作了明确的规定。《中华人民共和国未成年人保护法》第二十七条规定："学校、幼儿园的教职员工应当尊重未成年人人格尊严，不得对未成年人实施体罚、变相体罚或者其他侮辱人格尊严的行为。"《中华人民共和国教师法》第八条第（四）项规定教师应该尊重学生人格。《幼儿园工作规程》第三条规定幼儿园应按照保育与教育相结合的原则，遵循幼儿身心发展特点和规律，实施德、智、体、美等方面全面发展的教育，促进幼儿身心和谐发展。第六条规定幼儿园教职工应当尊重、爱护幼儿，严禁侮辱幼儿人格。《幼儿园教师专业标准（试行）》在专业理念与师德部分第七条中规定，尊重幼儿人格，维护幼儿合法权益，平等对待每一位幼儿。《幼儿园管理条例》第十六条第二款中规定："幼儿园可以根据本园的实际，安排和选择教育内容与方法，但不得进行违背幼儿教育规律，有损于幼儿身心健康的活动。"

成人应该正视幼儿的基本权利，不应忽视幼儿的基本权利，更不能剥夺幼儿权利。幼儿教师应树立正确的儿童观，积极主动地维护幼儿的权利。幼儿的身心发展遵循一个自然的过程，有其内在的规律。在教育活动中，违背幼儿的身心发展规律不仅不能达到预期的教育效果，还会对幼儿产生不好的影响，有时甚至会泯灭幼儿的发展潜能，影响其一生的发展。因此，在教育活动中幼儿教师应了解和遵循幼儿身心发展规律促进幼儿发展。幼儿是一个独立的个体，有独立的人格和自我意识，虽然他们在成长过程中会表现出对成人的依赖，但是我们不能因此而忽视他们的想法和观点。幼儿自我意识的发展会受到周围环境的影响，自我意识发展的良好与否关系到其日后的社会适应性，成人对幼儿的评价以及对待幼儿观点意见的态度对幼儿自我意识的发展有重要影响。尊重幼儿意见，要求幼儿教师"蹲下来"与幼儿对话。

（四）教育和保护相结合原则

教育和保护相结合原则，即成人应尽最大努力维护儿童的合法权益，同时也应该培养儿童作为权利主体的权利行使意识和能力。保护幼儿，不仅要让其免受伤害，更需要培养幼儿的自我保护意识和能力，让其变得强大。教育其实也是一种保护，是一种更为积极的保护。授之以鱼不如授之以渔。幼儿教育的目的是促进幼儿身心协调发展，帮助幼儿树立权利意识，增强幼儿抵御外界侵害的能力。当然，由于身心发展的限制，幼儿的自我保护能力始终有限，成人在教育幼儿的同时不能放松对幼儿的保护。

二、我国幼儿权利的法律保障

幼儿的主要生活场所是家庭和托幼机构，父母和教师成为侵犯幼儿权利的主体，家庭暴力和幼儿园虐童事件时有发生。根据中国儿童中心对七个城市的小学生家庭教育状况的调查，近八成家长不知道儿童权利。[①]幼儿作为天然的弱势群体，需要成人给予特殊的保护，我国为推动幼儿权益保护的法治化和规范化，制定了相应的法律法规和政策。也有一些相关幼儿保护条款散落在不同的法律法规中。总结相关法律内容，有以下几个方面。

（一）家庭保护

家庭是社会的基本单位，以婚姻为基础，或以收养关系为基础，以血缘关系为纽带。家庭不仅具有繁衍后代的功能，也有养育、保护后代的职责。家庭保护是指父母或其他监护人对未成年人的教育和保护。家庭是幼儿成长的第一环境，家庭保护是幼儿保护的重要环节，对幼儿成长影响重大。家庭对幼儿权利的保护体现为两个极端，要么过度保护，要么保护不及，甚至侵犯儿童权利。家庭中对幼儿权利的侵犯主要包括性侵害、出卖、遗弃、虐待和暴力伤害等。2014 年 12 月 18 日，最高人民法院、最高人民检察院、公安部、民政部联合发布了《关于依法处理监护人侵害未成年人权益行为若干问题的意见》，对上述家庭中侵犯儿童权利的行为作了规定。《中华人民共和国未成年人保护法》第二章明确规定了家庭中父母及其他监护人保护未成年人的责任和义务，并且规定共同生活的其他成年家庭成员应当协助未成年人的父母或者其他监护人教育和保护未成年人。包括保护未成年人的身体健康（包括生理健康和心理健康）、照顾未成年人日常生活、保管未成年人的财产和培养未成年人良好思想品德和行为习惯，提高未成年人的自我保护意识和能力，排除家庭安全隐患，保护和尊重儿童的受教育权、休闲娱乐权、参与权等。禁止对未成年人实施家庭暴力，禁止虐待、遗弃、歧视未

① 杨咏梅，欧阳美娴．中国儿童中心对七个城市小学生家庭教育状况调查显示——近八成家长不知道儿童权利[J]．基础教育论坛，2014(5):40-42.

成年人，禁止任何残害婴儿的行为。不得放任未成年人参与不良组织，吸烟、饮酒、赌博、流浪乞讨或者欺凌他人，失学、辍学，沉迷网络，进入营业性娱乐场所、酒吧、互联网上网服务营业场所等不适宜未成年人活动的场所。不得允许有损未成年人身心健康和权益的行为。当需要委托他人监护未成年子女时，也应当选择符合相应要求的被委托人，并且保持与未成年人所在学校、幼儿园的沟通。在父母离婚的情况下，根据要求妥善处理未成年子女的抚养、教育、探望、财产等事宜。《全国家庭教育指导大纲》将幼儿分为0—3岁、4—6岁两个阶段，分别根据各年龄阶段幼儿的身心发展特点，规定家庭教育指导的内容。在身心健康、习惯的养成、认知和能力的发展等方面作了比较细致的规定，确保幼儿能有一个良好的家庭成长环境。《中华人民共和国反家庭暴力法》第十二条规定："未成年人的监护人应当以文明的方式进行家庭教育，依法履行监护和教育职责，不得实施家庭暴力。"幼儿生活于家庭之中、成长于家庭之中，家庭对幼儿的生命权、健康权和发展权的保护负有特殊的责任。幼儿是家庭的一员，其对家庭生活的参与权因其参与能力的不足而常被忽略，幼儿权利的家庭保护不应忽视幼儿参与权。

知识链接

关于依法处理监护人侵害未成年人权益行为若干问题的意见（节选）

（最高人民法院　最高人民检察院　公安部　民政部　法发〔2014〕24号）

1.本意见所称监护侵害行为，是指父母或者其他监护人（以下简称监护人）性侵害、出卖、遗弃、虐待、暴力伤害未成年人，教唆、利用未成年人实施违法犯罪行为，胁迫、诱骗、利用未成年人乞讨，以及不履行监护职责严重危害未成年人身心健康等行为。

2.处理监护侵害行为，应当遵循未成年人最大利益原则，充分考虑未成年人身心特点和人格尊严，给予未成年人特殊、优先保护。

……

35.被申请人有下列情形之一的，人民法院可以判决撤销其监护人资格：

（一）性侵害、出卖、遗弃、虐待、暴力伤害未成年人，严重损害未成年人身心健康的；

（二）将未成年人置于无人监管和照看的状态，导致未成年人面临死亡或者严重伤害危险，经教育不改的；

（三）拒不履行监护职责长达六个月以上，导致未成年人流离失所或者生活无着的；

（四）有吸毒、赌博、长期酗酒等恶习无法正确履行监护职责或者因服刑等原因无法履行监护职责，且拒绝将监护职责部分或者全部委托给他人，致使未成年人处于困境或者危险状态的；

（五）胁迫、诱骗、利用未成年人乞讨，经公安机关和未成年人救助保护机构等部门三次以上批评教育拒不改正，严重影响未成年人正常生活和学习的；

（六）教唆、利用未成年人实施违法犯罪行为，情节恶劣的；

（七）有其他严重侵害未成年人合法权益行为的。

（二）托幼机构保护

托幼机构保护是指托儿所、幼儿园依法对幼儿实施保护，主要包括幼儿健康权、游戏权和学习权的保护。为使幼儿身心健康、快乐地成长，卫生部颁布的《托儿所、幼儿园卫生保健制度》从生活制度、婴幼儿的饮食、体格锻炼制度、健康检查制度、卫生消毒及隔离制度、预防疾病制度、安全制度、卫生保健登记和统计制度、家长联系制度等方面作了细致规定。为了使托儿所、幼儿园的建筑设计能满足安全、卫生和使用等方面的基本要求，经城乡建设环境保护部和国家教委审查批准，颁布了《托儿所、幼儿园建筑设计规范》。该设计规范对基地的选择和总平面设计、建筑设计、建筑设备等方面作了规定，确保幼儿的生活环境优美，远离污染，并且有足够的活动、游戏空间，服务设施、安全设备齐全。为提高托儿所、幼儿园卫生保健工作水平，预防和减少疾病发生，保障儿童身心健康，2010年国家卫生部和教育部联合发布《托儿所幼儿园卫生保健管理办法》。为了贯彻落实《托儿所幼儿园卫生保健管理办法》，确保托儿所、幼儿园卫生保健工作质量有实质性的提高，2012年卫生部还印发了《托儿所幼儿园卫生保健工作规范》，明确规定托幼机构、妇幼保健机构及相关机构的卫生保健工作职责，规定卫生保健工作的内容与要求，并设立托幼机构招生前卫生评价标准。《幼儿园工作规程》在幼儿园的安全、幼儿园的卫生保健、幼儿园的园舍和设备等方面也作了规定，其落脚点在于幼儿的身心健康。总的来说，我国相关托幼机构的规定，尤其注重对幼儿的人身安全和身心健康的保护。根据马斯洛的需要层次理论，人的首要需要是生理需要，其次是安全需要。除家庭以外，托幼机构是幼儿生活的主要场所，满足幼儿生理需要和安全需要，为幼儿提供安全健康的饮食和适宜的生活环境，保障幼儿的生命权和健康权，托幼机构义不容辞。托幼机构相对家庭有更明确的教育目标和内容，《幼儿园工作规程》规定了幼儿园中幼儿保育与教育的目标和内容。在第五章《幼儿园的教育》中，要求幼儿园教育应当贯彻“以游戏为基本活动，寓教育于各项活动之中”的原则，并且规定“幼儿园应当将游戏作为对幼儿进行全面发展教育的重要形式”。幼儿园应当因地制宜创设游戏条件，包括丰富游戏材料的提供、游戏时间的保障、游戏的指导等，体现对幼儿游戏权的重视和保护。幼儿园的教育渗透于幼儿一日生活的各项活动中，“幼儿园应当为幼儿提供丰富多样的教育活动”，保证幼儿在轻松的氛围中自由探索和发现。幼儿能积极主动地学习而非被迫接受教育，这是对幼儿学习权的保护。

（三）社会保护

社会保护，即社会各相关部门和个人作为保护主体以适合自身的形式和措施，从各个方面对幼儿实施保护。幼儿的生活领域以家庭和托幼机构居多，但是为幼儿创造良好的社会生活环境也是必要的。《中华人民共和国未成年人保护法》第四章规定，社会要创建有利于未成年人健康成长的环境，保障未成年人的健康和安全，保护未成年人的各项权利，根据需要设立救助场所。据此，对于幼儿的社会保护包括以下内容：建立留守未成年人、困境未成年人的信息档案并给予关爱帮扶；规范管理各种场所，不得在幼儿园周边设立不恰当的场所；青少年宫、儿童活动中心、动物园、公园等场所及城市公共交通对幼儿实施免费或优惠；鼓励大型公共场所、公共交通工具、旅游景区景点等为婴幼儿提供便利设施，如设置母婴室、设置搜寻走失未成年人的安全警报系统等；新闻媒体等为幼儿提供健康信息；生产、销售适合于幼儿的食品、药品、玩具、用具和游乐设施等，应当符合国家标准或者行业标准；当幼儿园、托儿所和公共场所发生突发事件时，应当优先救护未成年人，遵循未成年人优先的原则；整个社会应当树立尊重幼儿的良好风尚，尊重幼儿的人格尊严；对一部分由于种种原因脱离了父母或其他监护人的幼儿，政府及其民政部分有责任设立儿童福利机构等对幼儿实施救助。《中国儿童发展纲要（2011—2020年）》中“儿童与社会环境”部分对上述内容也作了规定。相较成人，幼儿跟社会的直接接触很少，但家庭或托幼机构都是幼儿接触社会的媒介。尤其在饮食、生活用品和玩具安全等方面，虽然有家庭和托幼机构的把关，但根本还是在于社会保障。幼儿生命权和健康权的保障终究需要社会的支持。幼儿受教育权的保障也有赖于社会，比如为幼儿提供教育资源。《中华人民共和国公共图书馆法》规定，县级以上人民政府应当设立公共图书馆，并在公共图书馆内设置少年儿童阅览区域；有条件的地区可以单独设立少年儿童图书馆。并且规定配备适当的专业人员，根据不同年龄段未成年人的特点，开展阅读指导和社会教育活动。《博物馆管理办法》第二十九条中规定国有博物馆对未成年人集体参观实行免费制度。幼儿也是社会成员，在成长的过程中逐渐社会化。社会保护在幼儿成长过程中不可或缺，无论哪一种权利的保障都离不开社会的支持。

（四）政府保护

政府保护，即各级政府，尤其是承担未成年人保护协调机制具体工作的职能部门对幼儿的各项权益进行保护。《中华人民共和国未成年人保护法》第六章规定各级人民政府应当发展托育、学前教育事业，办好婴幼儿照护服务机构、幼儿园，支持社会力量依法兴办母婴室、婴幼儿照护服务机构、幼儿园。县级以上地方人民政府及其有关部门应当培养和培训婴幼儿照护服务机构、幼儿园的保教人员，提高其职业道德素质和业务能力。各级人民政府保障幼儿园的办学、办园条件，鼓励和支持社会力量举办幼儿园。监督、指导幼儿园落实校园安全责任，建立突发事件的报告、处置和协调机制。地方人民政府应当采取措施，防止任何组织或者个人侵占、破坏幼儿园、婴幼儿照护服务机构的场地、房屋和设施。进行卫生保健和营养指导，提供卫生保健服务。对有需要的幼儿进行必要的临时监护或长期监护。《中国儿童发展纲要（2011—2020年）》的第二部分“儿童与教育”亦对政府发展学前教育作了规定。政府保护给幼儿各方保护予以强有力的保障，幼儿的家庭保护、托幼机构保护和社会保护均离不开政府的保驾护航。

（五）司法保护

对幼儿的司法保护是指公安机关、人民检察院、人民法院以及司法保护行政部门，通过依法履行职责，对幼儿实施的保护。《中华人民共和国未成年人保护法》第七章对未成年人的司法保护作了多方面的规定，其中一些内容同样适用于幼儿。比如指定专门人员，负责办理涉及未成年人案件，且办理涉及未成年人案件的人员应当经过专门培训，熟悉未成年人身心特点。不得披露有关案件中未成年人的姓名、影像、住所、就读学校以及其他可能识别出其身份的信息。法律援助机构指派熟悉未成年人身心特点的律师为未成年人提供法律援助服务。人民法院依法审理各种涉及幼儿合法权益的民事案件，司法机关依法保护幼儿权利。幼儿不善于运用法律武器维护自身合法权益，且不具备诉讼行为能力，司法机关应依法保护幼儿及其监护人或相关组织的诉讼权、检举权和控告权。

三、我国幼儿受教育权的法律保障

受教育权是公民的一项基本权利，《中华人民共和国宪法》第四十六条第一款规定："中华人民共和国公民有受教育的权利和义务。"《中华人民共和国教育法》第九条规定："中华人民共和国公民有受教育的权利和义务。公民不分民族、种族、性别、职业、财产状况、宗教信仰等，依法享有平等的受教育机会。"《中华人民共和国义务教育法》第四条规定："凡具有中华人民共和国国籍的适龄儿童、少年，不分性别、民族、种族、家庭财产状况、宗教信仰等，依法享有平等接受义务教育的权利，并履行接受义务教育的义务。"《中华人民共和国未成年人保护法》第十六条、第二十八条和第八十三条分别规定了父母或者其他监护人、学校和各级人民政府对幼儿受教育权的保护。由此看出幼儿享有受教育的权利，年满六周岁的幼儿有接受义务教育的权利和义务，受教育平等权是幼儿受教育权中的一项重要内容。《幼儿园工作规程》第五章《幼儿园的教育》从微观的角度，对幼儿园教育实践活动进行了规定，具体落实对幼儿受教育权的保障。具体包括教育活动的原则和要求（德、智、体、美等方面有机结合；遵循幼儿身心发展规律，因人施教；正面引导和教育；寓教育于生活；以游戏为基本活动；创设良好的环境等）；一日生活及日常活动的组织；教育活动的内容及教育活动的组织形式等。由此看出，我国法律法规从宏观到微观体现出对幼儿受教育权的保护。

本章小结

幼儿权利是幼儿基于其特殊身份而享有的，被道德或法律所认定的自由和权益。幼儿权利具有受保护性、独立性、发展性和整体性等性质。幼儿权利的内容主要包括《儿童权利公约》和《中华人民共和国未成年人保护法》中规定的一般权利及健康权、游戏权和学习权等特殊权利。幼儿权利的保护遵循以下原则：幼儿权益最大化原则、平等（无歧视）原则、尊重幼儿原则、教育和保护相结合原则。我国对幼儿权利的法律保护以家庭、托幼机构、社会和司法机关为视角，对幼儿权利的家庭保护、托幼机构保护、社会保护、政府保护和司法保护等方面均有规定。幼儿权利的保护是我们每个人的责任。

思考与练习

1. 思考幼儿参与权的特殊性及其实现。

2. 幼儿园活动的基本形式是(   )。

A. 教学　B. 游戏　C. 艺术活动　D. 文体活动

3. 为了防止幼儿的"跟风"行为，维持集体活动的秩序，李老师不允许幼儿在集体活动过程中去厕所，规定幼儿在固定的时间统一如厕。李老师的做法(   )。

A. 正确，有利于培养幼儿良好的生活习惯

B. 正确，有利于培养幼儿的规则意识

C. 错误，违反了《儿童权利公约》

D. 错误，违反了《幼儿园工作规程》

4. 为了满足幼儿家长的要求，某幼儿园每天安排30分钟的拼音课，该幼儿园的做法(   )。

A. 正确，有利于儿童智力的发展

B. 正确，有利于促进家园合作

C. 错误，幼儿园不得提前教授小学教育内容

D. 错误，课程时间过长

5.《幼儿园工作规程》规定幼儿每日户外活动时间不得少于(   )。

A.1 小时　B.2 小时　C.3 小时　D.4 小时

6. 根据《中小学幼儿园安全管理办法》，学校安全管理遵循(   )方针。

A. 积极预防、依法管理、社会参与、各负其责

B. 积极预防、安全教育、社会参与

C. 依法管理、社会参与、积极预防、安全教育

D. 安全教育、社会参与、各负其责

真题解析

1.幼儿园小朋友洋洋的画被幼儿园推荐发表，所得稿酬应归于（　　）。

A.幼儿园　　B.洋洋本人

C.洋洋的父母　　D.洋洋的老师

【答案】B。洋洋是画的著作权人，享有获得报酬的权利，即著作权中的财产权。洋洋父母作为监护人可以帮其管理，但是所有权仍归洋洋本人。

2.教师王某经常让班里的幼儿在活动室外面罚站，王某的做法（　　）。

A.不合法，侵犯了幼儿的受教育权

B.不合法，侵犯了幼儿的荣誉权

C.合法，教师有管理幼儿的权利

D.合法，教师有教育幼儿的权利

【答案】A。

3.下列选项中，不属于联合国《儿童权利公约》中确认和保护的儿童权利的是（　　）。

A.信仰和宗教自由　　B.受益于社会保障的权利

C.自由发表言论的权利　　D.选举和被选举权

【答案】D。《儿童权利公约》中对儿童权利的规定没有涉及选举和被选举权。我国宪法第三十四条规定："中华人民共和国年满十八周岁的公民，不分民族、种族、性别、职业、家庭出身、宗教信仰、教育程度、财产状况、居住期限，都有选举权和被选举权；但是依照法律被剥夺政治权利的人除外。"说明在我国幼儿也没有选举与被选举权。

4.某医院擅自将幼儿吴某的照片及病例刊登在宣传材料上广为散发，用以宣扬本院的医治水平，该医院的行为（　　）。

A.侵犯了吴某的名誉权

B.侵犯了吴某的姓名权

C.侵犯了吴某的健康权

D.侵犯了吴某的隐私权

【答案】D。

5. 为确保儿童享有接受教育的权利，联合国《儿童权利公约》规定各缔约国应当(　　)。

A. 实现全面的免费义务教育　　B. 采取有效措施降低辍学率

C. 使得所有人接受高等教育　　D. 发展不同形式的学前教育

【答案】B。

6. 我国未成年人保护工作应当遵循的原则不包括(　　)。

A. 尊重未成年人的人格尊严　　B. 适应未成年人身心发展的规律

C. 教育与保护相结合　　D. 儿童权利优先

【答案】D。

7. 依据联合国《儿童权利公约》，对儿童的养育和发展负有首要责任的是(　　)。

A. 国家　　B. 父母　　C. 学校　　D. 社会

【答案】B。《儿童权利公约》第十八条规定：缔约国应尽其最大努力，确保父母双方对儿童的养育和发展负有共同责任的原则得到确认。父母或视具体情况而定的法定监护人对儿童的养育和发展负有首要责任。儿童的最大利益将是他们主要关心的事。

8. 某幼儿园组织幼儿进行军训活动。该幼儿园的做法(　　)。

A. 正确，有利于强化幼儿纪律教育

B. 正确，有利于增强幼儿的责任感

C. 不正确，阻碍幼儿学习成绩的提升

D. 不正确，未遵循幼儿身心发展的规律

【答案】D。幼儿具有生命健康权，要保持自己生命的延续，身体组织的完整和生理机能的健全，使机体生理机能正常运作和功能完整发挥。幼儿园组织幼儿军训，损害了幼儿的身体健康，没有遵循幼儿身心发展的规律。

9. 幼儿萌萌午休时不睡觉还发出吵闹的声音，何老师把她关在厕所里，以免影响其他幼儿休息。何老师的做法(　　)。

A. 不正确，侵犯幼儿的人身权和人格尊严

B. 不正确，侵犯了幼儿的思想自由和受教育权

C. 正确，有利于保障其他幼儿午间休息的权利

D. 正确，有利于引导萌萌养成良好的生活习惯

【答案】A。幼儿依法享有生命健康权和人格尊严权，何老师的做法侵害了幼儿的人身自由，没有尊重幼儿的人格尊严。

10. 某幼儿园教师陈某在教育幼儿时，经常敲打拖拽幼儿，造成幼儿身体多处瘀伤，陈某侵犯幼儿的权利是(　　)。

A. 受教育权　　B. 人格尊严权　　C. 人身自由权　　D. 生命健康权

【答案】D。幼儿享有生命权与健康权，应尊重幼儿的生命健康权。题干中幼儿教师在教育过程中，经常敲打、拖拽幼儿，造成其身体瘀伤，这危害了幼儿的生命，不利于幼儿身心健康的发展。人格尊严指的是要关注幼儿的意愿、想法、需要等，材料中并未体现，不选B项。

11. 小(2)班的孩子们在"六一"汇演节目排练时，洋洋和健健总是不能跟着刘老师做动作，站在原地发呆。为了不影响班集体的表演效果，刘老师不让他俩参加演出。刘老师的做法(　　)。

A. 恰当，教师应尊重幼儿的选择

B. 恰当，教师应维护班集体荣誉

C. 不恰当，教师应引导全体幼儿参与集体活动

D. 不恰当，教师应要求幼儿必须参与集体活动

【答案】C。素质教育要求教师要面向全体学生，所有的幼儿都有受教育的权利，材料中刘老师因为洋洋和健健不跟着做动作而不让他们参加会演，没有体现关爱全体学生。

12. 孙老师正在给小朋友讲"爱妈妈"的故事。乐乐坐不住，偷偷地扯了一下身边丽丽的头发，丽丽大叫。孙老师立即大声呵斥乐乐，并把乐乐一人安排到角落，孙老师在教育过程中违背了(　　)。

A. 幼儿的自主性　　B. 教师的权威性

C. 师幼的合作性　　D. 教育的平等性

【答案】D。教育的平等性包括教育权利的平等、教育过程的平等、教育结果的平等。题干中孙老师立即大声呵斥乐乐，并把乐乐一人安排到角落的教育行为，违背了教育的平等性原则。

13. 根据联合国《儿童权利公约》，政府各部门和机构在制定相关政策和落实措施时应首先考虑(　　)。

A. 儿童最大利益　B. 儿童优先　C. 儿童不受任何歧视　D. 尊重儿童的原则

【答案】A。此题考查《儿童权利公约》。第三条规定：关于儿童的一切行动，不论是由公私社会福利机构、法院、行政当局或立法机构执行，均应以儿童的最大利益为一种首要考虑。

14. 幼儿圆圆有一头漂亮的长发，经常在上课时玩头发，不按照教师刘某的要求进行活动，刘某多次劝说无效后，恼羞成怒地剪掉了圆圆的头发。刘某的行为（　　）。

A. 侵犯了圆圆的名誉权　　　B. 侵犯了圆圆的健康权

C. 侵犯了圆圆的身体权　　　D. 侵犯了圆圆的肖像权

【答案】C。本题考查幼儿的权利保护。身体权作为一种独立的人格权，包括了自然人形式上和实质上维护身体组织完整并支配其肢体、器官和其他身体组织的完整性和有限制自由支配身体的排他性权利。侵犯身体权的行为主要有以下表现形式：（1）对身体的损害；（2）对身体组织的非法保留、占有；（3）对身体组织之不疼痛的侵害。身体权所保护的，是肢体、器官和其他组织的完整状态，一般认为，对身体组织，例如头发、指（趾）甲等的破坏，只要不造成严重的痛楚，均认为其行为对身体权构成侵害；（4）实施外科手术中的不正当行为。题中老师的行为虽然没有对幼儿造成痛楚，也没有给幼儿带来伤害，但是对幼儿的身体外观造成了非常严重的影响，因此是侵犯了幼儿的身体权。

推荐阅读

1. A.J.M. 米尔恩. 人的权利与人的多样性——人权哲学[M]. 夏勇，张志铭，译. 北京：中国大百科全书出版社，1995.

2. 王本余. 教育与权利：儿童的教育权利及其优先性[M]. 福州：福建教育出版社，2012.

3. 艾伦·德肖维茨. 你的权利从哪里来？[M]. 黄煜文，译. 北京：北京大学出版社，2014.

第3章 幼儿教师权利的内容及其法律保障

幼儿教师是保障幼儿教育质量的中坚力量，是依法办园的主力军，保护其应有权益是提升幼教质量的关键。在现实中，个别幼儿教师有侵害幼儿权利的行为，受到社会舆论的谴责和法律的制裁，但是绝大多数幼儿教师对待工作勤勤恳恳、兢兢业业。一个幼儿教师权益无法得到良好保障的社会，其学前教育要想谋求真正的发展如痴人说梦。

学习目标

1. 了解幼儿教师的人权、作为劳动者的权利和作为幼儿教师的义务，掌握幼儿教师的专业权利。

2. 了解幼儿教师法律保护的原则。

3. 树立依法保护幼儿教师权利的意识，掌握幼儿教师权利的三种保护途径。

学习重难点

1. 掌握幼儿教师的专业权利。

2. 掌握幼儿教师权利的三种保护途径。

知识结构图

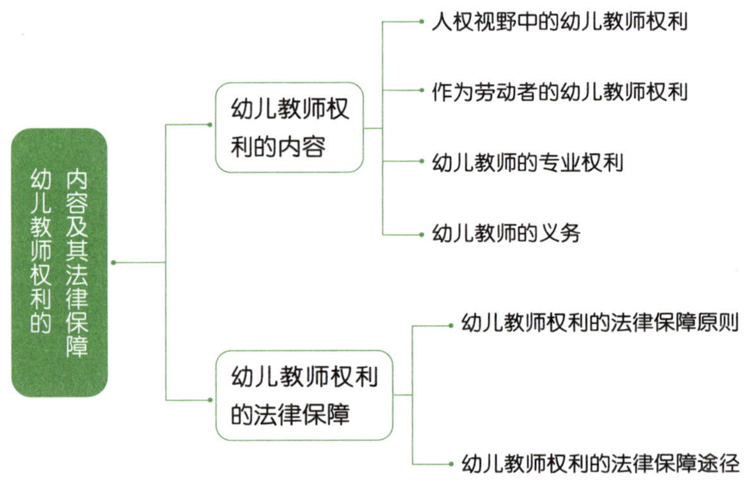

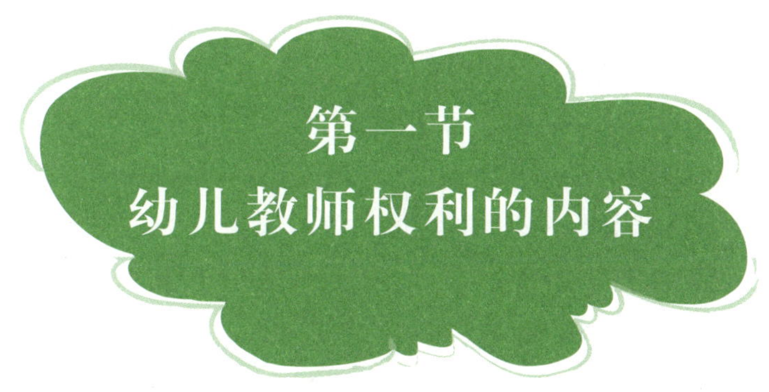

第一节 幼儿教师权利的内容

教师权利是指由习俗、道德或法律所认定，教师所拥有的利益、主张、资格、力量或自由，它包括教师拥有的道德权利、法律权利和实有权利。“教师”是一个多重身份的集合体，既以一般“人”的身份而存在，也是一名“劳动者”和“专业幼儿教育者”。因此，教师也就理所当然地既享受作为“人”的一般权利，也享受作为“劳动者”和“专业幼儿教育者”的权利。

一、人权视野中的幼儿教师权利

作为一般“人”的幼儿教师，其权利主要受到《世界人权宣言》《公民权利和政治权利国际公约》《经济、社会及文化权利国际公约》《中华人民共和国宪法》的保护。主要涉及五个方面的权利：平等权、政治权利与自由、通信自由权、社会经济权、文化权利。

1. 平等权

平等权是“人”的一项基本权利，《世界人权宣言》以其权威性来保障各国人民作为“人”的权益，规定在尊严、人格、生命、自由、法律、政治、经济、教育、性别等方面人人平等。幼儿教师作为“人”的存在，在中国，其平等权有着独特、具体的定义。《中华人民共和国宪法》第三十三条第一款和第二款规定：“凡具有中华人民共和国国籍的人都是中华人民共和国公民。中华人民共和国公民在法律面前一律平等。”

2. 政治权利与自由

政治权利是人人有参加国家管理、参政议政的民主权利以及在政治上享有表达个人见解和意愿的自由。政治权利主要包括三个方面的内容:选举权和被选举权、政治自由和监督权。《世界人权宣言》第二十一条规定:人人有直接或通过自由选择的代表参与治理本国的权利,人人有平等机会参加本国公务的权利,选举应依据普遍和平等的投票权,并以不记名或相当的自由程序进行。政治自由在《中华人民共和国宪法》中体现为:言论、出版、集会、结社、游行、示威的自由。监督权是指公民有监督一切国家机关和国家工作人员的权利。《中华人民共和国宪法》第二十七条和第四十一条规定,中华人民共和国公民对于任何国家机关和国家工作人员具有监督、批评、建议、申诉、控告、检举和取得赔偿的权利,但是不得捏造或歪曲事实进行诬告陷害。

3. 通信自由权

通信自由权指任何人都有通过书信、电话、电信及其他通信手段,根据自己的意愿进行通信,不受他人干涉的自由的权利。《中华人民共和国宪法》第四十条指出:"中华人民共和国公民的通信自由和通信秘密受法律的保护。除因国家安全或者追查刑事犯罪的需要,由公安机关或者检察机关依照法律规定的程序对通信进行检查外,任何组织或者个人不得以任何理由侵犯公民的通信自由和通信秘密。"具体包括他人不得扣押、隐匿、毁弃公民的通信,他人不得私阅或窃听公民通信或通话的内容。幼儿教师依法享有通信自由权。

4. 社会经济权利

财产权是指以财产利益为内容,直接体现财产利益的民事权利。财产权包括以所有权为主的物权、准物权、债权、知识产权等。在家庭、婚姻、劳动等法律关系中也涉及财产权,如要求支付扶养费、抚养费、赡养费的权利,劳动后领取劳动报酬、退休金、抚恤金的权利等。《世界人权宣言》第十七条指出人人单独的财产所有权以及同他人合有的所有权,任何人的财产不得任意剥夺。

休息权是指劳动者为保护身体健康和提高劳动效率而休息、休养的权利。主要包括休整、休假、休养、获得安宁的权利。《世界人权宣言》第二十四条规定人人有享受休息和闲暇的权利,包括工作时间有合理限制和定期给薪休假的权利。

5. 文化权利

科研、文学艺术创作权是指公民具有进行科学研究、文学艺术创作的权利。《中华人民共和国宪法》第四十七条指出:"中华人民共和国公民有进行科学研究、文学艺术创作和其他文化活动的自由。国家对于从事教育、科学、技术、文学、艺术和其他文化事业的公民的有益于人民的创造性工作，给以鼓励和帮助。”幼儿教师依法享有科研、文学艺术创作权。

二、作为劳动者的幼儿教师权利

幼儿教师权利的第一属性是人权视野下的人之为人所具有的权利，第二属性是作为一般劳动者的幼儿教师权利。幼儿教师作为一般劳动者，其与幼儿园之间通过签订劳动合同确立劳动关系，此时受《中华人民共和国劳动法》《中华人民共和国劳动合同法》《中华人民共和国就业促进法》的保护和约束。此处重点介绍幼儿教师的劳动权。

劳动权是指具有劳动能力的人参与社会劳动和领取相应报酬的权利。《中华人民共和国宪法》第四十二条第一款指出：“中华人民共和国公民有劳动的权利和义务。”除此外，《中华人民共和国劳动法》《中华人民共和国就业促进法》等法律也保障公民的劳动权。幼儿教师与幼儿园通过签订劳动合同来确立劳动关系，双方是平等的关系。《中华人民共和国劳动法》第三条第一款规定：“劳动者享有平等就业和选择职业的权利、取得劳动报酬的权利、休息休假的权利、获得劳动安全卫生保护的权利、接受职业技能培训的权利、享受社会保险和福利的权利、提请劳动争议处理的权利以及法律规定的其他劳动权利。”

在幼儿教师队伍中主要有两种性质的劳动关系。一是聘用制，二是聘任制。聘用制是指以合同的形式确定事业单位与职工基本人事关系的一种用人制度，聘用制教师即我们常说的事业单位在编教师。聘任制是指用人单位通过契约确定其与所聘人员关系的一种任用方式，聘任制教师即我们常说的事业单位编外教师。

在待遇方面，聘用制教师的待遇不适用于《中华人民共和国劳动法》和《中华人民共和国劳动合同法》，适用于《中华人民共和国教师法》。《中华人民共和国教师法》第二十五条规定：“教师的平均工资水平应当不低于或者高于国家公务员的平均工资水平，并逐步提高。建立正常晋级增薪制度，具体办法由国务院规定。”法律中关于教师报酬与待遇的问题值得说明的是“按时”“报酬”“福利待遇”。“按时”指用人单位不得克扣或无故拖欠教师工资。“报酬”包括工资、奖金、津贴、补贴、延长工作时间的工资报酬及特殊情况下支付的工资等。“福利待遇”包括农村和边远地区的教师，另外对其给予补贴，包括建房住房优惠、身体检查、医疗便利、寒暑假带薪休假等；幼儿教师享受教龄津贴和其他津贴；到少数民族和边远贫困地区从事幼儿教育工作的幼儿教师可以享受另外的补贴。县级以上地方人民政府可以适当提高长期从事教育教学工作的幼儿教师的退休金比例。《中华人民共和国劳动法》第五章对聘任制教师在待遇方面有明确的规定，即用人单位根据本单位的生产经营特点和经济效益，依法自主确定本单位的工资分配方式和工资水平，但不低于当地最低工资标准；工资分配应当遵循按劳分配原则，实行同工同酬。

案例分析

今年23岁的李珍(化名)在郫县团结镇一家民办幼儿园担任园长。11月23日，她被查出怀了身孕。因黄体酮过低，医生建议她休息10天。她口头上给幼儿园负责人邓天英(化名)请了假。假后准备回来上班时，李珍却被告知“不用再来上班了”，园方给出的理由是：已经怀孕，不适合做这份工作，让她安心养胎。

分析

该事件中，幼儿园的行为违法。《中华人民共和国劳动合同法》第四十二条第四项规定，用人单位不得以“劳动者不能胜任工作”等理由对在孕期、产期、哺乳期内的女职工解除劳动合同。在怀孕、生产等方面，《中华人民共和国劳动法》也有相关规定。《中华人民共和国劳动法》第六十一条、第六十二条、第六十三条规定：不得安排女职工在怀孕期间从事国家规定的第三级体力劳动强度的劳动和孕期禁忌从事的劳动。对怀孕七个月以上的女职工，不得安排其延长工作时间和夜班劳动；女职工生育享受不少于九十天的产假；不得安排女职工在哺乳未满一周岁的婴儿期间从事国家规定的第三级体力劳动强度的劳动和哺乳期禁忌从事的其他劳动，不得安排其延长工作时间和夜班劳动。

资料链接

2017年三井街道公开招聘幼儿园聘用制教师简章(节选)

五、管理方法及待遇

(一)被聘用人员的试用期为6个月，试用期内缴纳“五险一金”(养老保险、医疗保险、失业保险、生育保险、工伤保险和公积金)。试用期满，经考核合格正式聘用为幼儿园教师，享受街道幼儿园聘用制教师工资福利待遇。

（二）被聘用人员与原单位的合同（协议）关系，由本人与原单位按照有关规定自行协商处理。

三、幼儿教师的专业权利

教师是一个国家中专门从事教育教学活动的专职人员，教师职业是一项崇高的职业，它关系到国家的未来、民族的兴旺，关系到人类自身的繁衍和发展。作为教育初级阶段的幼儿教师，其工作光荣而艰巨。《中华人民共和国教师法》中规定了教师的权利包括：（一）进行教育教学活动，开展教育教学改革和实验；（二）从事科学研究、学术交流，参加专业的学术团体，在学术活动中充分发表意见；（三）指导学生的学习和发展，评定学生的品行和学业成绩；（四）按时获取工资报酬，享受国家规定的福利待遇以及寒暑假期的带薪休假；（五）对学校教育教学、管理工作和教育行政部门的工作提出意见和建议，通过教职工代表大会或者其他形式，参与学校的民主管理；（六）参加进修或者其他方式的培训。《中华人民共和国教师法》是保障各级各类教师享有教师特定权利的基本法，但各级各类教师享有的权利又具有特殊性，以下我们将具体分析作为幼儿教师应享有的职业权利内容。

1. 教育教学权

教育、教学既是教师的基本职责也是教师神圣的权利，教师在开展活动时没有单纯的教育也没有单纯的教学，教育、教学相互融合，相互依存。《中华人民共和国教师法》第七条规定了教师享有进行教育教学活动，开展教育教学改革和实验的权利。根据《中华人民共和国教师法》的基本指导方向，我们可以归纳出教师教育教学权的具体内容主要包括：①自主地组织教育教学活动；②在教育教学的形式、方法、具体内容等方面进行改革、实验和完善；③自主进行家园互动建设。在开展活动方面，幼儿教师可依据其所在幼儿园的教学计划、教学工作量等具体要求，自主地组织教育教学活动，任何组织和个人都不得随意干涉。在改革和实验方面，《幼儿园工作规程》中明确指出幼儿园以游戏为基本活动，教师针对3~6岁不同阶段幼儿的身心特点，以及结合自身所在园所及所在班级的情况，以游戏为基本载体自由选择绘画、故事、歌唱等多种多样的形式进行教育教学。教师可以把传统游戏等结合时代特点进行改编，并利用多媒体创造出更多更有趣的教育教学方法。目前《幼儿园教育指导纲要(试行)》和《幼儿园工作规程》都在大力提倡园本课程。园本课程即帮助幼儿获得有益的学习经验,促进身心全面和谐发展的各种活动的总和。①园本课程对幼儿教师进行教育教学内容的改革和完善提供了一次契机。在家园互动建设方面,幼儿教师作为专业人士,在教育等各个方面有权也有义务对家长进行指导,给孩子建设一个和谐、一致的家园生活氛围。

2. 科学研究权

苏霍姆林斯基曾说过:"如果你想让教师的劳动能够给教师一些乐趣,使天天上课不致变成一种单调乏味的义务,那你就应当引导每一位教师走上从事研究的这条幸福的道路。"教育从来都不是一件简单的重复性工作,时代的快速发展需要科研,学生的更新变换需要科研,教学中的实际问题需要科研,教师自身的专业发展也需要科研。科学研究、学术交流对于教师而言是十分重要的。据统计,亚洲、欧洲、美洲、大洋洲中97部宪法里有60部将"学术自由"写进了宪法。②在国内,《中华人民共和国教师法》第七条第(二)项规定,教师有从事科学研究、学术交流,参加专业的学术团体,在学术活动中充分发表意见的权利。《幼儿园工作规程》第四十一条中规定,教师要参加业务学习和保育教育研究活动。教师拥有这项权利,在学术的大海里可以自由徜徉,这也紧扣我国"百花齐放、百家争鸣"的教育方针。

3. 指导评定权

《中华人民共和国教师法》第七条第(三)项规定,教师有指导学生的学习和发展,评定学生的品行和学业成绩的权利。《幼儿园教师专业标准(试行)》专业能力一项阐述道:教师要支持与引导幼儿的游戏活动,有效运用观察、谈话、家园联系、作品分析等多种方法,客观地、全面地了解和评价幼儿。幼儿教师在日常的保育教育过程中,担任着多种角色,支持者、评价者就是其中一部分。"支持"一词含有指导、鼓励和帮助的意思,也就是说教师对幼儿的学习和发展应当适时地给予指导、鼓励和帮助。在传统教育中,教师是知识的传授者,学生就是知识的接受者。但在信息全球化的今天,各国的教育思想相互融合,我们也逐渐发现应该

① 冯晓霞.幼儿园课程[M].2版.北京:北京师范大学出版社,2001:14.

② 秦前红,严晗.中外学术自由权的宪法保障比较[C]//湛中乐.通过章程的大学治理:"大学治理与大学章程"学术研讨会论文集.北京:中国法制出版社,2011:47-58.

以幼儿为本，尽量减少灌输式的教育，把更多的学习和发展空间留给幼儿。作为评价者，在评定幼儿的品行和学业时，教师必须正确、合理、客观、公正，不能带有个人喜好和个人情感，对待每个幼儿应一视同仁。

4. 领取报酬权

劳动者付出了劳动就应该得到相应的报酬，教师开展教育活动也是一种劳动，理应获得报酬。《中华人民共和国劳动法》第三条规定劳动者有取得劳动报酬的权利、休息休假的权利。第四十八条规定用人单位支付劳动者的工资不得低于当地最低工资标准。在《中华人民共和国劳动法》的基础上，根据教师这一行业的特点，《中华人民共和国教师法》作出了更具体、更详细的规定。《中华人民共和国教师法》第七条第（四）项规定，教师享有按时获取工资报酬，享受国家规定的福利待遇以及寒暑假期的带薪休假的权利。需要强调的是，由于职业的特殊原因，幼儿教师群体中以女性居多，用人单位不得占用或减少教师的产假时间。

5. 参与管理权

《中华人民共和国教师法》第七条第（五）项规定，教师有权对学校教育教学、管理工作和教育行政部门的工作提出意见和建议，通过教职工代表大会或者其他形式，参与学校的民主管理。那么幼儿教师的民主管理权指幼儿教师通过教职工代表大会、工会或其他形式来对幼儿园教育教学、管理工作和行政部门的工作提出意见或建议。“民主管理”是一个行政术语，“权利”是一个法律术语，那么“民主管理权利”说明了法律对民主管理的支持与保障。麦格雷戈等人认为：在适当的条件下采取参与式管理，即人们在与自己相关的事情上有一定的发言权，能够激励参与管理者的集体凝聚力，既能满足社会需要也能满足自我实现需要。[①]把幼儿园比作一个人的身体，园长及管理团队就像是人的心脏，是身体的核心，教师们就相当于血管，血管只有和心脏紧紧地相依相连，才能将血液运送到身体的各个地方，保证整个身体的营养。

6. 进修培训权

俗话说予人一瓢水，自己要有一桶水，教师这份职业更应该如此。时代不断变化，知识不断更新，教师只有通过不断地进修学习，不断地更新知识，调整知识结构，提高自己的专业素质，才能保证教育教学的质量。《中华人民共和国教师

---

① 马丽群，田景正．浅议幼儿教师幼儿园民主管理参与[J]．成都中医药大学学报，2010，12(3)：69－70.

法》第七条第(六)项规定,教师有权参加进修或者其他方式的培训。《幼儿园教师专业标准(试行)》中规定:“完善幼儿园教师培养培训方案,科学设置教师教育课程,改革教育教学方式”。为促进学前教育的发展,《学前教育三年行动计划》中也大力提倡加大对教师的培训。以上三部法规,第一部是直接从教师的角度保障教师权利,后两部是从幼儿园、教育部门的角度,希望幼儿园能够保证教师接受继续教育。我们常见的幼儿教师进修和培训的方式主要包括:脱产进修,业余学习,参加学术报告、专题讲座、经验交流、观摩活动等。针对偏远地区教师参加观摩活动、专题讲座等比较少的情况,国家正在大力推行国培计划[①],保证教师的进修和提升。

四、幼儿教师的义务

权利与义务是统一的,二者不可分离。没有无义务的权利,也没有无权利的义务。人们在充分地享受法律确认的各项权利的同时必须履行好相应的法定义务。正如《世界人权宣言》第二十九条所称:“人人对社会负有义务,因为只有在社会中他的个性才可能得到自由和充分的发展。人人在行使他的权利和自由时,只受法律所确定的限制,确定此种限制的唯一目的在于保证对旁人的权利和自由给予应有的承认和尊重,并在一个民主的社会中适应道德、公共秩序和普遍福利的正当需要。”根据《中华人民共和国宪法》的规定,我国公民有维护国家统一和民族团结的义务,遵守宪法和法律的义务,维护祖国的安全、荣誉和利益的义务,依法服兵役的义务,劳动的义务,受教育的义务。我国宪法规定了劳动和受教育既是公民的权利又是义务。

宪法上规定的法定义务是每个中国公民的基本义务,它是作为劳动者和专业工作者的幼儿教师义务的基础。作为劳动者和专业工作者的幼儿教师的义务是作为公民的幼儿教师的义务的具体和深化。根据《中华人民共和国教师法》的规定,幼儿教师具有这些义务:遵守宪法、法律和职业道德,为人师表;贯彻国家的教育方针,遵守规章制度,执行学校的教学计划,履行教师聘约,完成教育教学工作任务;对学生进行宪法所确定的基本原则的教育和爱国主义、民族团结的教

① “国培计划”全称是“中小学教师国家级培训计划”,由教育部、财政部于2010年开始全面实施,是提高中小学教师特别是农村教师队伍整体素质的重要举措。重点支持中西部农村教师培训,引导和鼓励地方完善教师培训体系,加大农村教师培训力度,显著提高农村教师队伍素质;促进教师教育改革,推动高等师范院校面向基础教育,服务基础教育。

育，法制教育以及思想品德、文化、科学技术教育，组织、带领学生开展有益的社会活动；关心、爱护全体学生，尊重学生人格，促进学生在品德、智力、体质等方面全面发展；制止有害于学生的行为或者其他侵犯学生合法权益的行为，批评和抵制有害于学生健康成长的现象；不断提高思想政治觉悟和教育教学业务水平。根据《幼儿园工作规程》的规定，幼儿教师具有如下义务：观察了解幼儿，依据国家有关规定，结合本班幼儿的发展水平和兴趣需要，制订和执行教育工作计划，合理安排幼儿一日生活；创设良好的教育环境，合理组织教育内容，提供丰富的玩具和游戏材料，开展适宜的教育活动；严格执行幼儿园安全、卫生保健制度，指导并配合保育员管理本班幼儿生活，做好卫生保健工作；与家长保持经常联系，了解幼儿家庭的教育环境，商讨符合幼儿特点的教育措施，相互配合共同完成教育任务；参加业务学习和保育教育研究活动；定期总结评估保教工作实效，接受园长的指导和检查。

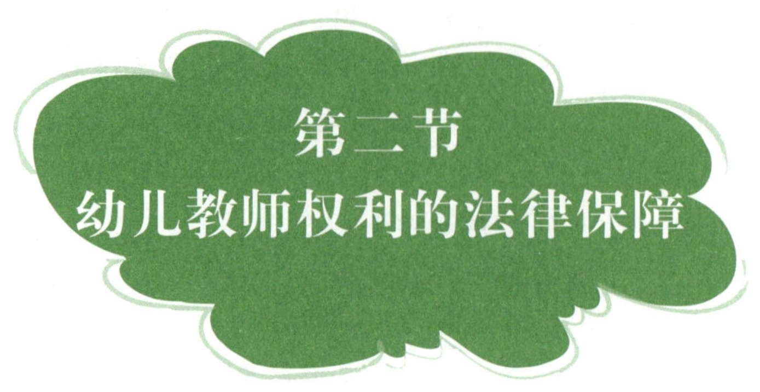

第二节 幼儿教师权利的法律保障

为切实解决“入园难”“入园贵”问题，第一、二期“学前教育三年行动”计划如期执行。据统计，截至2016年全国有幼儿园园长和教师共249.88万人。[①]目前，我国的幼儿园扩建主要以公办园、民办园“两条腿走路”的原则进行，这样的办园模式导致管理体制和人事管理制度的复杂化。同时，幼儿教师的职业性质决定了其在工作中要与幼儿及家长、幼儿园、人事部门、教育行政部门等社会各界人士接触。幼儿教师在依法履行职责的过程中受到不公平处分或认为自己的合法权益被侵害的现象时有发生。那么幼儿教师的权利被侵害后，究竟该怎样维护自己的合法权益以及如何寻求救济，成为广大幼儿教师需要了解的一个重要问题。

一、幼儿教师权利的法律保障原则

法律是一种特殊的行为规范，它是由国家制定或认可，依靠国家强制力保障实施，对全体社会成员有着普遍的约束力。幼儿教师权利的法律保障原则是指导幼儿教师权益受到侵害时寻求保护的准则，它具有公平性、及时性、切实性和多渠道性。

（一）公平性原则

公平性原则是指对幼儿教师权益进行保护时，不区分民办教师还是公办教师，不区分城镇教师还是农村教师，不区分贫困地区教师还是发达地区教师，不论性别、种族、肤色、信仰、工龄等，只要按《中华人民共和国教师法》等相关法律规定取得相应的幼儿教师从业资格证书即幼儿教师资格证，即可平等地享受幼儿教师相关法律的保护。

① 2016年全国教育事业发展统计公报，http://www.gov.cn/shuju/2017-07/10/content_5209370.htm.

（二）及时性原则

及时性是指幼儿教师提出救济请求时，相关执法部门要积极展开调查，及时处理。执法部门在调查处理幼儿教师法律诉求事件时，要做到有法可依、有法必依、违法必究、执法必严。及时解决幼儿教师的纠纷事件才能保障其教育教学工作的有序顺利开展。

（三）切实性原则

切实性是指当幼儿教师权益受到侵害时，法律能切合实际、实实在在地保障教师的权益。法律有形而上的约束力，它需要组织部门进行落实。目前教师在进行维权时申述无门或各部门间相互推诿的事件时常发生，导致该现象的原因多是无部门受理，或是有关岗位实际上没有发挥实质性的保护功能。为切实保障教师的合法权益，人大、行政、教育、司法等各部门应该设置相应的教师维权申述部门并明确责任、相互监督。

（四）多渠道原则

多渠道是指幼儿教师权益受到侵犯时，保证当事人可以利用多种方式进行维权。我国已经从宪法、民法、行政法、刑法多方面建立起了保障幼儿教师权利的法律体系。在现行法律的前提下，还形成了事后救济相互补充的保障机制，从而提高幼儿教师的职业安全感。在救济方面，作为普通公民，可以通过和解、调解、仲裁、诉讼、复议等方式来解决其与外界的纠纷。作为教师，还可以通过向教育行政部门提出申述解决纠纷。

二、幼儿教师权利的法律保障途径

行政救济是行政系统的内部监督，是基于行政监督理论而产生的一种监督制度，其任务和目的是通过这种监督纠正违法或不当的行政行为，弥补行政相对人的损失，它是现代法治国家保护相对人合法权益不可或缺的一种制度。幼儿教师权利的行政救济是指当幼儿教师认为具体行政行为直接侵害其合法权益，请求有关的国家机关依法对行政违法或行政不当行为实施纠正，并追究其行政责任，以保护行政管理相对方的合法权益。行政救济的途径主要有行政复议、行政诉讼、行政赔偿。在实际事件处理中，教师申诉情况较多，教师申诉制度参见第一章第三节的相关内容，这里主要介绍教育行政复议、教育行政诉讼和教育行政赔偿。

(一)教育行政复议

行政复议，指行政管理相对人认为行政机关所作出的行政行为侵犯其合法权益，依法向具有法定权限的行政机关申请复议，由复议机关依法对被申请行政行为的合法性和合理性进行审查并作出决定的制度。行政复议是行政机关实施的被动行政行为，它兼具行政监督、行政救济和行政司法行为的特征和属性。

教育行政复议具有以下特征：教育行政复议是一种特殊的行政行为；教育行政复议是由行政管理相对人提出复议申请而引起的，相对人的申请是教育行政复议的前提条件；教育行政复议以行政机关的具体行政行为为前提，不能以抽象行政行为为前提；抽象行政行为具有普遍的约束力，并不针对特定的个人或事件；申请教育行政复议的人只能是教育行政管理相对人，被申请人只能是作出具体行政行为的行政机关。

教育行政复议的受案范围可参见《中华人民共和国行政复议法》第六条对一般行政复议的受案范围作出的具体规定：

(一)对行政机关作出的警告、罚款、没收违法所得、没收非法财物、责令停产停业、暂扣或者吊销许可证、暂扣或者吊销执照、行政拘留等行政处罚决定不服的；

(二)对行政机关作出的限制人身自由或者查封、扣押、冻结财产等行政强制措施决定不服的；

(三)对行政机关作出的有关许可证、执照、资质证、资格证等证书变更、中止、撤销的决定不服的；

(四)对行政机关作出的关于确认土地、矿藏、水流、森林、山岭、草原、荒地、滩涂、海域等自然资源的所有权或者使用权的决定不服的；

(五)认为行政机关侵犯合法的经营自主权的；

(六)认为行政机关变更或者废止农业承包合同，侵犯其合法权益的；

(七)认为行政机关违法集资、征收财物、摊派费用或者违法要求履行其他义务的；

(八)认为符合法定条件，申请行政机关颁发许可证、执照、资质证、资格证等证书，或者申请行政机关审批、登记有关事项，行政机关没有依法办理的；

(九)申请行政机关履行保护人身权利、财产权利、受教育权利的法定职责，行政机关没有依法履行的；

(十)申请行政机关依法发放抚恤金、社会保险金或者最低生活保障费，行政机关没有依法发放的；

（十一）认为行政机关的其他具体行政行为侵犯其合法权益的。

教育行政复议程序基本上分为申请、受理、审理、决定和执行几个步骤。

案例分析

1992年9月4日，某学校研究决定由该学校教师王某承包经营该校的音像部，学校与王某签订了租赁合同。1995年，学校以王某经营无方，未交清承包费和房租为由，扣除了王某1992年至1995年期间的一年零两个月的工资。根据租赁合同的约定，一年合同租赁期满后要续签合同。1996年1月，学校要求与王某续签，但王某执意不签，并提出停业，未得到校方同意。1996年1月至12月，王某未交一年的房租，学校扣除其一年工资。之后，1997年1月至1999年8月停业期间，王某一直未交出营业房屋和财产账目，也未在学校上班，未参加学校考核。1999年，学校根据《学校内部管理体制改革方案》，与王某签订了一年的"聘任协议书"。到2000年9月聘任期满，经学校考核领导小组审核，因王某1999年1月至8月未在学校上班，考核为不合格，不予调资，未被学校聘任。2002年3月13日，王某根据《中华人民共和国教师法》（1993）第三十九条第一款规定"教师对学校或者其他教育机构侵犯其合法权益的，或者对学校或者其他教育机构作出的处理不服的，可以向教育行政部门提出申诉，教育行政部门应当在接到申诉的三十日内，作出处理"，向该学校的上级主管部门教育厅提出申诉，该教育厅对王某提出的申诉不予受理。2002年4月9日，王某以教育厅未履行法定职责为由，向省政府申请行政复议。省政府经审查，认为教育厅未依法履行教师法赋予的法定职责，遂根据《中华人民共和国行政复议法》（1999）第二十八条第一款第（二）项的规定，作出责令教育厅履行法定职责的复议决定。

2002年6月，教育厅对王某的申诉进行了处理，作出了《关于对王某申诉问题的处理意见》，该处理意见认为："学校年终考核行为属学校内部管理行为，应由学校按有关规定办理。"王某对教育厅的处理意见不服，于2002年6月28日再次向省政府申请行政复议。认为教育厅没有依法进行考核，请求重新考核。省政府经审查，认为：根据《事业单位工作人员考核暂行规定》中关于"事业单位在年度考核时设立非常设性的考核委员会或考核小组，在单位负责人的领导下，负责年度考核工作"的规定，教师的考核属于学校的职责。据此，省政府认定教育行政部门处理意见事实清楚、适用依据正确，程序合法，内容适当，依法作出了维持教育厅处理意见的复议决定。[①]

分析

本案中，王某先后两次提请行政复议程序。第一次是一起不作为行政复议案件。省政府认定该案中教育厅对王某的申诉不予受理违反了《中华人民共和国教师法》(1993)第三十九条第一款的规定，理由是教育行政部门没有依法履行法定职责，构成行政不作为的违法行为，省政府作出了责令被申请人履行法定职责的复议决定，定性是准确的。

第二次是一起对行政机关作出的具体行政行为不服申请复议的案件。王某由于对教育行政部门作出的申诉处理意见不服，再次依法向省政府递交行政复议申请。该案件经过行政复议机关审查，认为按照《事业单位工作人员考核暂行规定》，教育机构对本单位的专业技术人员的考核工作依法享有自主管理职能。而教育行政部门已经履行了教师法赋予的指导、监督的职能。省政府认定教育行政部门作出的申诉处理意见事实清楚、适用依据正确，程序合法，内容适当，故作出的维持教育行政部门处理意见的复议决定是正确的。

教育行政复议作为一种行政救济手段，具有方便快捷等优点，但实质上属于行政机关“自己做自己的法官”，容易产生官官相护的问题。更具有司法性质和更公正的救济手段是教育行政诉讼。

（二）教育行政诉讼

诉讼可分为民事诉讼、行政诉讼和刑事诉讼三类。行政诉讼是一种“民告官”的诉讼。教育行政诉讼是行政诉讼的一种。它是指公民、法人或者其他组织认为行使国家行政权的机关和组织及其工作人员所实施的具体行政行为，侵犯了教育法所保护的合法权利，依法向人民法院起诉，人民法院在当事人及其他诉讼参与人的参加下，依法对被诉具体行政行为进行审查并作出裁判，从而解决行政争议的制度。

教育行政诉讼有以下特征：在教育行政诉讼中，被告始终是行政机关，原告始终是教育相关利益者。教育行政诉讼必须是当事人对行政机关行使职权作出的具体行政行为不服的诉讼。根据《中华人民共和国行政诉讼法》第十二条列举的十二种具体行政行为，教育行政诉讼的受案范围可参照：

---

① 王某两告教育厅，行政复议查责任[EB/OL].(2011-07-28)[2018-03-17].http://china.findlaw.cn/info/xingzheng/xingzhengfuyi/xzfyal/381531.html.

（一）对行政拘留、暂扣或者吊销许可证和执照、责令停产停业、没收违法所得、没收非法财物、罚款、警告等行政处罚不服的；

（二）对限制人身自由或者对财产的查封、扣押、冻结等行政强制措施和行政强制执行不服的；

（三）申请行政许可，行政机关拒绝或者在法定期限内不予答复，或者对行政机关作出的有关行政许可的其他决定不服的；

（四）对行政机关作出的关于确认土地、矿藏、水流、森林、山岭、草原、荒地、滩涂、海域等自然资源的所有权或者使用权的决定不服的；

（五）对征收、征用决定及其补偿决定不服的；

（六）申请行政机关履行保护人身权、财产权等合法权益的法定职责，行政机关拒绝履行或者不予答复的；

（七）认为行政机关侵犯其经营自主权或者农村土地承包经营权、农村土地经营权的；

（八）认为行政机关滥用行政权力排除或者限制竞争的；

（九）认为行政机关违法集资、摊派费用或者违法要求履行其他义务的；

（十）认为行政机关没有依法支付抚恤金、最低生活保障待遇或者社会保险待遇的；

（十一）认为行政机关不依法履行、未按照约定履行或者违法变更、解除政府特许经营协议、土地房屋征收补偿协议等协议的；

（十二）认为行政机关侵犯其他人身权、财产权等合法权益的。

除前款规定外，人民法院受理法律、法规规定可以提起诉讼的其他行政案件。

教育行政诉讼的程序一般分为起诉、受理、审理、判决和执行五个部分。

（三）教育行政赔偿

教育行政赔偿是指教育行政机关及其工作人员在执行职务过程中，侵犯了公民、法人或其他组织的合法权益并造成损害，依照法律规定，由国家承担损害赔偿责任的制度。其特点如下：侵权主体为教育行政机关及其公务员；侵权损害发生在执行职务的过程中；侵权行为源于教育行政机关及其公务员的违法行政；教育行政赔偿主体是国家；根据《中华人民共和国国家赔偿法》的规定，国家承担侵权赔偿责任的构成要件有损害事实、侵权行为主体、执行职务的行为违法和因果关系四个部分。行政赔偿的范围主要包括侵犯人身权的违法行政行为和侵犯财产权的违法行政行为。

案例

2002年2月，云南省巧家县"星蕊宝宝园"幼儿园发生一起投毒案，一名在此就读的两岁女童中毒身亡。随后，在该园工作的17岁保姆钱某某被认定为案件嫌疑人。2002年12月，云南省高级人民法院以"投放危险物质罪"判处钱某某无期徒刑。在狱中，钱某某曾多次进行申诉。检察院复查发现，钱某某案事实不清，证据不足。2015年12月21日，云南省高级人民法院宣布钱某某无罪，当庭释放。2016年8月9日上午，云南省高级人民法院就钱某某国家赔偿一案举行新闻发布会，就相关问题作了解释和说明。同时，向钱某某代理律师发放了《国家赔偿决定书》，认定钱某某的国家赔偿金额为1723857.3元。①

本章小结

幼儿教师是一个多重身份的集合体，既作为一般"人"而存在，也是一名劳动者和教育工作者，每个身份有不同的权利。作为幼儿教师就享有人权、劳动者权利和幼儿教师专业权利。权利和义务密不可分，因此幼儿教师还应承担相应的义务。幼儿教师权利的保护遵循公平性、及时性、切实性和多渠道性原则，幼儿教师若在实际工作中认为自身合法权益被侵犯，可相应地选用教育行政复议、教育行政诉讼、教育行政赔偿等方式进行维权。

思考与练习

一、名词解释

1. 教育行政诉讼

2. 教育行政赔偿

二、简答题

简述幼儿教师的专业权利。

---

① 从赔偿案例谈什么是国家赔偿[EB/OL].(2016-10-09)[2018-03-17]. http://www.sohu.com/a/115708176_188842.

真题解析

1.教师钱某对幼儿园解聘自己的决定不服,可以向教育行政部门(　　)。

A.检举　　B.揭发　　C.提出诉讼　　D.提出申诉

【答案】D。《中华人民共和国教师法》第三十九条第一款规定:“教师对学校或者其他教育机构侵犯其合法权益的,或者对学校或者其他教育机构作出的处理不服的,可以向教育行政部门提出申诉,教育行政部门应当在接到申诉的三十日内,作出处理。”

2.某幼儿园安排行政人员代替李老师参加教师专业培训,该做法(　　)。

A.合法,幼儿园有选派培训学员的权利

B.合法,幼儿园有管理教学事务的权利

C.不合法,侵犯了李老师进修培训的权利

D.不合法,侵犯了李老师的教育教学权利

【答案】C。根据《中华人民共和国教师法》第七条的规定,教师有权参加进修或者其他方式的培训。

3.国培计划又开始了,小李老师非常想去进修培训,但是园长告诉她,现阶段是幼儿园的成长壮大时期,急需李老师这样的教学骨干,建议她以幼儿园大局为重,过几年再去参加培训。以下说法正确的是(　　)。

A.小李老师应以大局为重,放弃培训

B.小李老师业务精良,不需要培训

C.学校的做法侵犯了小李老师的参与管理权

D.学校的做法侵犯了小李老师的进修培训权

【答案】D。《中华人民共和国教师法》第七条规定,教师享有参加进修或者其他方式的培训的权利,任何组织和个人不得干涉。

4.农村家庭出身的李思某从小立志“学业为民,服务山区”,今年从师范院校毕业后,主动申请到边远贫困的乡村从事教育教学工作,按照法律法规,当地的人民政府应对李思某老师(　　)。

A.进行奖励　　B.予以补贴　　C.提高工资　　D.给予表彰

【答案】B。《中华人民共和国教师法》第二十七条规定,地方各级人民政府对教师以及具有中专以上学历的毕业生到少数民族地区和边远贫困地区从事教育教学工作的,应当予以补贴。

5. 某幼儿园以提高办公效率、科学管理幼儿园为由，禁止教师在员工大会上发言，也禁止教师对幼儿园的管理和行政工作提出不同意见，教师们都觉得办公环境没有自由，很压抑。该幼儿园的做法（　　）。

A. 正确，有利于科学管理幼儿园

B. 正确，有利于幼儿园的长远发展

C. 不正确，侵犯了教师的合法权利

D. 不正确，不利于建立良好的师生关系

【答案】C。《中华人民共和国教师法》第七条规定，教师有权对学校教育教学、管理工作和教育行政部门的工作提出意见和建议，通过教职工代表大会或者其他形式，参与学校的民主管理。幼儿园教师也应该具有参与幼儿园民主管理的权利。

6. 根据《国家中长期教育改革和发展规划纲要（2010—2020年）》的规定，加强教师队伍建设的措施中不包括（　　）。

A. 建设高素质教师队伍　　B. 加强师德建设

C. 以城市教师为重点　　D. 提高教师业务水平

【答案】C。《国家中长期教育改革和发展规划纲要（2010—2020年）》在加强教师队伍建设中强调：建设高素质教师队伍；加强师德建设；提高教师业务水平；提高教师地位待遇；健全教师管理制度。

7. 教师赵某因当地教育行政部门侵犯其合法权益，依法提出了申诉，对于赵某的申诉，有权受理的机关是（　　）。

A. 同级人民政府或上一级人民政府有关部门

B. 所在地区中级人民法院或省高级人民法院

C. 所在地区人民检察院或最高人民检察院

D. 上一级人民政府或中央人民政府有关部门

【答案】A。此题考查《中华人民共和国教师法》。《中华人民共和国教师法》第三十九条第二款规定："教师认为当地人民政府有关行政部门侵犯其根据本法规定享有的权利的，可以向同级人民政府或者上一级人民政府有关部门提出申诉，同级人民政府或者上一级人民政府有关部门应当作出处理。"

8. 公办幼儿园教师黄某曾有轻微体罚幼儿的行为，园长对其进行了批评教育，没过多久，黄某又再次同样体罚幼儿。对于黄某，可由所在教育行政部门依法给予（　　）。

A.行政处罚　　　　　　B.行政处分

C.撤销教师资格　　　　D.刑事处罚

【答案】B。《中华人民共和国教师法》第三十七条规定:“教师有下列情形之一的,由所在学校、其他教育机构或者教育行政部门给予行政处分或者解聘:(一)故意不完成教育教学任务给教育教学工作造成损失的;(二)体罚学生,经教育不改的;(三)品行不良、侮辱学生,影响恶劣的。教师有前款第(二)项、第(三)项所列情形之一,情节严重,构成犯罪的,依法追究刑事责任。”

9.幼儿教师李某猥亵儿童被人民法院判处有期徒刑一年,缓刑一年。李某(　　)。

A.将终身不能从事教师职业

B.五年内不得从事教师职业

C.缓刑期内可继续从事教师职业

D.可在私立幼儿园从事教师职业

【答案】A。《中华人民共和国教师法》第十四条规定:“受到剥夺政治权利或者故意犯罪受到有期徒刑以上刑事处罚的,不能取得教师资格;已经取得教师资格的,丧失教师资格。”所以题目中的李某终身不能从事教师职业。

推荐阅读

1.湛中乐.教师权利及其法律保障[M].北京:中国法制出版社,2015.

2.武祥海.工伤教师,你知道怎样维护自己的权利吗——对幼儿教师工伤认定及其申请的理解与把握[J].山东教育,2017(17):21-22.

3.吴康宁.教师是“社会代表者”吗——作为教师的“我”的困惑[J].教育研究与实验,2002(2):7-10.

4.冯婉桢.教师专业伦理的边界——以权利为基础[M].北京:教育科学出版社,2012.

第4章 托育服务政策

在中文日常口语中，“照顾”“照护”“照管”“照看”“照料”“照应”等词汇的意思极其相近。在社会学和法学用语中惯用“照顾”。2018年中央政策文件选择了“照护”一词。“照护”有照料护理或照料保护之义，对于婴幼儿服务来说，“照料保护”更为可取。依据不同的照护主体标准划分，婴幼儿照护可分为亲属式婴幼儿照护与非亲属式婴幼儿照护。亲属式婴幼儿照护也叫家庭婴幼儿照护，即婴幼儿的父母或其他监护人对其提供的照料和保护。非亲属式婴幼儿照护也称托育服务，包括社区婴幼儿照护服务和服务机构婴幼儿照护服务，即由婴幼儿的父母或其他监护人委托社区或者专门服务机构提供婴幼儿照护的供给方式。提供儿童早期照护主要是满足三个需求：对服务、时间和资金的需求。[①]据此，本书尝试将婴幼儿照护政策支持框架分为托育服务支持、时间支持和物质支持三个方面。托育服务是指为儿童提供非亲属的照护服务，最普遍的形式就是由公共财政（全部或部分）支持的托育服务计划。出于教学的需要，本书只讨论托育机构的硬件设施与软件服务。

① 张亮．中国儿童照顾政策研究：基于性别、家庭和国家的视角[M]．上海：上海人民出版社，2016:58.

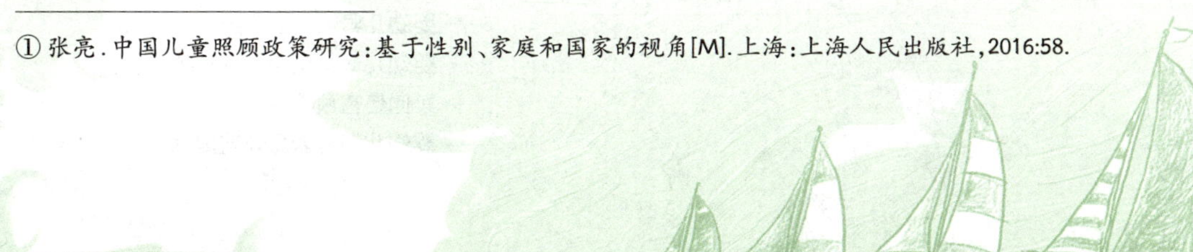

学习目标

1. 了解托育服务对于儿童个体发展、家庭、幼儿园等方面的价值。
2. 理解托育机构的环境设计要求和管理规范。
3. 理解托育服务的五大照护理念，掌握保育的原则与要点。
4. 掌握婴幼儿常见伤害类型及其预防措施。

学习重难点

1. 托育机构的管理规范。
2. 托育服务的五大照护理念以及保育的原则与要点。
3. 婴幼儿常见伤害类型及其预防措施。

知识结构图

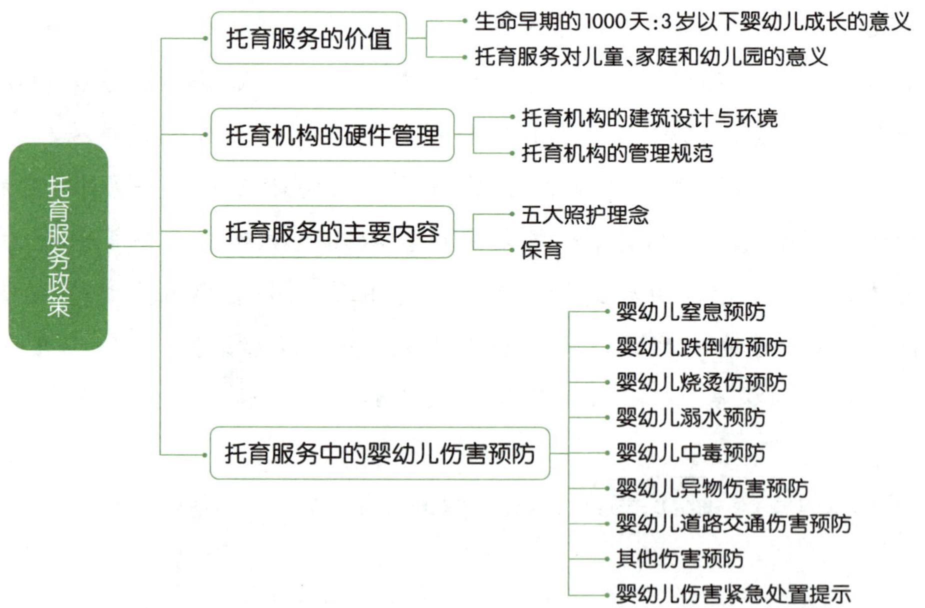

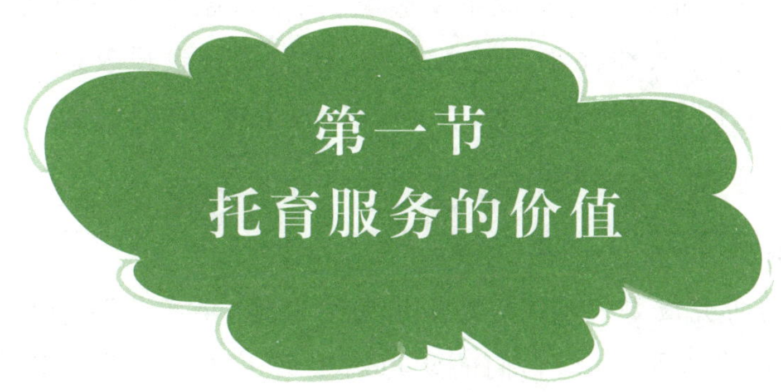

第一节 托育服务的价值

一、生命早期的1000天：3岁以下婴幼儿成长的意义

生命早期的1000天，是指从母亲怀孕到儿童2周岁这一时期（妊娠的270天加上出生后2年的730天），是决定人一生健康的关键时期，因此也称生命的黄金1000天。基于这一时期的重要性，世界卫生组织将其定义为影响一生健康走向的生长发育“机遇窗口期”。[①]生命早期的1000天也可指胎儿出生后的1000天，即3岁前，该阶段是婴幼儿认知发展和身体发展最快、最敏感、最活跃的阶段。与其他系统相比，3岁前婴幼儿神经系统发育最快，脑和神经系统的迅猛发展使得婴幼儿的身心表现日新月异。

（一）十月怀胎的意义

十月怀胎的意义在于为生命奠基。人类生命历程始于受精卵，当精子与卵子结合后以惊人的速度开始发育。从怀孕到第八周，胎儿的形状开始比较容易辨认。[②]在生命的早期，大脑就开始飞速地生长。胎儿脑的质量会一直增长，出生前半年，胎儿的脑细胞迅速增长，细胞间的突起相互联系起来，为其出生后的认知发展奠定了基础。出生时达到350克左右，约为成年人脑质量的1/4。

胎儿依赖母体的子宫生存，生长发育所需的营养素靠母体提供，新陈代谢产生的代谢产物则经过母体排出。母亲的健康状况、生活水平、工作条件、营养供

① 汪之顼．生命早期1000天[G]//中国疾病预防控制达能营养中心2020年论文汇编：孕期营养、母乳喂养[C]．中心达能营养中心，2020：2.

② [美]罗伯特·费尔德曼．发展心理学——人的毕生发展[M]．苏彦捷，邹丹，等，译．6版．北京：世界图书出版公司，2013.

给和环境卫生等都在一定程度上影响着胎儿的生长发育。母亲服用某些药物、酗酒、吸烟也会对胎儿的发育造成不良影响，例如母亲在怀孕期间抽烟或父母一直抽烟的胎儿整体个头往往小于正常水平，他们更易患呼吸道疾病。为此要注重孕期保健，孕妇应有规律的生活，保持乐观的情绪、合理的营养、适度的锻炼，防止各种疾病的感染，保证胎儿正常生长发育。

（二）1周岁的意义

人类学家的研究成果表明，人类婴儿天生都是“早产儿”，而且是早产1年左右。因为绝大多数哺乳动物，它们的幼崽出生后不久就可站立和主动吸吮。“早产儿”意味着婴儿来到人类世界的最初1年对于他们来说具有特别的意义，即为婴儿的脑神经发育、前语言时期和直立行走确立了明确的时间表。婴儿1周岁的时候，脑的质量约950克，约为成年人脑的质量的2/3。婴儿的发展遵循着头尾原则和远近原则。婴儿骨骼生长迅速，可塑性强，易变形。1周岁左右的幼儿开始学习，行走时为保持身体平衡，腰部脊柱前凸，腰曲形成，但他们的生理弯曲并不固定，在仰卧位时弯曲可以自行消失。所以要合理组织幼儿进行体育锻炼和户外活动，全面发展动作，并且保证安全，防止伤害事故。婴儿在1岁之前是前语言思维，他们的思维需要有具体事物在面前或者用手操作才能进行。搂抱婴儿，对婴儿说话、讲故事，或者和婴儿一起唱歌玩耍，都会为婴儿提供丰富刺激的环境，将会促进婴儿大脑的健康发展。

婴幼儿在1周岁的阶段会开启说话和行走之旅。1周岁的婴幼儿能够掌握独立行走技巧，从依赖他人到独立行走是一个里程碑式的过程。“三抬四翻六坐七滚八爬九扶立周会走”的俗语形象地描述了婴儿循序渐进地学走路的过程。毫无疑问，这是孩子一生中最容易受外界影响的阶段，也是最需要社会关怀的时期。[①]婴儿的神经、运动等系统处于旺盛生长发育的阶段，大脑皮质的神经细胞还很脆弱，骨骼还未定型，对周围环境适应能力差，所以必须采取合理的保育措施，即为幼儿创造良好的生活环境、制订和执行合理的生活制度、提供合理营养、保证充足的睡眠和积极开展体育锻炼等，保护和促进其神经和运动等系统的正常生长发育，保证幼儿健康成长。[②]

---

① 鲍秀兰，等. 婴幼儿养育和早期教育实用手册[M]. 北京：中国妇女出版社，2015.

② 陆颖. 学前儿童卫生与保健[M]. 西安：陕西师范大学出版社，2014.

知识链接

人类为何天生是“早产儿”？

波特曼在《人类多大程度上是动物?》一书中写道:“换言之,人在生后一岁,才达到真的哺乳类动物降生时就有的发育状态。这样看来,要使人的发展与其他哺乳类动物并驾齐驱,人类的妊娠期理应比现实延长大约一年,即约21个月。”①

理查德·利基在《人类的起源》中也有类似的描写:人类婴儿出世的时间太早了,这是由于我们大的脑子和人类骨盆结构制约造成的结果。根据与其他灵长类的比较所进行的一项简单的计算显示,平均脑量为1350毫升的智人的妊娠期应该是21个月,而不是实际经历的9个月。猿新生儿的脑量大约200毫升,大约为成年时脑量的一半。需要增加一倍的脑量在猿生命的早期很迅速就达到了。相反的,人类新生儿的脑量只为成年的1/3,在早期迅速的生长过程中,脑体积增加3倍。在脑子于生命的早期生长到成年大小的这个问题上,人与猿是相似的。于是,如果人像猿一样必须把脑量加倍,则人类新生儿的脑量必须有675毫升。正如每一个妇女都知道,分娩脑子体积正常的婴儿确实是困难的,有时会威胁生命。的确,在人类进化过程中,骨盆的开口增大以适应脑子的增大。但是骨盆开口的增大是有限度的,有效的两足行走的工程学需要设定了这个限度。当新生儿的脑量为其现在的数值——385毫升时,便达到了这个限度。②

(三)2周岁的意义

2岁左右的幼儿学会了双脚原地跳和原地站立踢球,也学会了跑和攀登,并且很少摔跤。然而,受神经系统和运动器官发育水平的限制,他们的动作显得不协调、随意性大、精确性差。2~3岁是幼儿词汇量迅速增长的时期,是语言发展的关键期,语言能够促进幼儿情感和个性品质的发展。这个时期也是目的协调的伙伴关系期,即幼儿能理解别人的意愿,也能调控自己的行为。

在此基础上,也就不难理解2周岁是儿童进入社会的年龄阶段。在这个阶段,儿童开始形成生活自理和服务他人的好习惯。著名教育家陈鹤琴先生说过,养成好习惯难,养成坏习惯易。做父母或做教师的,给这个柔软的群体系好人生

---

① 筑波大学教育学研究会.现代教育学基础[M].钟启泉,译.上海:上海教育出版社,2003:66.

② 理查德·利基.人类的起源[M].吴汝康,等,译.上海:上海科学技术出版社,2007.

的第一颗扣子，就要从习惯入手。在日本，大约10个月以后的婴儿，成人就几乎不会给其喂饭了，父母旨在培养儿童独立自主的吃饭习惯。很多事情都是儿童独立完成的，0岁班的小朋友自己戴围嘴、用小毛巾擦手，1岁班的小朋友开始训练自己脱穿衣服。自己的事情自己做，这个是非常重要的习惯。当自理成了一种习惯，儿童就会自觉地认为那是一件非做不可的事。[①]在日常交往活动中，儿童通过各种游戏养成与他人合作的良好品质，这种良好品质有利于提高社会交往能力。在托育服务的支持下，婴幼儿能更多地参与到自我日常照料活动中：在安全卫生的环境中学会独立行走、独立穿衣、独立吃饭、独立思考。这不仅能够促进儿童自主性和自理技能的发展，还让其体验到自己的能力，这种早期学习能促进儿童情绪稳定及健康的发展，并且有助于他们养成终生受用的应对技巧。[②]

个体的认知能力经历了一个由简单到复杂、由局部到整体的逐步发展过程。其发展趋势表现为由分到合、由近及远、由我及彼、由表及里。[③]3岁前的认知发展经验影响大脑的发育，所以必须遵循一个核心的服务准则：将有用的、积极的环境因素连接进入可塑性强的大脑中；将危险和无用的因素从婴幼儿成长环境中剔除。认知能力关系着婴幼儿了解世界的深度和广度，所以婴幼儿早期认知培养可以促进婴儿认知深度和广度的发展，能使婴幼儿更好地把握世界的本质和规律，未来将得以更好地发展潜能。

《"健康中国2030"规划纲要》指出"要把人民健康放在优先发展的战略地位"。在国家颁布的《国民营养计划》方案中提出"关注国民生命全周期、健康全过程的营养健康"。该方案部署了六大营养健康行动，生命早期1000天营养健康行动被列为首位。良好的早期营养和养育环境会给婴幼儿提供良好的生长发育的条件和机遇，使婴幼儿的发育潜力得到充分的发展。都哈（DOHaD）理论[④]认为：除了遗传和环境因素，如果生命在发育的早期（包括胎儿和婴幼儿时期）经历不利因素（如营养或环境不良等），将会增加成年后罹患肥胖、糖尿病、心血管疾病等慢性疾病的概率，这种影响甚至会持续好几代人。因此，在生命早期的1000

---

① 周念丽．生命成长不可忽视的1000天，0—3岁儿童早期发展的核心经验[R].2020GEC全球托幼大会，2020.

② 吴丽芸，高源，张文鹏．托育机构在促进婴幼儿情绪社会化发展中的作用——以5R的养教准则为例[J].早期教育（教育教学），2020（12）：8–11.

③ 文颐.0~3岁婴幼儿发展与教育[M].北京：高等教育出版社，2016.

④ DOHaD（Developmental Origins of Health and Disease，音译"都哈"），即"健康与疾病的发育起源"，是一个近年来国内外专家通过大量流行病学研究后提出的关于人类疾病起源的新的医学概念，提出者是David Barker教授。

天中，良好的环境刺激和科学的喂养与教育是婴幼儿近期和远期健康最重要的保障，对婴幼儿体格生长、智力发育、社会情感建立等至关重要。

二、托育服务对儿童、家庭和幼儿园的意义

（一）托育服务对儿童的意义

1. 对普通个体而言

托育机构能够为婴幼儿提供多方面的照护服务，从而降低发育不良的风险。为了让大脑在这几年健康地发育，婴幼儿需要一个有保障和充满爱的环境，需要照顾者提供科学合理的喂养和照护。托育服务创造了一个清洁、安全的环境，确保婴幼儿生长和发展所需的条件，同时大大降低婴幼儿接触有危害环境的风险。托育机构通过提供各种游戏活动，在大运动、精细动作、语言等方面促进婴幼儿身体发展。同时，托育机构会制订计划，按时对婴幼儿的身体和情绪状况进行监测，利用预防和保健服务，对婴幼儿进行疾病护理和适当治疗。

儿童早期发展会对其社会性和情感发展产生重大影响，并且这些影响会持续到青春期和成年期。例如，儿童早期的人际交往能力可通过与照顾者建立稳固的亲密关系来培养，使其产生同理心和自我控制能力，从而抑制暴力和犯罪。目前国内外的研究表明，婴幼儿的社会性发展受到后天养育环境的影响。婴幼儿期是儿童情绪、社会性发展的关键时期①，儿童早期的社会性能力可以投射出儿童未来的社会交往能力、问题解决能力等，还与其今后的人格发展息息相关②。因此，早期照护对儿童认知、情感、社会性发展具有重要作用。

目前，我国的托育服务倡导保健、医疗、教育相结合的模式，课程设置与总体规划最大程度促进婴幼儿发展，让婴幼儿在游戏中发展认知、社交等能力，并制订相应的教育内容，帮助婴幼儿充分挖掘和发挥各种生命潜能。在托育管理中，及时发现并纠正婴幼儿的不良行为，有利于保证婴幼儿良好的人生开端，对婴幼儿后期的教育和未来的成就起到关键作用。

2. 对特殊条件下的儿童而言

对于儿童早期发展来说，赤贫、不安全、环境毒素和心理健康不良是巨大的

---

① 刘国艳. 中国12～36月龄幼儿情绪社会性发展影响因素研究[D]. 武汉：华中科技大学，2008.

② KE Darling-Charchill, L. Lippman. Early childhood social and emotional development: Advancing the field of measurement. Journal of Applied Developmental Psychology[J].2016(45):1-7.

威胁。有研究表明，在中低收入国家，有近43%的5岁以下儿童面临发育不良的风险。[①]我国学前教育事业在发展过程中，存在着发展不均衡的现象，国家对经济发展水平比较落后的中西部贫困地区、农村地区以及儿童中的弱势群体投入不足，缺乏政策性的倾斜和保障，教育资源在地域之间、城乡之间以及弱势群体和正常儿童之间分配不公。这种不均衡将影响部分儿童平等地享受教育资源，其受教育的权利、学习机会的获得将受到损害，进而导致这些儿童发展水平和学习能力低下。贫困儿童、少数民族儿童等正是学前教育中的弱势群体，由于学前期的教育机会得不到保障，导致他们入学后在与同龄儿童的竞争中处于不利地位，随着他们之间差距越来越大，会对这些儿童的学业、自信心和其他社会性发展产生不利影响，甚至还有可能引发其他社会问题。[②]

学前教育公平是教育公平和社会公平的起点。目前，许多国家通过充分发挥学前教育的补偿功能来减少幼儿在生活和保育、教育环境中受到的不利影响，推进教育的公平。如美国优先安排来自低收入家庭的、有特殊就学需要的幼儿就读公共托幼机构和补偿教育项目。[③]托育服务纳入公共服务体系，经济条件一般的家庭便可以享受托育服务带来的好处，还能为家庭贫困的婴幼儿提供良好的物质基础。如此，对消除儿童贫困和贫困的代际传递等社会问题起显著作用。

有身体障碍和发育障碍的新生儿，需要更多的养育照护。童年残疾会给儿童自身和其家庭带来巨大的情感和经济负担。照顾残疾儿童要求很高，特别是在基础设施不健全、服务和支持渠道不充分的地方。有研究显示，特殊儿童的家长对孩子的需求表达集中于生活，生活是家长关注的重心；照顾者大多聚焦集体的缺失性需求，而忽视了个体差异诉求。[④]婴幼儿的学习与发展是建立在感知运动的基础上，而身体障碍和心理障碍迫使他们缩小活动范围、降低交往能力，这种空间上、身心上的距离感会使得婴幼儿产生自卑感、无助感，缺乏自信心，容易产生退缩行为，畏避公开的场合。从婴儿期开始，托育服务提供的早期干预可以影响婴幼儿的行为和情绪，促使其向积极、主动、进取、友善的方向发展。[⑤]托育机构的工作人员用爱心和耐心架起心灵的桥梁，用赞扬和信任培养儿童自信的

① 王晶，童梅玲.婴幼儿养育照护的框架和策略[J].中国儿童保健杂志，2020，28(9)：993-996，1004.

② 沙莉，庞丽娟，刘小蕊.通过立法强化政府在学前教育事业发展中的职责——美国的经验及其对我国的启示[J].学前教育研究，2007(2)：3-9.

③ 刘占兰.学前教育必须保持教育性和公益性[J].教育研究，2009，30(5)：31-36.

④ 姚雪芹，秦金亮.特殊儿童教育需求调查——基于家长的视角[J].阜阳职业技术学院学报，2020，31(1)：94-98.

⑤ 黎宁真，刘萍，苏玉芳，等.早期干预对柳州市婴幼儿人格和情绪社会性发展的影响[J].医学与社会，2017(1)：61-63.

灵魂，通过引导与支持特殊儿童参加各种活动，增强同辈互动，使患儿的语言和行为在游戏中潜移默化地受影响，体会交流的愉悦。[①]托育服务提供适合特殊儿童的环境，并且充分了解他们的个性心理，通过适当的教养方式，在幼年时为他们创造体验成功的机会，以增强他们的自信，促进其身心健康成长。

托育服务的愿景是建立一个每个儿童都能充分发挥其潜力，不让一个儿童掉队的世界。托育服务为早期照护提供了多样的选择。科学的托育服务为满足不同儿童身心发展需求提供了必要条件，被视为促进儿童早期发展的重要因素。给每个儿童一个良好的人生开端是很重要的。它确保每个人都能平等地、有尊严地发挥自己的潜力。可持续发展目标是将儿童发展与实现公平、繁荣和可持续增长联系起来。托育服务致力于打造一个保护儿童的环境，一个更加公平与和平的未来。

（二）托育服务对家庭的意义

1. 矫正家庭不正确照护

托育服务的目标是补充家庭照顾功能的不足，通过提供各种类型的照护服务，协助照顾者养育儿童，一般提供给0~5岁的儿童。世界各国都普遍设立了正规的托育机构，积极推动适龄儿童进入托育机构接受照顾。[②]在低生育率时代，每个孩子对于家庭而言都弥足珍贵，绝大多数的家庭都尽所能给孩子创造最好的物质条件和教育资源，他们普遍追求子女养育质量而非子女数量。就婴幼儿本身而言，他们的身体机能与自理能力等尚未得到充分发展，更需要照护者科学细致的喂养和照料。[③]科学的托育服务能够满足这些家庭的高质量养育需求。除此之外，学历水平稍微低一点的家庭，由于接受教育的有限性，他们可能缺乏关于婴幼儿护理的专业知识，甚至部分家长关于婴幼儿的照护理念都是不科学的，照顾婴幼儿仅凭一些长辈传承下来的经验。由此观之，托育服务提供的科学养育可使婴幼儿获得更适宜的成长环境和更有利的发展空间。

2. 解放妇女，增加劳动力供给

在传统社会中，照顾3岁以下婴幼儿一直是家庭领域事务，并且照顾责任大都由母亲或家庭中的其他女性承担。随着现代工业革命以来的经济社会变革，

---

① 任丽辉，李靓．浅析身体障碍婴幼儿照护[J]．才智，2020(27)：149-150.

② 刘云香，朱亚鹏．向儿童投资：福利国家社会政策的新转向[J]．中国行政管理，2017(6)：127-134.

③ 黄杰，高瑾，宋占美．城市家长对托育服务的需求及期望——基于3089位家长的调查研究[J]．陕西学前师范学院学报，2021，37(2)：1-11.

女性意识被逐渐唤醒，越来越多的女性得到受教育的机会，同时受教育的程度也得到提升，越来越多的女性进入职场。然而，女性离开家庭外出就业，家庭照顾问题却并没有得到很好解决，反而经常会发生因为父母对婴幼儿投入时间较少和照料安排不够造成的婴幼儿照顾失当；部分女性结婚生子后因为照顾家庭而中断就业，再加之育婴假期短，抚养子女的经济和机会成本均高，女性的职业发展受到影响。三孩政策①的落地，进一步加剧了职业女性在家庭和工作方面之间的矛盾，使得家庭和职场这两个人生最重要的舞台难以兼顾。②

在这种复杂的背景之下，关注3岁以下婴幼儿照顾需求，发展托育服务，能够减轻生育后的职业妇女再就业的后顾之忧。将适龄婴幼儿送往托育机构，意味着解放了家庭成员。一旦家庭成员在时间上和空间上得到了解放，意味着他们能够创造更多的财富，同时也意味着他们有足够的经济能力选择更好的托育服务。如此良性循环，对家庭和我国托育事业的发展都有益处。

3. 改善夫妻关系

家庭中因孩子的养育问题而发生争吵的情况屡见不鲜，加上工作压力，养育照料孩子让年轻父母疲惫不堪。频繁的争吵不仅会破坏夫妻之间和谐的关系，还会影响婴幼儿的心理发展。父母是婴幼儿最亲密的人，他们的一言一行都会对婴幼儿的发育成长产生重要影响。但要时时刻刻规避生活中对婴幼儿的不良影响，对于普通家庭来说并不是一件容易的事。托育服务能在某种程度上给有婴幼儿照顾需求的家庭提供帮助。若是家庭将婴幼儿送到了托育机构，不仅年轻父母不会陷入兼顾工作和照料婴幼儿的困境，还会降低家庭因为照料婴幼儿而产生矛盾的概率。由此可看出，托育服务不仅能够缓解家庭照料压力，而且还能够改善夫妻关系，有利于家庭的和谐稳定。

4. 提高老年人生活质量

3岁前婴幼儿处于人生的起始阶段，语言表达和行为等能力极其有限，需要精心照料和细致关爱。家庭是最主要的照料主体和基本单位，但不少家庭中父母都有工作，照护婴幼儿的重担落在了祖辈的肩头上。祖辈照料婴幼儿会衍生出老年夫妻两地分居、老年人闲暇时间受影响、老年人生活质量下降等问题。随着家中老年人年龄的增长，他们需要更多的生活照料，如果再生育第二个子女，

---

① 为积极应对人口老龄化，中共中央政治局2021年5月31日召开会议，会议指出，进一步优化生育政策，实施一对夫妻可以生育三个子女政策及配套支持措施.

② 田茂，王凌皓.台湾地区托育服务的功能及启示[J].现代教育科学，2017(3)：149-155.

要同时照看婴幼儿和老年人，从经济、时间和精力上都难以承担。[①]托育服务的出现缓解了这个让人束手无策的情况。专业的托育服务人员能够承担照料婴幼儿的重要任务，让年轻父母放心，让祖辈老人舒心。

总而言之，婴幼儿托育服务体系给予家庭和社会的便利是巨大的。既能让婴幼儿得到优质的、全面的照顾，有利于辅助家庭养育婴幼儿，使其健康快乐地成长，又能让老年人安享晚年，还能切实解决当代年轻父母的后顾之忧，让年轻人轻装上阵，为我国增加劳动力供给。

（三）托育服务对幼儿园的意义

1. 发展婴幼儿生活自理能力

在0~3岁这个阶段，培养婴幼儿生活自理能力既适宜又关键。良好的生活自理能力既有益于婴幼儿的健康成长，也为其进入幼儿园生活与学习做好准备。托育服务可更好地发展婴幼儿的生活自理能力，帮助婴幼儿养成良好的学习、生活习惯，为其积极融入幼儿园生活奠定基础。

2. 帮助婴幼儿克服入园焦虑

对婴幼儿来说，依恋是他们开始对经常照管自己的人产生的一种依赖。心理学家谢弗和爱莫森通过追踪婴儿成长发现，7~9个月的婴儿处于特殊依恋阶段，这一阶段的婴儿更多寻求专门抚养者的亲近。依恋主要有三种类型：安全型、逃避型、矛盾型。[②]逃避型和矛盾型属于不安全依恋类型，这两类婴幼儿去幼儿园时可能会哭闹很长时间。依恋安全感从以下两方面对完善婴幼儿人格起重要作用：婴幼儿的社会交往倾向和能力良好，具有较好的顺应性和灵活性，成为社会适应良好的人；婴幼儿的认知、智慧和创造性得到最大程度发挥，可能成为进取和聪颖的人。托育服务可帮助婴幼儿建立安全型依恋关系，工作人员对婴幼儿发出的各种信号、需求非常敏感，并给予迅速的反应；主动调节自己的行动以适应婴幼儿，而非以自己的个性、情绪来要求婴幼儿，或把自己的行为习惯强加给婴幼儿；积极的情绪表达，与婴幼儿的接触总是充满爱意；积极鼓励婴幼儿探索周围环境和事物，并在他们需要的时候为他们提供帮助和保护。[③]

---

① 王晖.3岁以下婴幼儿托育需求亟需重视[J].人口与计划生育，2016(11)：22.

② 彭聃龄.普通心理学[M].北京：北京师范大学出版社，2012.5.

③ 鲍秀兰，等.婴幼儿养育和早期教育实用手册[M].北京：中国妇女出版社，2015.

3. 缩短幼儿入园的适应期

托育服务给婴幼儿提供了更多独立生活和与同伴相处的机会，让婴幼儿在同伴关系中成长。婴幼儿的同伴是与之相处的具有相同或相近社会认知能力的人。婴幼儿在活动中体现出的相互协作可以促进婴幼儿的社会化成长，帮助婴幼儿去自我中心，找到归属感和稳定感，利于婴幼儿身心的健康发展。通过对婴幼儿的照顾和教育，鼓励和促进婴幼儿的健康发展，提供增进身体动作、认知、美感、情绪、人际关系等发展，培养基本生活能力、良好生活习惯、积极的生活和学习态度等的活动，为婴幼儿学习学会生存能力奠定基础。[①]托育机构提供的保育服务能够保证婴幼儿的身体正常发育和机能协调发展；托育机构提供的教育服务能够满足婴幼儿智力、社会性等方面发展的需要。因此，科学的托育服务为幼儿园教育打下坚实基础，能让婴幼儿更快、更好地适应幼儿园教育。

实现托育服务的上述价值需要诸多保障：适宜的场所、基本的硬件设施、合格的师资、规范的保育行为。值得警惕的是，如果达不到这些条件，劣质的托育服务就不是婴幼儿的福音，而是噩梦的开始。

① 田茂，王凌皓．台湾地区托育服务的功能及启示[J]．现代教育科学，2017(3)：149-155.

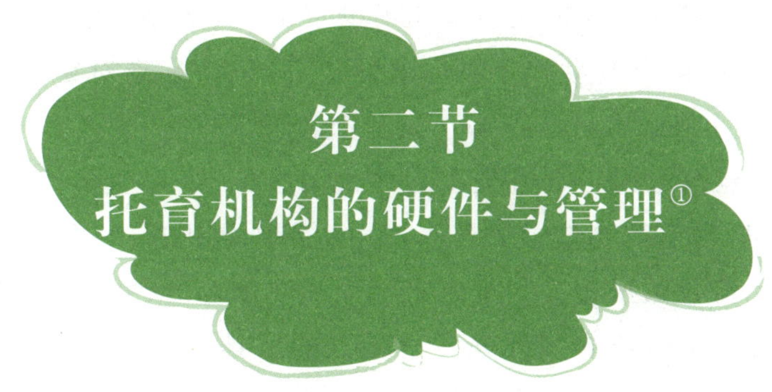

第二节 托育机构的硬件与管理[1]

一、托育机构的建筑设计与环境

托育机构的设置标准须坚持政策引导、普惠优先、安全健康、科学规范、属地管理、分类指导的原则。

（一）设置要求

托育机构设置应当综合考虑城乡区域发展特点，根据经济社会发展水平、工作基础和群众需求，科学规划，合理布局。新建居住区应当规划与常住人口规模相适应的托育机构。老城区和已建成居住区应当采取多种方式完善托育机构，满足居民需求。城镇托育机构建设要充分考虑进城务工人员随迁婴幼儿的照护服务需求。并且，在农村社区综合服务设施建设中，应当统筹考虑托育机构建设。

政府支持用人单位以单独或联合其他单位共同举办的方式，在工作场所为职工提供福利性托育服务，有条件的可向附近居民开放。鼓励通过市场化方式，采取公办民营、民办公助等多种形式，在就业人群密集的产业聚集区域和用人单位建设和完善托育机构。发挥城乡社区公共服务设施的婴幼儿照护服务功能，加强社区托育机构与社区服务中心（站）及社区卫生、文化、体育等设施的功能衔接。

---

① 本部分内容主要依据2019年10月8日国家卫生健康委颁布的《关于印发托育机构设置标准（试行）》和《托育机构管理规范（试行）》编写。

（二）场地设施

托育机构应当有自有场地或租赁期不少于3年的场地，场地应当选择自然条件良好、交通便利、符合卫生和环保要求的建设用地，远离对婴幼儿成长有危害的建筑、设施及污染源，满足抗震、防火、疏散等要求。

托育机构的建筑应当符合有关工程建设国家标准、行业标准，设置符合标准要求的生活用房，根据需要设置服务管理用房和供应用房，房屋装修、设施设备、装饰材料等应当符合国家相关安全质量标准和环保标准，并定期进行检查维护。

托育机构应当配备符合婴幼儿月龄特点的家具、用具、玩具、图书和游戏材料等，并符合国家相关安全质量标准和环保标准。托育机构应当设置符合标准要求的安全防护设施设备。室外活动场地应配备适宜的游戏设施，且有相应的安全防护设施。在保障安全的前提下，可利用附近的公共场地和设施。

（三）人员规模

托育机构应当根据场地条件，合理确定收托婴幼儿的规模，并配置综合管理、保育照护、卫生保健、安全保卫等工作人员。

托育机构负责人负责全面工作，应当具有大专以上学历、有从事儿童保育教育、卫生健康等相关管理工作3年以上的经历，且经托育机构负责人岗位培训合格。

保育人员应当具有婴幼儿照护经验或相关专业背景，受过婴幼儿保育相关培训和心理健康知识培训。他们主要负责婴幼儿日常生活照料，安排游戏活动，促进婴幼儿身心健康发展，养成良好行为习惯。

保健人员应当经过妇幼保健机构组织的卫生保健专业知识培训且合格。保安人员应当取得公安机关颁发的《保安员证》，并由获得公安机关《保安服务许可证》的保安公司派驻。①

托育机构一般设置3种班型：

乳儿班：招收6~12个月的婴儿，人数限制在10人以下。

托小班：招收12~24个月的幼儿，人数限制在15人以下。

托大班：招收24~36个月的幼儿，人数限制在20人以下。

18个月以上的幼儿可混合编班，每个班不超过18人。每个班的生活单元应当独立使用。

---

① 参见2009年9月28日国务院第82次常务会议通过，2020年11月29日修订的《保安服务管理条例》（中华人民共和国国务院令第732号）。

托育机构应合理配备保育人员、保健人员、炊事人员和保安人员。保育人员与婴幼儿的比例应当不低于以下标准：乳儿班1:3，托小班1:5，托大班1:7。独立设置的托育机构应当至少有1名保安人员在岗。

二、托育机构的管理规范

（一）总体原则

1. 坚持儿童优先的原则

托育机构是为儿童服务的机构，理应坚持儿童优先的原则，把儿童放在首位，即涉及儿童的一切行为，必须首先考虑儿童的权益。

2. 尊重婴幼儿成长规律和特点

每个儿童都是独一无二的，每个儿童的身心发展状况也是有差异的。托育机构必须了解和尊重婴幼儿成长规律和特点，因材施教，科学照护婴幼儿。

3. 最大限度地保护婴幼儿

托育机构应最大限度地对婴幼儿进行保护，确保婴幼儿的生命安全和心理健康。

（二）备案管理

托育机构登记后，应当向机构所在地的县级以上卫生健康部门备案，提交评价为“合格”的《托幼机构卫生评价报告》、消防安全检查合格证明、场地证明、工作人员资格证明等材料，填写备案书和承诺书。提供餐饮服务的，应当提交《食品经营许可证》。卫生健康部门应当对申请备案的托育机构提供备案回执和托育机构基本条件告知书。

托育机构变更备案事项的，应当向原备案部门办理变更备案。托育机构终止服务的，应当妥善安置收托的婴幼儿和工作人员，并办理备案注销手续。卫生健康部门应当将托育服务有关政策规定、托育机构备案要求、托育机构有关信息在官方网站公开，接受社会查询和监督。

（三）收托管理

婴幼儿父母或监护人（以下统称婴幼儿监护人）应当主动向托育机构提出入托申请，并提交真实的婴幼儿及其监护人的身份证明材料。托育机构应当与婴幼儿监护人签订托育服务协议，明确双方的责任、权利义务、服务项目、收费标准以及争议纠纷处理办法等内容。

婴幼儿进入托育机构前，应当完成适龄的预防接种，经医疗卫生机构健康检查合格后方可入托。离开托育机构3个月以上的婴幼儿，返回时应当重新进行健康检查。

托育机构应当建立与家长联系的制度，定期召开家长会议，接待家长来访和咨询，帮助家长了解保育照护内容和方法。托育机构应当成立家长委员会，事关婴幼儿的重要事项，应当听取家长委员会的意见和建议。托育机构应当建立家长开放日制度。托育机构应当加强与社区的联系与合作，面向社区宣传科学育儿知识，开展多种形式的服务活动，促进婴幼儿早期发展。

托育机构应当建立收托婴幼儿信息管理制度和信息公示制度，及时采集、更新，定期向备案部门报送；定期公示收费项目和标准、保育照护、膳食营养、卫生保健、安全保卫等情况，接受监督。

（四）保育管理

托育机构应当科学合理安排婴幼儿的生活，做好饮食、饮水、喂奶、如厕、盥洗、清洁、睡眠、穿脱衣服、游戏活动等服务。托育机构应当顺应喂养科学要求，制订食谱，保证婴幼儿膳食平衡。有特殊喂养需求的，婴幼儿监护人应当提供书面说明。

托育机构应当保证婴幼儿每日户外活动不少于2小时，寒冷、炎热季节或特殊天气情况时可酌情调整。托育机构应当以游戏为主要活动形式，促进婴幼儿在身体发育、动作、语言、认知、情感与社会性等方面的全面发展。游戏活动应当重视婴幼儿的情感变化，注重与婴幼儿面对面、一对一的交流互动，动静交替，合理搭配多种游戏类型。托育机构应当提供适宜刺激，丰富婴幼儿的直接经验，支持婴幼儿主动探索、操作体验、互动交流和表达表现，发挥婴幼儿的自主性，保护婴幼儿的好奇心。

托育机构应当建立照护服务日常记录和反馈制度，定期与婴幼儿监护人沟通婴幼儿发展情况。

（五）健康管理

托育机构应当按照有关托儿所卫生保健规定，完善相关制度，切实做好婴幼儿和工作人员的健康管理，做好室内外环境卫生。

托育机构应当坚持晨午检和全日健康观察，发现婴幼儿身体、精神、行为异常时，应当及时通知婴幼儿监护人。发现婴幼儿遭受或疑似遭受家庭暴力的，应当依法及时向公安机关报案。

婴幼儿患病期间应当在医院接受治疗或在家护理。托育机构应当建立卫生消毒和病儿隔离制度、传染病预防和管理制度，做好疾病预防控制和婴幼儿健康管理工作。

托育机构工作人员上岗前，应当到医疗卫生机构进行健康检查，合格后才可上岗。托育机构应当组织在岗工作人员每年进行1次健康检查。在岗工作人员患有传染性疾病的，应当立即离岗治疗；治愈后，须持病历和医疗卫生机构出具的健康合格证明，才可返岗工作。

（六）安全管理

托育机构应当落实安全管理主体责任，建立健全安全防护措施和检查制度，配备必要的安保人员和物防、技防设施；建立完善的婴幼儿接送制度，婴幼儿应当由婴幼儿监护人或其委托的成年人接送。

托育机构应当制订重大自然灾害、传染病、食物中毒、踩踏、火灾、暴力等突发事件的应急预案，定期对工作人员进行安全教育和突发事件应急处理能力培训；明确专兼职消防安全管理人员及管理职责，加强消防设施维护管理，确保用火用电用气安全。托育机构工作人员应当掌握急救的基本技能和防范、避险、逃生、自救的基本方法，在紧急情况下必须优先保障婴幼儿的安全。

托育机构应当建立照护服务、安全保卫等监控体系。监控报警系统确保24小时设防，婴幼儿生活和活动区域应当全覆盖。监控录像资料保存期不少于90日。

（七）人员管理

托育机构工作人员应当具有完全民事行为能力和良好的职业道德，热爱婴幼儿，身心健康，无虐待儿童记录，无犯罪记录，并具备国家和地方相关规定要求的资格条件。托育机构应当建立工作人员岗前培训和定期培训制度，通过集中培训、在线学习等方式，不断提高工作人员的专业能力、职业道德和心理健康水平。

托育机构应当加强工作人员法治教育，增强法治意识。对虐童等行为实行零容忍，一经发现，严格按照有关法律法规和规定，追究有关负责人和责任人的责任。托育机构应当依法与工作人员签订劳动合同，保障工作人员的合法权益。

（八）监督管理

托育机构应当加强党组织建设，积极支持工会、共青团、妇联等组织开展活动。托育机构应当建立工会组织或职工代表大会制度，依法加强民主管理和监督。托育机构应当制订年度工作计划，每年年底向卫生健康部门报告工作，必要时随时报告。

各级妇幼保健、疾病预防控制、卫生监督等部门和机构应当按照职责加强对托育机构卫生保健工作的业务指导、咨询服务和监督执法。建立托育机构信息公示制度和质量评估制度，实施动态管理，加强社会监督。

第三节
托育服务的主要内容

0～3岁被誉为早期生命的黄金1000天，其重要性正是通过精心的家庭照护和规范的公共托育服务得以实现。公共托育服务应遵循养医教结合原则。《上海市托育服务三年行动计划（2020—2022年）》提出“构建教养医结合的专业化服务模式”。尽管该文件未将“教养医结合”作为遵循原则，但本书认为这是不恰当的。“养”是健康，“医”是身体，“教”是促学。将“教”置于“养”之前，背离了3岁以下婴幼儿的身心发展特点，是不科学的。世界卫生组织等多家国际机构发布的《儿童早期发展养育照护框架》指出，健康、充足的营养、回应性照护、早期学习和安全5个部分是养育照护的组成部分。这5个部分也应成为托育服务的基本理念。保育是托育服务的基本内容。保育工作根据婴幼儿身心发展规律和特点，制订科学的保育方案，合理安排婴幼儿营养与喂养、睡眠、生活与卫生习惯等一日生活和活动，支持婴幼儿主动探索、操作体验、互动交流，促进婴幼儿身体、动作、语言、认知、情感与社会性等方面的发展。

一、五大照护理念

为了充分发挥儿童的潜力、巩固儿童习得的能力，儿童需要得到养育性照顾，托育服务提供的养育性照顾可减少不利于儿童身心发展的有害因素，从而促进儿童健康成长和发展。养育照护是一个体系，它服务于儿童健康、营养、安全、回应性照护以及早期学习等。养育婴幼儿意味着保证婴幼儿安全、健康且营养充足，关注和回应他们的需求和兴趣，鼓励他们探索身边的环境，以及与照护者或他人互动。要充分激发婴幼儿潜能，婴幼儿需要获得5个部分组成的养育照护。

（一）健康

健康是五大理念之首，其原因在于没有比婴幼儿健康成长更重要的事情。婴幼儿的良好健康需要照顾者细心照顾。照顾者需要制订计划，按时对婴幼儿的身体和情绪状况进行监测；对婴幼儿的日常需求给予亲切和适当的回应；保护婴幼儿免受家庭和环境危险的伤害；有尽可能减少感染的卫生习惯；利用促进和预防保健服务；寻求婴幼儿疾病护理和适当治疗。这些要求照顾者具备良好的身心健康。例如，当母亲患贫血症时，会变得冷漠，那么她便不能够进行回应性照顾。如果孩子也因为营养不良或经常生病而变得冷漠或无精打采，情况可能会更糟。在中低收入国家，大约有1/3的孕妇在分娩后会出现抑郁，这可能会令婴幼儿成长过程中面临更高的社会情感和行为发展发育不良风险。[①]因此，托育服务通过对患有产后抑郁症的妇女进行心理疏导，可显著改善其抑郁状况，降低婴幼儿身心发育不良的风险。

（二）营养

维持婴幼儿健康状态，离不开充足的营养保障。在胎儿、婴幼儿时期，机体生长发育十分迅速，将完成生长发育的第一个高峰，其脏器形成，功能也不断发育成熟。尤其是中枢神经系统在生命最初2~3年内的发育最为迅速。[②]由此观之，母亲在怀孕期间的营养对婴幼儿来说至关重要，充足的营养是婴幼儿维持生命和身心健康极为重要的因素之一。宫内发育不良对婴幼儿的影响是多方面的，包括早产、出生后神经发育不良、后期学习成绩下降等。[③]怀孕早期叶酸缺乏会导致胎儿神经管畸形发生率明显增加；铁缺乏会导致孕妇缺铁性贫血，影响胎儿脑部发育；锌缺乏则与胎儿神经系统畸形、早产或流产关系密切；而钙缺乏与孕妇妊娠高血压综合征、胎儿宫内发育迟缓等相关。所以当孕妇体内没有足够的微量元素时，她们需要在怀孕期间合理补充锌、铁和叶酸等。

此外，母乳喂养对于婴幼儿的发育是极好的。婴幼儿从出生到6个月大，母乳喂养不仅保证了其营养汲取，也使其与母亲进行亲肤接触。在母乳喂养方面，

---

① World Health Organization United Nations Children's Found, World Bank Group, Nurturing care for early childhood development: a framework for helping children survive and thrive to transform health and human potential [R]. Geneva: WHO, 2018.

② 王卫平. 儿科学[M]. 北京：人民卫生出版社，2017.

③ Christian P, Murray-Kolb LE, Tielsch JM, et al. Associations between preterm birth, small-for-gestaional age, and neonatal mornatal morbidity and cognitive function among school-age children in Nepal[J]. BMC Pediatrics, 2014.

爱婴医院倡议(BFHI)①发挥着重要作用。母亲在婴幼儿出生后立即哺乳,有利于促进婴幼儿更好地生长发育。在免疫力方面,喝母乳长大的婴幼儿相较于喝奶粉长大的婴幼儿会更强。并且通过母乳喂养,母亲能与婴幼儿进行亲密的互动,更有利于婴幼儿心理健康发展。

婴幼儿6个月大之后,便需要补充足够和多样化的辅食。通过适当的补充喂养让婴幼儿的饮食向健康的家庭饮食过渡。辅食需要包含婴幼儿身体和大脑快速生长所需的微量元素,比如铁和锌。需要注意的是,在喂养婴幼儿时,照顾者要重视与婴幼儿的社会和情感互动。

(三)回应性照护

敏感的回应性照护是婴幼儿身体、认知、情感与社会性等健康发展的必要条件。敏感的回应性照护就是照顾者要关注婴幼儿,留意婴幼儿的动作和声音,从而了解其需求的能力。和延迟满足不同的是,回应性照护需要照顾者对婴幼儿发出的信号做出及时、恰当的回应。因为婴幼儿在学会说话之前,他们只能通过拥抱、眼神接触、微笑、发声和手势向照顾者表达他们的需求。回应性照护不仅能够丰富照顾者对疾病的认识,通过正确、科学地应对疾病来更好保护婴幼儿免受伤害和疾病带来的负面影响,还能丰富婴幼儿的早期学习内容,使婴幼儿更好地与这个世界建立信任和社会关系。

0~3岁是婴幼儿发展的关键期。在这个阶段,婴幼儿需要得到回应来认识世界,对于积极回应具有强烈的需求。“Still Face”经典实验,生动地演示了人类对于回应的需要。实验是这样进行的:先让母亲与婴儿待在一起,母亲愉快地与婴儿互动着,婴儿看着母亲,母亲微笑,跟他说话,摸摸他、拍拍他、逗逗他。婴儿与母亲都开心地笑着,两人的交流很愉悦,气氛很轻松。之后,母亲转了转头,再次面向婴儿时,母亲换上了一幅面无表情的脸(Still Face)。婴儿最初仍然微笑着,继续跟母亲“咿咿呀呀”地说着话。当母亲继续面无表情时,婴儿努力做些表情与动作逗逗母亲,试图唤起母亲的回应。母亲仍然是面无表情,最终,婴儿变得着急和烦躁,最终大哭起来。从实验可以看出,积极的回应对婴儿心理的稳定必不可少。当被积极回应时,婴儿是开心的、安全的,当缺乏回应时,婴儿是焦虑的、害怕的。因此,托育机构在照护婴幼儿的过程中,一定要给予婴幼儿及时且恰当的回应,这有利于婴幼儿发展安全型依恋,发展对周围人的信任感与爱,并感到强烈的自信,满足婴幼儿健康发展需求。

---

① 爱婴医院倡议(Baby Friendly Hospital Initiative,BFHI),爱婴医院是指保障母乳喂养的场所。

高效的照顾者在和婴幼儿进行眼神交流时，通过婴幼儿的眼神、表情、肢体动作来理解他们的需求，并作出相匹配的回应。这种愉悦的互动创造了一种情感纽带，有助于婴幼儿理解周围的世界，了解人、关系和语言。这些社会互动也会刺激大脑的发育。这便要求照顾者是敏感的、有反应的、可预测的和有爱心的，只有这样，才能够更好地促进儿童早期的情感与社会性发展，更好地促进婴幼儿和父母之间安全型依恋的建立，并更有力地帮助婴幼儿学习。国外有研究表明，托育服务质量会影响婴幼儿的认知、语言和交流能力的发展。例如，照护者对婴幼儿发出的信号反应得越迅速越积极，那么婴幼儿的认知能力也就越强。[①]充足的回应性照护还可降低婴幼儿发育迟缓的风险。[②]出生后获得充足回应性照护的婴幼儿在情感与社会性、认知、语言和运动能力方面比同一时期未获得充足回应性照护的婴幼儿发展得更好。2月龄婴儿粗大运动、精细动作、个体发育迟缓风险，对个体发育的消极影响可持续到6月龄。[③]因此，有必要尽早为婴幼儿提供指导。

支持回应性照护的主要措施有：

(1)回应性喂养。回应性喂养对低体重或生病的婴幼儿来说特别重要。

(2)观察照护者如何抚慰、回应以及表达对婴幼儿的爱，并对照护者的行为进行指导。

(3)表扬肯定照护者，帮助他们建立信心。让他们多和婴幼儿说话，探索照护者和婴幼儿可以在家里共同参与的活动，激发兴趣，比如就地取材、自制玩具、说话、唱歌、一起阅读等。

(4)针对婴幼儿发育阶段和年龄，帮助照护者找到合适的游戏和交流方式，以提高亲子互动的质量。

这些通用的措施可以应用在很多领域，包括卫生、教育、医疗和社会保护等。这些指引能够为服务提供者提供知识和技能，进而帮助照护者更好地进行回应性照护。

---

① Duncan G J . Modeling the Impacts of Child Care Quality on Children's Preschool Cognitive Development[J]. Child Development, 2003, 74(5).

② 祁月，张羽頔，蒋子晗，等.2月龄时回应性照护对婴儿6个月内发育影响的出生队列研究[J].中国儿童保健杂志，2020，28(1)：23-27.

③ Reddy P D, Desai G, Hamza A, et al. Enhancing mother infant interactions through video feedback enabled in - terventions in women with schizophrenia: a single subject researchdesign study [J]. Indian J Psychol Med, 2014, 36 (4): 373- 377.

知识链接

“延迟满足”与“回应性照护”

在1968年到1974年期间，心理学者沃尔特·米歇尔在附属于斯坦福大学的一所幼儿园中进行了大规模的实验研究，参与研究的儿童约有653位，年龄为4~5岁。这个实验是这样的：首先，实验者与被试儿童在实验室内做一些热身游戏。随后，被试儿童需要在一项小奖赏和一项大奖赏中做抉择。若被试儿童选择前者，被试儿童可以马上获得满足；但如果被试儿童选择的是后者，便需要等待。实验者会离开实验室，假若选择延迟满足的儿童能够等待至这位实验者回来的一刻，便可获得大奖赏；若被试儿童中途不能忍受，便可按铃邀请实验者回来，但这样就只可获得小奖赏了。这就是著名的“延迟满足实验”。通过这个实验，可以得知儿童的选择取向和量度“延迟者”的等待时间。

延迟满足（Delay of Gratification）可以说是一种心理成熟的表现。具体来说，这是专指一种甘愿为更有价值的长远结果而放弃即时满足的抉择取向，以及在等待期中展示的自制能力。[①]延迟满足也是早期儿童自控的最典型的表现之一。[②]

然而，延迟满足并不适用于托育服务。因为婴幼儿在学会说话之前只能通过“咿咿呀呀”的声音和肢体语言向照顾者表达他们的需要，所以照顾者必须时刻关注婴幼儿，留意他们的声音和动作，从而了解其生理和心理需求，并作出及时、恰当的回应，即回应性照护。回应性照护不仅可以有效减少婴幼儿受伤害和疾病带来的负面影响，还能使婴幼儿更好地感受信任与爱，促进其顺利生长发育。

（四）早期学习

通常认为，儿童上幼儿园或学前班时才开始学习，学习颜色、形状和字母。然而这是一种错误观点。实际上，学习是人类的一种内在机制，它无时无刻无处不在。儿童是积极和渴望的学习者，主动学习是儿童主要的学习机制。强化儿童的主动学习观，有利于保护儿童的自然成长，防止过度教育。学习能够确保儿童成功地适应不断变化的环境。儿童学习是在关系的情境中发生发展的，因此，照顾者在儿童的生活中具有重要影响，照顾者的反应性与支持性互动对儿童的学习至关重要。[③]

---

① 黄蕴智.延迟满足——一个值得在我国开展的研究计划[J].心理发展与教育，1999(1)：54-57.

② 陈伟民，桑标.儿童自我控制研究述评[J].心理科学进展，2002(1)：65-70.

③ 索长清.美国早期学习结果框架中的学习品质：内容、理念及启示[J].外国中小学教育，2017(9)：38-47.

在生命最初的几年里，婴幼儿通过面部表情和肢体动作来获得人际交往和与他人交往的技能和能力[①]，比如微笑和眼神交流、说话和唱歌、做模特、模仿和简单游戏。婴幼儿玩一些常见的家用物品也是早期学习最常见的一种情况，比如玩空杯子、毛巾、纸盒等，由此婴幼儿可以了解这些物品的触感和质量，以及可以用它们做什么。此外，日常的互动，如在喂食、洗澡和其他日常活动中与婴幼儿交谈，也可以帮助婴幼儿了解他人，这也是婴幼儿早期学习的重要机会。高质量的托育服务，对婴幼儿的认知和社会性发展，以及对他们为正式上学做准备都是至关重要的。托育服务能够为婴幼儿带来来自成年人的关爱和安全照顾，婴幼儿在日常活动和与他人的互动中得到指导，这些都为他们积累了重要的早期社会学习经验。

（五）安全

托育服务必须确保无防卫能力的婴幼儿感到安全。由于机体发育尚未完全，婴幼儿是无法保护自己的，并且他们特别容易受到意外危险和精神压力的伤害。

在日常生活中，婴幼儿会面临窒息、跌伤、烫伤、中毒、溺水、交通事故、小外伤、异物入眼、脱臼、咬伤、蜇伤等危险。[②]尤其当婴幼儿能够移动后，不干净或不安全的环境便充满了巨大的潜在威胁，因为他们有机会触摸或吞食可能伤害他们的物体。这些危险非常容易损害婴幼儿脆弱的免疫系统和身体机能。此外，当成年人抛弃或威胁要抛弃，以及用棍棒、皮带和其他物品打婴幼儿时，他们会感到极度恐惧，产生无法控制的压力，进而影响自身的反应系统，导致情绪、精神和生理失调。因此，安全是托育服务中不可或缺的一项。

在全球范围内，估计有23%的儿童受到身体虐待，36%的儿童受到精神虐待，16%的儿童受到忽视，18%的女孩受到性虐待，8%的男孩受到性虐待。[③]而在儿童期遭受虐待将显著减少大脑中涉及学习和记忆的区域脑容量。[④]不仅如此，其容易导致儿童畏惧社交，对成年人产生不信任，甚至通过攻击其他儿童来发泄恐

---

① World Health Organization United Nations Children's Found, World Bank Group, Nurturing care for early childhood development: a framework for helping children survive and thrive to transform health and human potential [R]. Geneva: WHO, 2018.

② 文颐.0~3岁婴幼儿发展与教育[M].北京：高等教育出版社，2016.

③ Marije Stoltenborgh, Marian J. Bakermans-Kranenburg, Marinus H. IJzendoorn. The neglect of child neglect: a meta-analytic review of the prevalence of neglect[J]. Social Psychiatry and Psychiatric Epidemiology, 2013, 48(3).

④ 安桂玲，等.母婴同室产妇医院感染因素分析及应对措施[J].中华医院感染学杂志，2017，27(4)：939-942.

惧。托育服务必须确保照顾者的心理健康，能够提供一个较为安全、和平的环境，以防止儿童被虐待，保护儿童的身心健康，促进儿童早期发展，这对儿童一生的健康和幸福至关重要。

二、保育

（一）保育原则

1. 尊重儿童

保育要尊重儿童，坚持儿童优先，保障儿童权利。尊重婴幼儿成长特点和规律，关注个体差异，促进每个婴幼儿全面发展。

2. 安全健康

保育要最大限度地保护婴幼儿的安全和健康。托育机构切实做好安全防护、营养膳食、疾病防控等工作。

3. 积极回应

保育要提供支持性环境，敏感观察婴幼儿，理解其生理和心理需求，并及时给予积极适宜的回应。

4. 科学规范

保育要严格按照国家和地方相关标准和规范，合理安排婴幼儿的生活和活动，满足婴幼儿生长发育的需要。

（二）保育目标与要点①

托育机构保育是婴幼儿照护服务的重要组成部分，是生命全周期服务管理的重要内容。3岁前是婴幼儿体格、神经和心理生长发育的重要时期，托育机构保育工作应当遵循婴幼儿发展的年龄特点与个体差异，通过多种途径促进婴幼儿身体发育和心理发展。保育重点应当包括营养与喂养、睡眠、生活与卫生习惯、动作、语言、认知、情感与社会性等。托育服务通过创设适宜环境，合理安排一日生活和活动，提供生活照料、安全看护、平衡膳食和早期学习机会，促进婴幼儿身体和心理的全面发展。

---

① 参考资料：国家卫生健康委关于印发《托育机构保育指导大纲（试行）》的通知。

1. 营养与喂养

（1）目标：

①获取卫生、营养的食物，达到正常生长发育水平。

②养成良好的饮食行为习惯。

（2）保育要点：

表 4-3-1　营养与喂养保育要点

月龄	保育要点
7~12 个月	1. 继续母乳喂养，不能继续母乳喂养的婴儿使用配方奶喂养。 2. 及时添加辅食，从富含铁的泥糊状食物开始，遵循由一种到多种、由少到多、由稀到稠、由细到粗的原则。辅食不添加糖、盐等调味品。 3. 每引入新食物要密切观察婴儿是否有皮疹、呕吐、腹泻等不良反应。 4. 注意观察婴儿所发出的饥饿或饱足的信号，并及时、恰当回应，不强迫喂食。 5. 鼓励婴儿尝试自己进食，培养进餐兴趣。
13~24 个月	1. 继续母乳或配方奶喂养，可以引入奶制品作为辅食，每日提供多种类食物。 2. 鼓励和协助幼儿自己进食，关注幼儿以语言、肢体动作等发出进食需求，顺应喂养。 3. 培养幼儿使用水杯喝水的习惯，不提供含糖饮料。
25~36 个月	1. 每日提供多种类食物。 2. 引导幼儿认识和喜爱食物，培养幼儿专注进食习惯、选择多种食物的能力。 3. 鼓励幼儿参与协助分餐、摆放餐具等活动。

（3）指导建议：

①制订膳食计划和科学食谱，为婴幼儿提供与年龄发育特点相适应的食物，规律进餐，为有特殊饮食需求的婴幼儿提供喂养建议。

②为婴幼儿创造安静、轻松、愉快的进餐环境，协助婴幼儿进食，并鼓励婴幼儿表达需求、及时回应，顺应喂养，不强迫进食。

③有效控制进餐时间，加强进餐看护，避免发生伤害。

2. 睡眠

（1）目标：

①获得充足睡眠。

②养成独自入睡和作息规律的良好睡眠习惯。

（2）保育要点：

表 4-3-2　睡眠保育要点

月龄	保育要点
7~12个月	1. 识别婴儿困倦的信号，通过常规睡前活动，帮助婴儿独自入睡。 2. 帮助婴儿采用仰卧位或侧卧位姿势入睡，脸和头不被遮盖。 3. 注意观察婴儿睡眠状态，减少抱睡、摇睡等安抚行为。
13~24个月	1. 固定幼儿睡眠和唤醒时间，逐渐建立规律的睡眠模式。 2. 坚持开展睡前活动，确保幼儿进入较安静状态。 3. 培养幼儿独自入睡的习惯。
25~36个月	1. 规律作息，每日有充足的午睡时间。 2. 引导幼儿自主做好睡眠准备，养成良好的睡眠习惯。

（3）指导建议：

①为婴幼儿提供良好的睡眠环境和设施，温湿度适宜，白天睡眠不过度遮蔽光线，设立独立床位，保障安全、卫生。

②加强睡眠过程巡视与照护，注意观察婴幼儿睡眠时的面色、呼吸、睡姿，避免发生伤害。

③关注个体差异及睡眠问题，采取适宜的照护方式。

④1 岁以下的婴儿在 24 小时内应有 14~17 小时（0~3 个月大）或 12~16 小时（4~11 个月大）的优质睡眠，包括小睡；1~2 岁的幼儿应有 11~14 小时的优质睡眠（包括小睡），并有规律的睡眠和起床时间。①

3. 生活与卫生习惯

（1）目标：

①学习盥洗、如厕、穿脱衣服等生活技能。

②逐步养成良好的生活卫生习惯。

（2）保育要点：

表 4-3-3　生活与卫生习惯保育要点

月龄	保育要点
7~12个月	1. 及时更换尿布，保持臀部和身体干爽清洁。 2. 生活照护过程中，注重与婴儿互动交流。 3. 识别及回应婴儿哭闹、四肢活动等表达的需求。
13~24个月	1. 鼓励幼儿及时表达大小便需求，形成一定的排便规律，逐渐学会自己坐便盆。 2. 协助和引导幼儿自己洗手、穿脱衣服等。

① 参考资料：世界卫生组织发布的《关于5岁以下儿童身体活动、静坐行为和睡眠的指南》。

续表

月龄	保育要点
25~36个月	1.培养幼儿主动如厕。 2.引导幼儿餐后漱口,使用肥皂或洗手液正确洗手,认识自己的毛巾并擦手。 3.鼓励幼儿自己穿脱衣服。

(3)指导建议:

①保持生活场所的安全卫生,预防异物吸入、烧烫伤、跌落伤、溺水、中毒等伤害发生。

②在生活中逐渐养成婴幼儿良好习惯,做好回应性照护,引导其逐步形成规则和安全意识。

③注意培养婴幼儿良好的用眼习惯,限制屏幕时间。

④注意培养婴幼儿良好的口腔卫生习惯,预防龋齿。

⑤在各生活环节中,做好观察,发现有精神状态不良、烦躁、咳嗽、打喷嚏、呕吐等表现的婴幼儿,要加强看护,必要时及时隔离,并联系家长。

4. 动作

(1)目标:

①掌握基本的大运动技能。

②达到良好的精细动作发育水平。

(2)保育要点:

表4-3-4　动作保育要点

月龄	保育要点
7~12个月	1.鼓励婴儿进行身体活动,尤其是地板上的游戏活动。 2.鼓励婴儿自主探索从躺位变成坐位,从坐位转为爬行,逐渐到扶站、扶走。 3.提供适宜的玩具,促进抓、捏、握等精细动作发育。
13~24个月	1.鼓励幼儿进行形式多样的身体活动,为幼儿提供参加爬、走、跑、钻、踢、跳等活动的机会。 2.提供多种类活动材料,促进涂画、拼搭、叠套等精细动作发育。 3.鼓励幼儿自己喝水、用小勺吃饭、自己翻书等。
25~36个月	1.为幼儿提供参加走直线、跑、跨越低矮障碍物、双脚跳、单足站立、原地单脚跳、上下楼梯等活动的机会。 2.提供多种类活动材料,促进幼儿搭建、绘画、简单手工制作等精细动作发育。 3.鼓励幼儿自己用水杯喝水、用勺吃饭、协助收纳等。

(3)指导建议:

①在各个生活环节中,创造丰富的身体活动环境,确保活动环境和材料安全、卫生。

②充分利用日光、空气和水等自然条件，进行身体锻炼，保证充足的户外活动时间。

③安排类型丰富的活动和游戏，并保证每日有适宜强度、频次的大运动活动。做好运动中的观察及照护，避免发生伤害。

④关注患病婴幼儿。处于急慢性疾病恢复期的婴幼儿，及时调整活动强度和时间；发现运动发育迟缓婴幼儿，给予针对性指导，及时转介。

5. 语言

（1）目标：

①对声音和语言感兴趣，学会正确发音。

②学会倾听和理解语言，逐步掌握词汇和简单的句子。

③学会运用语言进行交流，表达自己的需求。

④愿意听故事、看图书，初步发展早期阅读的兴趣和习惯。

（2）保育要点：

表 4-3-5　语言保育要点

月龄	保育要点
7~12 个月	1. 经常和婴儿说话，引导其对发音产生兴趣，模仿和学习简单的发音。 2. 向婴儿复述生活中常见物品和动作，帮助其逐渐理解简单的词汇。 3. 引导婴儿使用简单的声音、表情、动作、语言表达自己的需求。 4. 为婴儿选择合适的图画书，朗读简单的故事或儿歌。
13~24 个月	1. 培养幼儿正确发音，逐步将语言与实物或动作建立联系。 2. 鼓励幼儿模仿和学习使用词语或短句表达自己的需求。 3. 引导幼儿学会倾听并乐意执行简单的语言指令，积极使用语言进行交流。 4.. 提供机会让幼儿多读绘本、多听故事、学念儿歌。
25~36 个月	1. 指导幼儿正确地运用词语说出简单的句子。 2. 鼓励幼儿用语言表达自己的需求和感受。 3. 创造条件和机会，使幼儿多听、多看、多说、多问、多想，谈论生活中的所见所闻。 4. 培养幼儿阅读的兴趣和能力，学讲故事、学念儿歌。

（3）指导建议：

①创设丰富和应答的语言环境，提供正确的语言示范，保持与婴幼儿的交流与沟通，引导其倾听、理解和模仿语言。

②为不同月龄的婴幼儿提供和阅读适合的儿歌、故事和图画书，培养早期阅读的兴趣和习惯。

③关注语言发展迟缓的婴幼儿，并给予个别指导。

6. 认知

（1）目标：

①充分运用各种感官探索周围环境，有好奇心和探索欲。

②逐步发展注意、观察、记忆、思维等认知能力。

③学会想办法解决问题，有初步的想象力和创造力。

（2）保育要点：

表 4-3-6　认知保育要点

月龄	保育要点
7~12个月	1. 提供有利于视、听、触摸等材料，激发婴儿的观察兴趣。 2. 鼓励婴儿调动各种感官，感知和认识物体的大小、形状、颜色、材质等。 3. 引导婴儿观察周围的事物，模仿所看到的某些事物的声音和动作。
13~24个月	1. 引导幼儿运用各种感官探索周围环境，逐步发展注意、记忆、思维等认知能力。 2. 鼓励幼儿辨别生活中常见物体的大小、形状、颜色、软硬、冷热等明显特征。 3. 鼓励幼儿在操作、摆弄、模仿等活动中想办法解决问题。
25~36个月	1 引导幼儿运用各种感官反复持续探索周围环境，逐步巩固和加深对周围事物的认识。 2. 启发幼儿观察辨别生活中常见物体的特征和用途，进行简单的分类，并感受生活中的数学。 3. 培养幼儿在感兴趣的事情上能够保持一定的专注力。 4. 通过各种游戏和活动，鼓励幼儿主动思考、积极提问并大胆猜想，激发幼儿的想象力和创造力。

（3）指导建议：

①创设环境，促进婴幼儿通过视、听、触摸等多种感觉活动与环境充分互动，丰富认识和记忆经验。

②保护婴幼儿对周围事物的好奇心和求知欲，耐心回应婴幼儿的问题，鼓励自己寻找答案。

③在确保安全健康的前提下，支持和鼓励婴幼儿的主动探索。

7. 情感与社会性

（1）目标：

①有安全感，能够理解和表达情绪。

②有初步的自我意识，尝试学习情绪和行为的自我控制。

③与成人和同伴积极互动，发展初步的社会交往能力。

(2)保育要点：

表 4-3-7　情感与社会性保育要点

月龄	保育要点
7~12 个月	1. 观察了解不同月龄婴儿的需要，把握其情绪变化，尊重和满足其爱抚、亲近、搂抱等情感需求。 2. 引导婴儿理解和辨别高兴、喜欢、生气等不同情绪。 3. 敏感察觉婴儿情绪变化，理解其情感需求并及时回应。 4. 创设温暖、愉快的情绪氛围，提高婴儿交往的积极性。
13~24 个月	1. 引导幼儿用表情、动作、语言等方式表达自己的情绪。 2. 培养幼儿愉快的情绪，及时肯定和鼓励幼儿适宜的态度和行为。 3. 拓展交往范围，引导幼儿认识他人不同的想法和情绪。 4. 引导幼儿理解并遵守简单的规则。
25~36 个月	1. 谈论日常生活中幼儿感兴趣的人和事，引导其通过语言和行为等方式表达情绪情感。 2. 鼓励幼儿尝试情绪控制，指导其学会简单的情绪调节策略。 3. 创设人际交往的机会和条件，使幼儿感受与人交往的愉悦。 4. 帮助幼儿理解和遵守简单的规则，初步学习分享、交流、等待、协商，尝试解决同伴冲突。

(3)指导建议：

①观察了解每个婴幼儿独特的沟通方式和情绪表达特点，正确判断其需求，并给予及时、恰当的回应。

②与婴幼儿建立信任和稳定的情感联结，使其有安全感。

③建立一日生活和活动常规，开展规则游戏，帮助婴幼儿理解和遵守规则，逐步发展规则意识，适应集体生活。

④创造机会，支持婴幼儿与同伴和成人的交流互动，体验交往的乐趣。

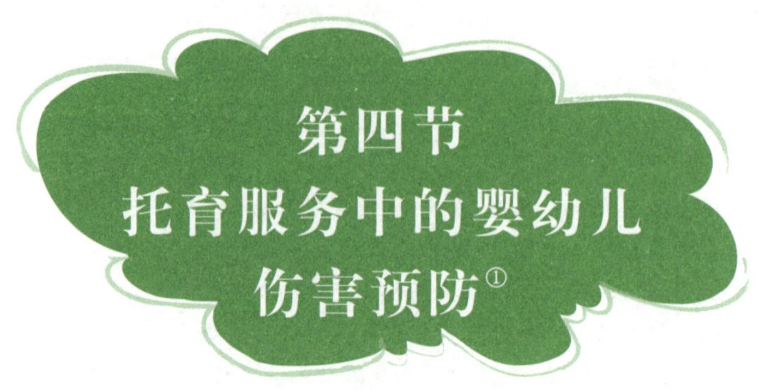

第四节 托育服务中的婴幼儿伤害预防①

伤害是婴幼儿面临的重要健康威胁，造成了沉重的疾病负担。婴幼儿伤害的发生与其自身生理和行为特点、被照护情况、环境等诸多因素有关。常见的伤害类型包括窒息、跌倒伤、烧烫伤、溺水、中毒、异物伤害、道路交通伤害等。大量证据表明，伤害不是意外，是可以预防和控制的。

一、婴幼儿窒息预防

窒息是指呼吸道内部或外部障碍引起血液缺氧的状态。常见的婴幼儿窒息原因包括被床上用品、成人身体、塑料袋等罩住口鼻；吸入和咽下的食物、小件物品、呕吐出的胃内容物等阻塞气道；绳带等绕颈造成气道狭窄；长时间停留在密闭空间导致缺氧等。

托育机构应制定和落实预防婴幼儿窒息的管理细则，主要内容包括：婴幼儿生活环境和娱乐运动设施导致窒息风险的定期排查和清除；婴幼儿睡眠、喂养照护与管理；婴幼儿服饰、玩具安全管理；工作人员预防婴幼儿窒息的安全教育和技能培训。

良好的环境是托育机构应具备的条件。托育机构工作人员应将绳带、塑料袋、小块食物、小件物品等可造成婴幼儿绕颈或窒息的物品放在婴幼儿不能接触的位置。托育机构工作人员应在使用玩具、婴幼儿用品等前后，检查有无零件、装饰物、扣子等破损、脱落或丢失。托育机构应排除护栏、家具、娱乐运动设施中可能卡住婴幼儿头颈部的安全隐患。并且，在橱柜、工具房等密闭空间设置防护设施，防止婴幼儿进入。

---

① 参见2021年1月12日，国家卫生健康委办公厅发布的《托育机构婴幼儿伤害预防指南(试行)》(国卫办人口函〔2021〕19号)。

在婴幼儿睡眠时，托育机构工作人员应检查其口鼻是否被床上用品、衣物等覆盖，若有应及时挪开。不喂食易引起窒息的食物；引导婴幼儿进食时保持安静，避免其跑跳、打闹等行为。婴幼儿在娱乐运动设施上玩耍时，加强看护，避免拉绳、网格等造成窒息。

案例分析

2012年12月23日，浙江省杭州市一个10个月大的宝宝因窒息而死亡。原因是，这个孩子吃奶时，妈妈犯困睡着了，孩子含着乳头，而乳房压住了孩子的鼻孔，造成其窒息死亡。

分析

从这个案例中，我们可以总结出：夜间哺乳时最好坐起来，防止没有睡醒的妈妈的乳头挤压到婴幼儿口鼻；妈妈尽量保证休息，在哺乳的时候尽量保持清醒。此外，喂奶时溢奶的现象也很危险，如果婴幼儿平躺，溢出的奶呛到肺里，也容易造成窒息。正确的做法是：每次喂完奶后立着抱起，给婴幼儿拍拍后背，最好让婴幼儿打个嗝后再轻轻放下右侧卧。这样一方面减少溢奶的可能性，另一方面即使溢奶也不至于使婴幼儿误吸入气管造成窒息。

二、婴幼儿跌倒伤预防

跌倒伤是指一个人因倒在地面、地板或其他较低平面上的非故意事件造成的身体损伤。常见的婴幼儿跌倒伤原因包括：滑倒；从家具、楼梯或娱乐运动设施上跌落；从阳台坠楼等。婴幼儿正处于运动能力的发展过程中，跌倒较常见，托育机构应加强防护，预防婴幼儿跌倒伤。

托育机构应制定和落实预防婴幼儿跌倒伤的管理细则，主要内容包括：严格执行《托儿所、幼儿园建筑设计规范（2019版）》相关条文；婴幼儿生活环境和娱乐运动设施中跌倒伤风险的定期排查和清除；婴幼儿玩耍娱乐、上下楼、睡眠等活动的安全照护与管理；婴幼儿服饰、玩具安全管理；工作人员预防婴幼儿跌倒伤的安全教育和技能培训。

托育机构的地面应平整、防滑、无障碍、无尖锐突出物，并宜采用软质地坪，清除可能绊倒婴幼儿的家具、电线、玩具等物品。托育机构的楼梯处装有楼梯门，确保婴幼儿不能打开;规范安装娱乐运动设备,设备周围地面使用软质铺装。托育机构的婴幼儿床应有护栏;在窗户、楼梯、阳台等周围不摆放可攀爬的家具或设施;墙角、窗台、暖气罩、窗口竖边等阳角处应做成圆角,家具选择圆角或使用保护垫。

托育机构的工作人员应及时与家长沟通,为婴幼儿选择适宜活动的鞋、衣服等服饰。为婴幼儿换尿布、衣物时,工作人员应专心看护,始终与其保持近距离,中途不能离开。婴幼儿使用娱乐运动设备过程中或上下楼梯时,工作人员应加强看护,与其保持较近距离并确保婴幼儿在视线范围内。在婴幼儿玩耍运动前,对玩耍运动的环境、设备设施进行安全性检查。

三、婴幼儿烧烫伤预防

烧烫伤是由热辐射导致的对皮肤或者其他机体组织的损伤,包括皮肤或其他组织中的部分或全部细胞因热液(烫伤)、热的固体(接触烧烫伤)、火焰(烧伤)等造成的损伤以及由放射性物质、电能、摩擦或接触化学物质造成的皮肤或其他器官组织的损伤。常见的婴幼儿烧烫伤原因包括热粥、热水等烫伤,取暖设备等烫伤,蒸汽高温等烫伤,火焰烧伤等。

托育机构应制定和落实预防婴幼儿烧烫伤的管理细则,主要内容包括:严格执行《托儿所、幼儿园建筑设计规范(2019版)》相关条文;婴幼儿生活环境烧烫伤风险的定期排查和清除;婴幼儿进食、玩耍娱乐、洗浴清洁等活动的照护与管理;婴幼儿玩具用品、电器、取暖设备安全管理;工作人员预防婴幼儿烧烫伤的安全教育和技能培训。

托育机构设置热水器出水最高温度应低于45 ℃。设置专门区域存放热水、热饭菜、温奶器、消毒锅等物品,在专用房间放置开水炉,并设置防护措施防止婴幼儿接触;使用门栏或护栏等防止婴幼儿误入厨房、浴室等可能造成烧烫伤的区域。托育机构的桌子、柜子不使用桌布等覆盖物,以避免婴幼儿拉扯桌布,热源物倾倒、坠落。化学用品、打火机、火柴等物品专门保管并上锁,不使用有明火的蚊香驱蚊。

婴幼儿进食、盥洗前,托育机构的工作人员应检查温度。加热、取放热物时需观察周围有无婴幼儿,避免因碰撞、泼洒造成婴幼儿烫伤;安全使用暖水袋等可能造成婴幼儿烫伤的用品。

四、婴幼儿溺水预防

溺水是一个因液体进入而导致机体呼吸损伤的过程。婴幼儿经常发生溺水的地点包括：浴缸、水盆、水桶等室内设施；池塘、游泳池等室外场所。

托育机构应制定和落实预防婴幼儿溺水的管理细则，主要内容包括：婴幼儿生活环境溺水风险的定期排查和清除；婴幼儿洗浴清洁、玩耍等活动的照护与管理；工作人员预防婴幼儿溺水的安全教育和技能培训。

托育机构内的池塘、沟渠、井、鱼缸、鱼池、涉水景观等安装护栏、护网。水缸、盆、桶等储水容器加盖，并避免婴幼儿进入储水容器所在区域。使用完水池、浴缸、盆、桶后及时排水。

在照护方面，应保证婴幼儿在工作人员的视线范围内，避免婴幼儿误入盥洗室、厨房、水池边等有水区域。婴幼儿在水中或水边时，工作人员应专心看护，始终与其保持近距离，中途不能离开。

五、婴幼儿中毒预防

中毒是指因暴露于一种外源性物质造成机体细胞损伤或死亡而导致的伤害。常见的毒物包括：农药、药物、日用化学品、有毒植物、有毒气体等。本书讨论的中毒指急性中毒，不包括慢性中毒。

托育机构应制定和落实预防婴幼儿中毒的管理细则，主要内容包括：婴幼儿生活环境中毒风险的定期排查和清除；婴幼儿安全用药；工作人员预防婴幼儿中毒的安全教育和技能培训。

案例

2014年3月10日，两所幼儿园先后被曝出，在未告知家长的情况下，长期给园内孩子集体服用处方药“病毒灵”，不少孩子出现头晕、出汗、腿疼、肚子疼等类似症状。据调查，幼儿园冒用其他医疗机构名称，从4家医药批发零售企业先后分10次购进“病毒灵”54600片，不仅不定期安排工作人员给园内幼儿服用，甚至还增加次数。幼儿园方称给孩子服药是为了提高幼儿出勤率，增加幼儿园收入。警方以涉嫌非法行医罪对两所幼儿园的法人代表孙某、执行园长赵某、副园长赵某及保健医生黄某等人予以刑事拘留。

托育机构应将药物、日用化学品等存放在婴幼儿无法接触的固定位置。规范使用消毒剂、清洁剂。使用煤火取暖的房间应有窗户、风斗等通风结构，并保证其正常工作；正确安装、使用符合标准的燃气热水器。托育机构内不种植有毒植物，不饲养有毒动物。

玩具及生活用品应安全无毒，托育机构的工作人员应及时对玩具及生活用品进行消毒，同时工作人员要关注婴幼儿的啃咬行为，避免婴幼儿因啃咬而导致中毒。避免有毒食物引起婴幼儿中毒，如有毒蘑菇、未彻底加热煮熟的扁豆等。

六、婴幼儿异物伤害预防

异物伤害是指因各种因素导致异物进入体内，并对机体造成一定程度损伤，出现了各种症状和体征，如食道穿孔、气道梗阻、脑损伤等。婴幼儿异物伤害多因异物通过口、鼻、耳等进入身体造成损伤。常见的异物包括：食物、硬币、尖锐异物、电池、小磁铁、气球、玩具零件及碎片等。

托育机构应制定和落实预防婴幼儿异物伤害的管理细则，主要内容包括：婴幼儿生活环境异物伤害风险的定期排查和清除；婴幼儿进食、玩耍等活动的照护与管理；婴幼儿食物、玩具、儿童用品安全管理；工作人员预防婴幼儿异物伤害的安全教育和技能培训。

托育机构的工作人员应将硬币、电池、小磁铁、装饰品（如项链、皮筋、耳环等）、文具（如笔帽、别针等）等小件物品放置在婴幼儿接触不到的区域。使用玩具、儿童用品等前后，检查有无零件、装饰物、扣子等破损、脱落或丢失。定期检查家具、娱乐运动设备有无易掉落的零件、装饰物（如螺丝钉、螺母等），并固定。

托育机构工作人员应及时收纳可能被婴幼儿放入口、鼻、耳等身体部位的小件物品，及时制止婴幼儿把硬币、电池等小件物品放入口、鼻、耳等身体部位的行为。选择适龄玩具，不提供含有小磁铁、小块零件的玩具。不提供易导致异物伤害的食物，如含有鱼刺、小块骨头的食物。

案例分析

2018年12月，上海一名仅13个月大的幼儿因误吞异物被送到上海市儿童医院内科急诊，CT显示一枚弯曲的金属异物卡在幼儿声门区域，随时可能因堵塞声门造成窒息及死亡。医生用硬性支气管镜插入气管探查气道，在气管分叉处隆突位置发现该金属异物，并顺利取出打开的别针一枚。如果别针未及时取出，可能会引起幼儿肺部炎症反应，继发感染，造成重症肺炎，呼吸及心力衰竭，甚至死亡。经治疗后，幼儿生命体征平稳。

分析

2~7岁的儿童最多发生异物伤害。因为这个阶段的儿童对各种物品都非常好奇，喜欢用嘴去探究奥秘。如果发现儿童吞食了异物，不要试图通过喂水和食物帮助儿童排便。因为5岁以下的儿童，在吞食了硬币之类的异物后，一般是无法自行排出体外的，必须送到医院进行救治。前往医院途中，要尽量让儿童保持安静，因为情绪激动、哭闹等非常容易导致意外发生。另外家长也需要掌握一些异物吸入的急救措施。

七、婴幼儿道路交通伤害预防

道路交通伤害是指因道路交通碰撞造成的致死或非致死性损伤。道路交通碰撞是指发生在道路上至少牵涉一辆行进中车辆的碰撞或事件。

托育机构应制订和落实预防婴幼儿道路交通伤害的管理细则，主要内容包括：托育机构车辆安全要求和管理制度，携带婴幼儿出行安全管理制度；托育机构内车辆行驶、停放安全管理制度，运输婴幼儿出行车辆驾驶员的资质要求，儿童安全座椅安全使用要求；工作人员预防婴幼儿道路交通伤害的安全教育和技能培训。

托育机构应改善环境。托育机构内将婴幼儿活动区域与车辆行驶和停靠区域隔离。托育机构出入口设立专门安全区域。托育机构出入口与道路间设置隔离设施。

托育机构工作人员应加强对婴幼儿的照护。携带婴幼儿出行时，应严格遵守道路交通安全法规。携带婴幼儿出行时，密切看管并限制婴幼儿随意活动。携带婴幼儿出行时，给婴幼儿穿戴有反光标识的衣物。婴幼儿乘坐童车出行时，规范使用童车安全带。

八、其他伤害预防

除上述伤害类型以外，还要注意动物伤、锐器伤、钝器伤、冻伤、触电等其他类型伤害的预防控制。托育机构应针对本地区3岁以下婴幼儿实际面临的伤害问题，开展伤害防控工作，最大限度地确保婴幼儿健康安全。

九、婴幼儿伤害紧急处置提示

(1)日常加强工作人员的急救知识培训，使其掌握基本急救技能。

(2)婴幼儿发生严重伤害时，立即呼救并拨打120急救电话。等待救援期间，密切关注婴幼儿的生命体征，在掌握急救技能的前提下先予以现场急救。

(3)婴幼儿发生非严重伤害可先自行处置，并根据伤害情况决定是否送医。

(4)通知监护人。

托育机构应当最大限度地保护婴幼儿的安全健康，切实做好伤害防控工作，建立伤害预防监控制度，制订伤害防控应急预案，重点开展五方面工作：第一，根据现有法律和相关规定要求，落实安全管理的主体责任，健全细化安全防护制度，认真执行各项安全措施；第二，排查并去除托育机构内环境安全隐患，提升环境安全水平；第三，规范和加强对婴幼儿的照护；第四，开展针对工作人员、家长以及婴幼儿的伤害预防教育和技能培训；第五，加强对工作人员的急救技能培训，配备基本的急救物资。

知识链接

托育机构急救物资配置建议

1. 消毒物品：碘伏或碘伏棉签，酒精或酒精棉片，生理盐水或生理盐水湿巾、消毒湿巾。

2. 包扎固定物品：纱布绷带，医用胶带，三角巾，有条件可配备自粘绷带、止血带、网状弹力绷带、不同型号夹板等。

3. 敷料：医用无菌纱布(大方纱、小方纱)、创可贴、干净方巾、棉签。

4. 器械：医用剪刀、镊子、体温计、一次性无菌手套、安全别针。

5. 常用药：退热药、抗生素软膏、补液盐、抗过敏药。

6. 其他：电筒、急救手册、急救电话卡、紧急联系卡、急救毯、冰袋、退热贴，有条件可配备转运婴幼儿用的担架或平板。

本章小结

生命早期的1000天是决定人一生健康的关键时期，托育服务必须为婴幼儿创造良好生长发育的机遇和条件。托育服务对于婴幼儿、家庭以及幼儿园的意义重大，亟待得到社会的重视。对婴幼儿而言，托育服务致力于给每一个婴幼儿一个良好的人生开端。对家庭来说，能够矫正家庭不正确照护行为；增加妇女劳动供给；改善夫妻关系；提高老年人生活质量。对幼儿园而言，能够发展婴幼儿生活自理能力；帮助婴幼儿克服入园焦虑；缩短幼儿入园的适应期。基于托育服务对婴幼儿身心发展的重要性，托育机构的建筑设计与环境以及托育机构管理规范须符合国家标准。托育服务从健康、营养、回应性照护、早期学习和安全五大照护理念着手，在营养与喂养、睡眠、生活与卫生习惯、动作、语言、认知、情感与社会性方面实施保育，丰富婴幼儿的学习经验。最后，针对窒息、跌倒伤、烧烫伤、溺水、中毒、异物伤害、道路交通伤害等3岁以下婴幼儿常见的伤害类型，托育机构须在安全管理、改善环境、加强照护等方面做好伤害预防。

思考与练习

1. 托育机构一般设置乳儿班、托小班、托大班3种班型，其中托小班班额为（　　）。

A. 10人以下　　B. 15人以下　　C. 20人以下　　D.25人以下

2. 根据《托育机构管理规范（试行）》，下列选项属于托育机构管理应遵循的基本原则是（　　）。

A. 儿童优先　　B. 安全健康　　C. 积极回应　　D. 科学规范

3.《托育机构管理规范（试行）》规定托育机构应当保证婴幼儿每日户外活动（　　）。

A.0.5小时　　B.1小时　　C.1.5小时　　D.2小时及以上

4. 根据世界卫生组织等多家国际机构发布的《养育照护技术框架》，位于五大婴幼儿养育照护理念之首是（　　）。

A. 健康　　B. 营养　　C. 回应性照护　　D. 安全

思考与练习

5. 某托育机构的老师为了方便管理班级，不让幼儿自由活动和自主探索，该老师的做法是(　　)。

A. 正确的，这样能够帮助婴幼儿理解和遵守规则，逐步发展规则意识，适应集体生活

B. 正确的，这样能够减轻保育老师的工作负担

C. 错误的，根据《托育机构保育指导大纲(试行)》，在确保安全健康的前提下，应支持和鼓励婴幼儿的主动探索

D. 错误的，根据《托育机构婴幼儿伤害预防指南(试行)》，在确保安全健康的前提下，应支持和鼓励婴幼儿的主动探索

6. 良好的环境是托育机构应具备的条件，下列选项中不属于预防婴幼儿窒息的措施有(　　)。

A. 将绳带、塑料袋、小块食物、小件物品等可造成婴幼儿绕颈或窒息的物品放在婴幼儿不能接触的位置

B. 在窗户、楼梯、阳台等周围不摆放可攀爬的家具或设施

C. 在使用玩具、儿童用品等前后，检查有无零件、装饰物、扣子等破损、脱落或丢失

D. 在橱柜、工具房等密闭空间设置防护设施，防止婴幼儿进入

7. 婴幼儿异物伤害多因异物通过口、鼻、耳等进入身体造成损伤，下列选项中不属于预防婴幼儿异物伤害的措施有(　　)。

A. 将硬币、电池、小磁铁、装饰品(例如项链、皮筋、耳环等)、文具(例如笔帽、别针)等小件物品放置在婴幼儿接触不到的区域

B. 墙角、窗台、暖气罩、窗口竖边等阳角处应做成圆角，家具选择圆角或使用保护垫

C. 使用玩具、儿童用品等前后，检查有无零件、装饰物、扣子等破损、脱落或丢失，及时制止婴幼儿把硬币、电池等小件物品放入口、鼻、耳等身体部位的行为

D. 及时收纳可能被婴幼儿放入口、鼻、耳等身体部位的小件物品，选择适龄玩具，不提供含有小磁铁、小块零件的玩具

思考与练习

8. 下列不属于世界卫生组织等多家国际机构发布的《养育照护技术框架》中五大照护理念的组成部分是(　　)。

A. 健康　　B. 卫生　　C. 回应性照护　　D. 营养

9. 根据《托育机构婴幼儿伤害预防指南(试行)》,下列选项不属于常见的婴幼儿伤害类型的是(　　)。

A. 婴幼儿烧烫伤　　B. 婴幼儿跌倒伤

C. 道路交通伤害　　D. 儿童抑郁

10. 托育机构设置热水器出水最高温度应低于(　　)。

A.25 ℃　　B.35 ℃　　C.45 ℃　　D.55 ℃

推荐阅读

1. 鲍秀兰,等. 婴幼儿养育和早期教育实用手册[M]. 北京:中国妇女出版社,2015.

2. 文颐 .0—3 岁婴幼儿发展与教育[M]. 北京:高等教育出版社,2016.

3. 张亮 . 中国儿童照顾政策研究:基于性别、家庭和国家的视角[M]. 北京:人民出版社,2016.

第5章 幼儿园的法律地位及硬件设施

近年来，幼儿园校车事故频发。据调查，多起涉事幼儿园为未经审批备案的非法农村幼儿园。按照规定，幼儿园的开办有严格的准入门槛。有学者提出，既然是不具备资质的“黑幼儿园”，教育监管部门就应该严肃依法取缔，但在全国各地，被取消办学资格或当年招生资格的幼儿园仍旧正常招生的事情屡见不鲜。问题出在哪里？如此难办的资格证件，加上时不时的整顿，有些幼儿园为什么还能顶风作案？那么，一系列的问题需要我们探讨和厘清。何为办学资质？谁可称为举办主体？幼儿园的法律地位如何？设立幼儿园需要什么条件？这些问题，相关法律实则作了明确规定。

学习目标

1. 了解幼儿园法律地位的基本要义，明确幼儿园的权利与义务。
2. 了解办幼儿园的主体资格、实体要件和程序要件。
3. 理解幼儿园硬件设施的标准和基本要求。
4. 理解幼儿园物质环境的含义及创设意义。
5. 掌握幼儿园物质环境的设计原则，并对其进行正确应用。

学习重难点

1. 理解幼儿园的权利与义务，掌握幼儿园的实体要件和程序要件。
2. 掌握幼儿园硬件设施的标准和基本要求。
3. 掌握幼儿园物质环境的设计原则，并对其进行正确应用。

知识结构图

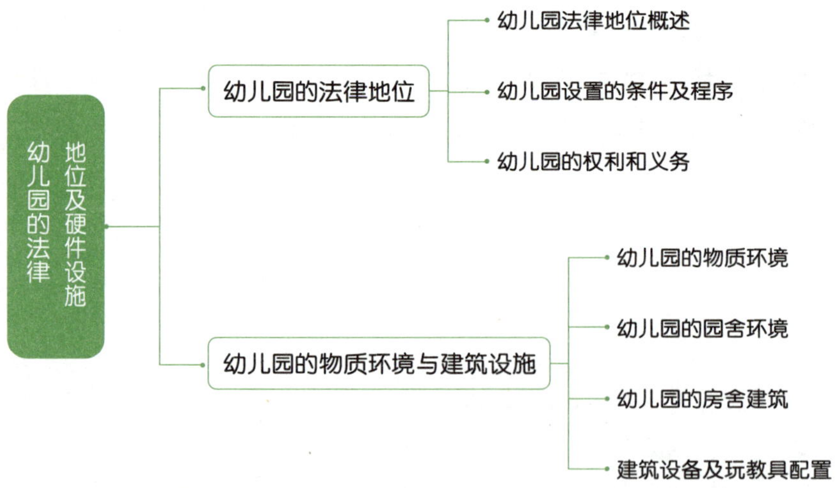

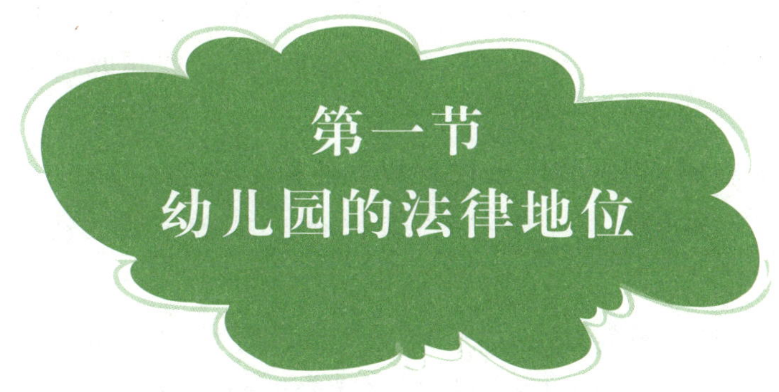

第一节 幼儿园的法律地位

一、幼儿园法律地位概述

(一)幼儿园法律地位的含义

法律地位的英文表述为“status”,《法学大辞典》[①]《布莱克法律词典》[②]等权威词典强调了法律地位的两个关键元素,即法律关系和权利义务。有专家认为,法律地位指作为民事法律行为的组织在法律上所享有的民事权利能力、民事行为能力及民事责任能力。在幼儿园的法律地位概念界定上,学者认为,幼儿园作为一种主要的学前教育机构,它的法律地位主要是指实施保育教育活动的法律主体在各种法律关系中所处的位置。[③]因此,幼儿园的法律地位是指其作为实施幼儿教育教学活动的组织机构,在法律上所享有的权利能力和行为能力,并以此在具体的法律关系中所取得的主体资格。幼儿园的法律地位决定着其行为能力和行为方式,也决定着幼儿园作为一种社会组织的基本面貌。

(二)幼儿园法律地位的相关规定

我国宪法和其他有关法律、法规规定了社会组织作为各种法律关系的主体应享有的权利和应承担或履行的义务。幼儿园的法律地位通过法律条款的形式确定,使幼儿园的职责制度化、规范化、法治化,这是解决诸多幼儿园相关实践问题的关键所在。幼儿园的法律地位,多指幼儿园的法人问题。

---

① 邹瑜,顾明.法学大辞典[M].北京:中国政法大学出版社,1991.

② 转引自劳凯声.变革社会中的教育权与受教育权:教育法学基本问题研究[M].北京:教育科学出版社,2003.

③ 孙葆森,刘惠容,王悦群.幼儿教育法规与政策概论[M].北京:北京师范大学出版社,1998:68-69.

《中华人民共和国教育法》规定了我国教育工作的基本制度、教育关系主体的法律地位及其权利义务。其第三十二条第一款和第二款规定:“学校及其他教育机构具备法人条件的,自批准设立或者登记注册之日起取得法人资格。学校及其他教育机构在民事活动中依法享有民事权利,承担民事责任。”明确了教育机构法人资格的获取,并对其民事权利和责任作了规定。该法中有关“学校及其他教育机构中的国有资产属于国家所有”的规定,明确了公立幼儿园事业单位的法人地位。

《中华人民共和国教育法》中“学校及其他教育机构兴办的校办产业独立承担民事责任”,回应了宪法中关于以各种形式举办教育事业的规定。《中华人民共和国民办教育促进法》第三条第一款规定:“民办教育事业属于公益性事业,是社会主义教育事业的组成部分。”第五条第一款规定:“民办学校与公办学校具有同等的法律地位,国家保障民办学校的办学自主权。”第十条规定:“举办民办学校的社会组织,应当具有法人资格。举办民办学校的个人,应当具有政治权利和完全民事行为能力。民办学校应当具备法人条件。”据此,民办幼儿园可以是独立的法人机构,且与公办幼儿园具有同等的法律地位。

(三)幼儿园法律地位的特点

1. 公益性

一是事业单位的公益性宗旨。《中华人民共和国民法典》明确界定了营利法人、非营利法人、特别法人、非法人组织的概念范围。从教育机构提供公益服务的性质来看,其归属非营利法人,具有事业单位法人资格。以上规定均体现了幼儿园公益性的法律地位。

二是民办教育的公益性划分。从事业单位法人构成要件来看,其中核心要件是公益性的组织目的。可见无论举办者是谁、不论财产所有权的归属如何,只要该组织具有公益性的组织目的,能够为社会提供免费或低价、无利的社会公共产品,就应当是公益性组织。《中华人民共和国民办教育促进法》第三条第一款也明确提出:“民办教育事业属于公益性事业,是社会主义教育事业的组成部分。”基于此,民办教育具备公益性特征。

2. 平等性

一是民办教育地位的平等性与保障性。《中华人民共和国民办教育促进法》第五条第一款规定:“民办学校与公办学校具有同等的法律地位,国家保障民办学校的办学自主权。”该规定体现了平等性原则和保障性原则。民办幼儿园是公益性教育机构，与公办幼儿园具有同等法律地位，具有相同的权利与义务，与公办幼儿园一样为社会提供幼儿教育的公共产品，应受到政府政策和人力、资金等方面的支持。

二是幼儿园与其他民事主体地位具有平等性。法律地位的平等性用法律术语“权利能力一律平等”来体现，即取得权利的资格平等和当权利受到侵害时法律给予的保护平等，具体表现在双方所享有的权利和义务的对等。这里的对等仅指与民事主体的法律关系，不涉及与教育行政机关的法律关系。

3. 多重性

教育机构在实施教育活动时，根据条件和性质的不同，可有多重主体资格，且在不同法律关系中的法律地位不同。当教育机构与国家行政机关发生关系时，是教育行政法律关系的主体，教育机构主要是作为行政管理相对人出现。幼儿教育的健康发展需要政府的支持、引导和管理，地方教育行政机关作为国家管理地方教育事务的权力代表，对幼儿园具有指导和管理的义务。当教育机构与不具有行政隶属关系的行政机关、企事业单位、社会团体以及个人之间发生社会关系，它们之间就形成了教育民事法律关系，各主体处于平等地位。

二、幼儿园设置的条件及程序

幼儿园设置的条件及程序主要涉及幼儿园的主体资格问题、实体要件问题和程序要件问题，即谁是举办者、举办的基本条件有哪些、举办需要遵守哪些流程和规则。

(一)举办幼儿园的主体资格

举办幼儿园的主体资格指，组织和公民可以兴办幼儿园的能力限定。我们首先从法律条款中寻找答案。

《中华人民共和国宪法》第十九条第二款、第三款、第四款规定：“国家举办各种学校，普及初等义务教育，发展中等教育、职业教育和高等教育，并且发展学前教育。国家发展各种教育设施……国家鼓励集体经济组织、国家企业事业组织和其他社会力量依照法律规定举办各种教育事业。”《中华人民共和国教育法》第二十六条规定：“国家制定教育发展规划，并举办学校及其他教育机构。国家鼓励企业事业组织、社会团体、其他社会组织及公民个人依法举办学校及其他教育机构……以财政性经费、捐赠资产举办或者参与举办的学校及其他教育机构不得设立为营利性组织。"《中华人民共和国民办教育促进法》第十条规定:"举办民办学校的社会组织,应当具有法人资格。举办民办学校的个人,应当具有政治权利和完全民事行为能力。民办学校应当具备法人条件。"

以上均阐述了有关幼儿园的举办主体,即国家及各级地方政府是举办幼儿园的一个主要主体,同时还鼓励各种社会力量举办幼儿园。企事业单位、社会团体(组织)、其他社会组织及公民个人均可成为举办幼儿园的主体。

因涉及诸多主体,对"是否以营利性为目的"的问题有必要做一定探讨。

法律上关于"营利性"问题有相应的规定。《中华人民共和国教育法》第二十六条第四款规定:"以财政性经费、捐赠资产举办或者参与举办的学校及其他教育机构不得设立为营利性组织。"《中华人民共和国民办教育促进法》第十九条第一款、第二款、第三款规定:"民办学校的举办者可以自主选择设立非营利性或者营利性民办学校……非营利性民办学校的举办者不得取得办学收益,学校的办学结余全部用于办学。营利性民办学校的举办者可以取得办学收益,学校的办学结余依照公司法等有关法律、行政法规的规定处理。"

这里的"不以营利为目的",是指举办学校及其他教育机构所最终达到的目标不可以是谋取经济利益。那么也就说明,划分是否以营利为目的的界限不在于是否收费。然而,受入学率和公办幼儿园资源局限的影响,许多教育机构和商家瞅准商机,纷纷举办幼儿园。有人把高收费学校统统视为营利性学校,这是准确的。虽然国家不鼓励学校实行高收费制度,但高收费毕竟不完全等同营利。高额学费可与维持优越的教学、生活条件,聘请高层次的师资力量相挂钩。由此说明,高收费问题不能简单地等同于以营利为目的的办学。

中国教育科学研究院研究员储朝晖建议,我国学前教育亟须通过立法、建立公平的机制等方式消除歧视、遏制乱象。在公共财政不足以完全承担学前教育责任的情况下,要扩大受益面,让所有的幼儿园和孩子平等地享受政府公共财政的补贴。在公办幼儿园数量不够的情况下,政府可以向政府认可的民办幼儿机构购买服务,同时政府也应补贴非营利性民办幼儿园,降低其成本和收费,鼓励企业向民办幼儿园提供资金与支持,实现学前教育事实上的"双轨制"发展。

(二)举办幼儿园的实体要件

《中华人民共和国教育法》第二十七条规定设立学校及其他教育机构须具备四个实体要件:"有组织机构和章程;有合格的教师;有符合规定标准的教学场所及设施、设备等;有必备的办学资金和稳定的经费来源。"

1. 有组织机构和章程

健全的组织机构设置和合理的人员配备，是一个组织有序运行的基本前提。幼儿园组织机构是指在一定的环境条件下，按一定形式与层次组成的机构体系和有机的活动功能系统。幼儿园应根据组织设计的任务目标原则、分工协作原则、责权利一致原则等，结合国家规定和自身实际，设立园长室、保教室、办公室、财会室、教职工代表大会等。

章程，是一个组织经特定的程序制定的关于组织规程和办事规则的规范性文书，是一种根本性的规章制度。幼儿园章程对于落实幼儿园的法律地位和办园自主权，实行依法治园具有重大意义，它具有相对稳定性和自我约束性。幼儿园章程应载明：幼儿园的名称与地址、办园宗旨、幼儿园的权利和义务、教师和幼儿的权利和义务、幼儿园内部管理体制、资产、经费、章程的修改及其他必要事项。同时幼儿园应完善以章程为核心的相关配套制度建设，实行园长负责制。规模较大的幼儿园应建立园务委员会、家长委员会、教职工代表大会制度，业务档案、财务管理、信息管理制度，园务会议、教研制度，人员奖惩、安全管理以及与家庭、小学联系制度等。

2. 有合格的教师

随着社会的多元化发展，不同性质的幼儿园偶尔出现的一些触目惊心的事件，引起了媒体、公众的广泛关注。为了提高幼儿教师质量，在国家层面有必要用法律的形式将幼儿教师的从业资格加以明确，并使之成为设立幼儿园的要件之一。这里的幼儿教师是一个广义的概念，是指在幼儿园工作的所有教职工。

《幼儿园工作规程》第三十八条规定："幼儿园按照国家相关规定设园长、副园长、教师、保育员、卫生保健人员、炊事员和其他工作人员等岗位，配足配齐教职工。"第三十九条规定："幼儿园教职工应当贯彻国家教育方针，具有良好品德，热爱教育事业，尊重和爱护幼儿，具有专业知识和技能以及相应的文化和专业素养，为人师表，忠于职责，身心健康。幼儿园教职工患传染病期间暂停在幼儿园的工作。有犯罪、吸毒记录和精神病史者不得在幼儿园工作。"关于幼儿园园长、保育员、卫生保健人员工作职责的规定参见《幼儿园工作规程》第四十条、第四十二条和第四十三条的规定。

3. 有符合规定标准的教学场所及设施、设备等

《幼儿园教育指导纲要（试行）》提到，幼儿园应为幼儿提供健康、丰富的生活和活动环境，满足他们多方面发展的需要，使他们在快乐的童年生活中获得有益

于身心发展的经验。那么,从幼儿园选址到园舍建设标准以及设施设备要求等方面,国家相关法律法规有明确的要求。

一是选址方面。《幼儿园管理条例》第七条规定:“举办幼儿园必须将幼儿园设置在安全区域内。严禁在污染区和危险区内设置幼儿园。”所谓安全区域,一般指不会出现危险、不会出现事故的,不会危害幼儿身心健康的区域。污染区通常是指,有粉尘污染、大气污染、水质污染、噪声污染、光污染、重金属污染的区域。危险区一般指,危及人们生命和健康的区域。2016年修订的《托儿所、幼儿园建筑设计规范》对托儿所、幼儿园的建设选址作出了下列规定:(1)应建设在日照充足、交通方便、场地平整、干燥、排水通畅、环境优美、基础设施完善的地段;(2)不应置于易发生自然地质灾害的地段;(3)与易发生危险的建筑物、仓库、储罐、可燃物品和材料堆场等之间的距离应符合国家现行有关标准的规定;(4)不应与大型公共娱乐场所、商场、批发市场等人流密集的场所相毗邻;(5)应远离各种污染源,并应符合国家现行有关卫生、防护标准的要求;(6)园内不应有高压输电线、燃气、输油管道主干道等穿过。

二是园舍方面。《幼儿园管理条例》第八条规定:“举办幼儿园必须具有与保育、教育的要求相适应的园舍和设施。幼儿园的园舍和设施必须符合国家的卫生标准和安全标准。”《幼儿园工作规程》第十三条第一款也提出了相关规定:“幼儿园的园舍应当符合国家和地方的建设标准,以及相关安全、卫生等方面的规范,定期检查维护,保障安全。幼儿园不得设置在污染区和危险区,不得使用危房。”第三十四条至第三十五条作了关于幼儿园园舍的详细规定。“幼儿园应当按照国家的相关规定设活动室、寝室、卫生间、保健室、综合活动室、厨房和办公用房等,并达到相应的建设标准。有条件的幼儿园应当优先扩大幼儿游戏和活动空间。寄宿制幼儿园应当增设隔离室、浴室和教职工值班室等。”“幼儿园应当有与其规模相适应的户外活动场地,配备必要的游戏和体育活动设施,创造条件开辟沙地、水池、种植园地等,并根据幼儿活动的需要绿化、美化园地。”《托儿所、幼儿园建筑设计规范》对幼儿园建筑面积、建筑设计规范、室内环境等作出了相应的细致规定。在本章第二节中将详细阐述。

三是设备方面。幼儿园玩具,是指供各类幼儿园和早教机构的幼儿在学校期间使用的设施。幼儿园教育是一门在玩中乐、玩中学的艺术过程,《幼儿园管理条例》第十六条第一款明确规定:“幼儿园应当以游戏为基本活动形式。”因此,幼儿园的玩具在幼儿教育中有着巨大而不可替代的作用。《幼儿园工作规程》第三十六条规定："幼儿园应当配备适合幼儿特点的桌椅、玩具架、盥洗卫生用具，以及必要的玩教具、图书和乐器等。玩教具应当具有教育意义并符合安全、卫生要求。幼儿园应当因地制宜，就地取材，自制玩教具。"第三十七条规定："幼儿园的建筑规划面积、建筑设计和功能要求，以及设施设备、玩教具配备，按照国家和地方的相关规定执行。"

4. 有必备的办学资金和稳定的经费来源

必备的办学资金和稳定的经费来源是办园的重要保障。《幼儿园管理条例》第十条规定："举办幼儿园的单位或者个人必须具有进行保育、教育以及维修或扩建、改建幼儿园的园舍与设施的经费来源。"《幼儿园工作规程》第四十六条第一款也明确规定："幼儿园的经费由举办者依法筹措，保障有必备的办园资金和稳定的经费来源。"明确了办园经费为设立幼儿园的必然要件之一。关于幼儿园经费筹措渠道的问题，《中华人民共和国教育法》在第五十四条作出了明确规定："国家建立以财政拨款为主、其他多种渠道筹措教育经费为辅的体制，逐步增加对教育的投入，保证国家举办的学校教育经费的稳定来源。企业事业组织、社会团体及其他社会组织和个人依法举办的学校及其他教育机构，办学经费由举办者负责筹措，各级人民政府可以给予适当支持。"由此可明确：一是谁举办谁负责筹措经费。办学主体都有义务依法筹措经费，保证稳定的资金来源和办学的可持续性。二是筹措渠道以政府投入为主。政府应增加对学前教育的投入和兴办幼儿园，对民办幼儿园要给予扶持或补贴。三是教育经费筹措渠道多元。可依托相关力量筹措办学资金，可通过依法收取保育费、接受社会捐助等方式筹措教育经费。

综上所述，必备的人、财、物和运行机制是举办幼儿园的基本要件，也是促进幼儿园设置合法合规、幼儿园管理科学、办园行为规范的重要手段和途径。

（三）举办幼儿园的程序要件

国家鼓励企业事业组织、社会团体、其他社会组织及公民个人依法举办学校及其他教育机构。举办幼儿园，除了四大实体要件外，还须履行相关程序。《中华人民共和国教育法》第二十八条规定："学校及其他教育机构的设立、变更和终止，应当按照国家有关规定办理审核、批准、注册或者备案手续。"

我国教育机构的设立实行登记注册和审批制度。《幼儿园管理条例》第十一条规定："国家实行幼儿园登记注册制度，未经登记注册，任何单位和个人不得举办幼儿园。"

登记注册制度。我国教育机构实行的登记注册制度，一般是指主管部门对申请者提交的申请报告应当进行审核，如未发现有违反法规规定的情形，只要符合教育机构设置标准，都须予以登记注册，使其取得合法地位。对不符合设置标准的，予以拒绝，并以书面形式通知申请者。登记注册制度的实质是确定申请者所办教育机构符合法律的规定。

登记注册程序。《幼儿园管理条例》第十二条规定："城市幼儿园的举办、停办，由所在区、不设区的市的人民政府教育行政部门登记注册。农村幼儿园的举办、停办，由所在乡、镇人民政府登记注册，并报县人民政府教育行政部门备案。"条例对幼儿园登记注册的机关进行了规定。目前相关各类幼儿园登记注册程序的法律法规相对缺失。只有在《中华人民共和国民办教育促进法》中，提及了民办幼儿园登记注册程序的相关规定。所以，以下所述幼儿园登记注册程序主要针对的是民办幼儿园的设立。

《中华人民共和国民办教育促进法》第二章对申请筹设和正式设立民办学校须提交的材料和申请的流程作了详细规定。

一是申请筹设民办学校，举办者应当向审批机关提交下列材料：申办报告；举办者的姓名、住址或者名称、地址；资产来源、资金数额及有效证明文件，并载明产权；属捐赠性质的校产须提交捐赠协议。审批机关应当自受理筹设民办学校的申请之日起三十日内以书面形式作出是否同意的决定。同意筹设的，发给筹设批准书。不同意筹设的，应当说明理由。筹设期不得超过三年。超过三年的，举办者应当重新申报。

二是申请正式设立民办学校的，举办者应当向审批机关提交下列材料：筹设批准书；筹设情况报告；学校章程，首届学校理事会、董事会或者其他决策机构组成人员名单；学校资产的有效证明文件；校长、教师、财会人员的资格证明文件。具备办学条件，达到设置标准的，可以直接申请正式设立学校，并应当提交民办教育促进法第十三条和第十五条第（三）、（四）、（五）项规定的材料。该法第十七条至第十九条对申请正式设立民办学校的幼儿园作出了相关规定。对于申请正式设立民办学校的，审批机关应当自受理之日起三个月内以书面形式作出是否批准的决定，并送达申请人。审批机关对批准正式设立的民办学校发给办学许可证。审批机关对不批准正式设立的，应当说明理由。民办学校取得办学许可证后，进行法人登记，登记机关应当依法予以办理。

在申请审批的过程中，地方政府可根据当地情况作出一些形式和流程上的调整。如2016年10月25日出台的《南京市民办幼儿园办学许可管理办法》第二章第八节第二十一条对审批程序作了详细规定，要求审查时进行实地考察：评审组对办学场所、校舍、设备等进行必要的实地考察，校验有关证明文件，形成考察意见；将考察意见作为综合评审的重要参照。

三、幼儿园的权利和义务

幼儿园依照法律、法规享有一定权利，同时也应履行相关义务。

（一）幼儿园的权利

《中华人民共和国教育法》第二十九条规定，学校及其他教育机构行使的相关权利。概括来讲，拥有办学自主权是幼儿园最基本的权利。关于办学自主权的表现内容，综合相关学者意见，可概括为以下几个方面。

一是管理自主权。这是幼儿园的首要权利，体现在要求其按照章程自主管理。幼儿园可制定自己的章程，可以章程为核心建立配套管理制度，形成管理机制。

二是实施教育活动自主权。可自主地组织实施教育教学活动，根据办学宗旨和任务，自行决定和实施本机构的教学计划、设置具体课程、选用何种教材、决定教学学时和教学进度、采取何种方式进行教学评议等。可自行决定招收学生或者其他受教育者。招生权是幼儿园的基本权利，是办学自主权的重要标志。可根据自身幼儿园的容量制订招生办法，发布招生广告，确定招生规模和范围。对受教育者进行学籍管理，实施奖励或者处分；对受教育者颁发相应的学业证书。

三是人事自主权。可自主聘任教师及其他职工，实施奖励或者处分。幼儿园可根据国家对教师的相关法律规定，从本园的办学条件和实际出发，自主决定聘任或解聘教职工，对教师实行奖励和处分。这是保障教职工积极性、提高办学质量和效益的有利途径。

四是经费自主权。可自主地管理、使用本单位的设施和经费。也就是说，幼儿园对其占有的场地、教室、宿舍、教学实施设备、办学经费及其他财产，享有财产管理权和使用权，必要时可对其进行处置。《中华人民共和国教育法》第三十二条第三款规定："学校及其他教育机构中的国有资产属于国家所有。"因此，对其国有资产，幼儿园只有占有、使用和收益的权利，无权对其进行处分。《中华人民共和国民办教育促进法》第十九条第二款、第三款中规定："非营利性民办学校的举办者不得取得办学收益，学校的办学结余全部用于办学。营利性民办学校的举办者可以取得办学收益，学校的办学结余依照公司法等有关法律、行政法规的规定处理。”

五是其他权利。幼儿园可拒绝任何组织和个人对教育教学活动的非法干涉。另外享有法律、法规规定的其他权利。国家保护学校及其他教育机构的合法权益不受侵犯。

（二）幼儿园的义务

幼儿园应当履行相应义务，承担教育结果和法律责任。

一是遵守法律、法规的义务。《中华人民共和国宪法》第五条第五款规定：“任何组织或者个人都不得有超越宪法和法律的特权。”幼儿园作为守法“主体”，对于法律、法规应无条件遵守，同时应严格履行经核准的幼儿园章程和相关规章制度。

二是贯彻国家的教育方针，执行国家教育教学标准，保证教育教学质量。幼儿园应坚持社会主义办学方向，贯彻《中华人民共和国教育法》第五条的教育方针。应执行国家关于幼儿园的教育教学标准，即《幼儿园教育指导纲要（试行）》中对教育目标和教学内容的要求，保证育人质量。

三是维护受教育者、教师及其他职工的合法权益。主要从两个层面来谈：第一，幼儿园自身的行为不得侵犯幼儿的基本权益。《中华人民共和国未成年人保护法》第二十七条规定：“学校、幼儿园的教职员工应当尊重未成年人人格尊严，不得对未成年人实施体罚、变相体罚或者其他侮辱人格尊严的行为。”第二，幼儿园不得侵犯教职工的基本权益。如不得克扣、拖欠教职工工资，不得在与教师签订聘用合同时收取保证金、押金，应自觉遵守《中华人民共和国劳动法》和《中华人民共和国教师法》的相关规定。同时，幼儿园应以合法方式维护幼儿、教师的权益。

四是以适当方式为受教育者及其监护人了解受教育者的学业成绩及其他有关情况提供便利。《幼儿园工作规程》第五十三条和第五十四条提出，幼儿园应当建立幼儿园与家长联系的制度。幼儿园采取多种形式，指导家长正确了解幼儿园保育和教育的内容、方法……幼儿园应当建立家长开放日制度；成立家长委员会，以保障幼儿监护人了解幼儿在园情况的知情权。

五是遵照国家有关规定收取费用并公开收费项目。《幼儿园工作规程》第八章第四十七条、第四十八条明确规定：“幼儿园收费按照国家和地方的有关规定执行。幼儿园实行收费公示制度，收费项目和标准向家长公示，接受社会监督，不得以任何名义收取与新生入园相挂钩的赞助费。幼儿园不得以培养幼儿某种专项技能、组织或参与竞赛等为由，另外收取费用；不得以营利为目的组织幼儿表演、竞赛等活动。幼儿园的经费应当按照规定的使用范围合理开支，坚持专款专用，不得挪作他用。”

六是依法接受监督。监督对象一般是指各级权力机关、行政机关，也指社会组织（团体）和个人。接受监督一般是指幼儿园对各级权力机关、行政机关依法进行的检查、监督以及社会各界依法进行的监督，应予以配合，不得拒绝，更不得妨碍检查、监督工作的开展。

思考与练习

党的十九大报告提出“支持和规范社会力量兴办教育”。这为新时期我国民办教育事业的发展指明了前进方向，提供了基本遵循。2016年第十二届全国人民代表大会常务委员会第二十四次会议决定对《中华人民共和国民办教育促进法》作修订。新修订的《中华人民共和国民办教育促进法》第十九条第一款规定：“民办学校的举办者可以自主选择设立非营利性或者营利性民办学校。但是，不得设立实施义务教育的营利性民办学校。”可以预见，开放举办营利性的民办学校政策之后，会有更多资本进入民办教育领域，这对丰富教育资源是好事。但是，如何避免逐利资本带来办学的急功近利，如何规范民办幼儿园的质量，如何规避一些触目惊心的虐童事件，是值得我们大家认真思考的。

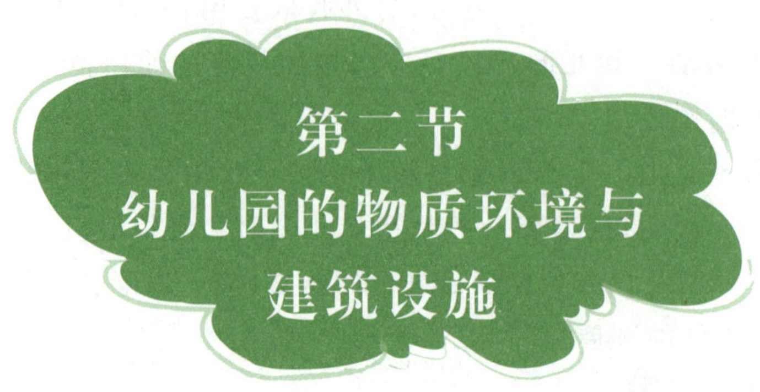

第二节 幼儿园的物质环境与建筑设施

根据江西省教育厅通报，南昌吉的堡国际华城幼儿园从2013年12月开始，利用双休日对全园教室地板、墙裙、门进行更换维修，工程于2014年2月结束。从4月24日起，有部分幼儿陆续出现咳嗽、头晕、皮肤过敏等症状，经由家长代表选定有专业资质的环保检测机构——南昌市环境监测站对幼儿园的装修污染情况进行检测，结果显示有关室内空气检测结果为甲醛、甲苯、二甲苯、氨超标，引发幼儿家长的不满，造成了严重的社会影响。①南昌市教育局经过研究，决定对吉的堡幼儿园“市示范幼儿园”称号予以取消，且三年之内不得重新申请。

环境是影响幼儿成长与发展的客观因素。《3—6岁儿童学习与发展指南》中提出：“创设丰富的教育环境，合理安排一日生活，最大限度地支持和满足幼儿通过直接感知、实际操作和亲身体验获取经验的需要。”《幼儿园教育指导纲要（试行）》强调：幼儿园应与家庭、社会密切合合，共同为幼儿的发展创造良好的条件。《幼儿园管理条例》第十三条第一款明确提出：“幼儿园应当贯彻保育与教育相结合的原则，创设与幼儿的教育和发展相适应的和谐环境，引导幼儿个性的健康发展。”

一、幼儿园的物质环境

（一）幼儿园物质环境的含义

幼儿园环境指的是影响幼儿发展的幼儿园中的一切外部条件，它包括幼儿园的物质环境和精神环境。物质环境是幼儿园中影响幼儿发展的直接环境。幼儿园的物质环境又可分为自然物质环境和社会物质环境两部分。自然物质环境指幼儿园中各种自然条件的总和，如花草、树木等，这些都是幼儿园教育活动可

① 江西省教育厅《关于南昌吉的堡幼儿园装修园舍导致幼儿出现过敏反应问题的通报》（赣教基字〔2014〕26号）。

以直接利用的教育资源。社会物质环境主要由幼儿园的活动室、户外活动场地、各种设备和活动材料、空间结构与环境布置等要素构成。

（二）幼儿园物质环境创设的意义

幼儿园的物质环境是有形的、静态的，对幼儿的认知、表现、智力和社会性发展有重要影响。

1. 提供发展保障

马斯洛需求层次理论告诉我们，生存、安全是人类的最基本需求。具备相应功能的建筑、设备可为幼儿提供安全保障，满足幼儿学习、活动的基本需要。

2. 促进身心健康

宽敞的空间、齐全的设备器具可使幼儿得到锻炼；整洁、优美的环境会给幼儿美的享受；环境感知信息的刺激，会影响幼儿观察力、注意力、思维能力、语言表达能力等的发展，对幼儿的社会交际也有潜在影响。多样丰富的环境可从某种程度上刺激幼儿的大脑发育。总之，良好的物质环境在很大程度上能促进幼儿身心健康发展。

3. 激发创造潜能

物质环境对幼儿的感知、好奇心、探究热情和想象力都有极大的影响。幼儿会根据自己的需要自由选择环境、探索环境，在这些过程中其积极性、主动性和创造性可得到最大程度的释放。

（三）幼儿园物质环境创设原则

蒙台梭利提倡依据幼儿身心发展的特点，为幼儿提供“有准备的环境”。瑞吉欧·艾米里亚教育体系重视为幼儿提供多重感官体验的物质环境，同时提倡“互动合作”的理念。结合建筑学、卫生学、环境心理学、教育学、美学等学科领域的原理或观点，可将幼儿园物质环境创设原则归纳如下：

1. 安全原则

由于幼儿缺乏安全常识，自我保护能力差，因此安全成为幼儿园园舍建设的首要考虑原则。《幼儿园工作规程》第十三条第一款规定：“幼儿园的园舍应当符合国家和地方的建设标准，以及相关安全、卫生等方面的规范，定期检查维护，保障安全。幼儿园不得设置在污染区和危险区，不得使用危房。”房舍建筑本身应安全牢固，经久耐用，具有防风、防震、防火、防水功能。一般幼儿园用房宜采用平房。《幼儿园工作规程》第十三条第二款规定："幼儿园的设备设施、装修装饰材料、用品用具和玩教具材料等，应当符合国家相关的安全质量标准和环保要求。"如相关设施设置圆角防护，窗户应安装防护栏等，以防止对幼儿造成意外伤害。《幼儿园管理条例》第二十七条第（二）项明确规定，园舍、设施不符合国家卫生标准、安全标准，妨害幼儿身体健康或者威胁幼儿生命安全的，由教育行政部门视情节轻重，给予限期整顿、停止招生、停止办园的行政处罚。

2. 卫生原则

卫生条件是幼儿园最基本条件之一。《幼儿园工作规程》第十四条规定："幼儿园应当严格执行国家有关食品药品安全的法律法规，保障饮食饮水卫生安全。"为了切实保证幼儿身心健康，园舍建筑必须注重采光、通风、排水与各种清洁卫生条件，尤其是厨房、寝室、盥洗室里的卫生保障。该规程第十七条第二款规定："幼儿园应当严格执行《托儿所幼儿园卫生保健管理办法》以及其他有关卫生保健的法规、规章和制度。"

3. 适应需要原则

幼儿园物质环境应满足幼儿园教育基本功能用房需求，符合幼儿的年龄特点及身心健康发展特点，同时方便幼儿园管理。《幼儿园工作规程》第三十四条第一款规定："幼儿园应当按照国家的相关规定设活动室、寝室、卫生间、保健室、综合活动室、厨房和办公用房等，并达到相应的建设标准。有条件的幼儿园应当优先扩大幼儿游戏和活动空间。"功能用房的设计也应灵活、巧妙，如生活用房可以设计成班级独立使用的生活单元，便于组织幼儿活动及照顾看管幼儿日常生活。在传染病流行期间，便于班级间采取隔离措施。有些房舍可尝试"一室多用"，实现效能最大化。

4. 教育性原则

幼儿园物质环境有别于其他建筑物的最大特点是其应具有教育性。物质环境要围绕教育任务或配合主题教育内容统筹安排、合理布置，并且时常更新，使其具有启发性，这样才能充分实现环境的教育价值。

5. 舒适原则

幼儿园应为幼儿提供舒适的学习和生活环境。幼儿园应注重楼间距，建筑高度、宽度、面积的适当，营造一个舒适的空间；应充分考虑建筑物的朝向、通风、遮阳、取暖及防暑，做好隔音设备，给幼儿提供触觉、视觉、听觉等方面的舒适条件。

6. 经济环保原则

幼儿园在房舍建筑的空间布局、设备使用上，应做到物尽其用，尽可能将资产成本减少到最低，力求符合实际，经济高效，满足幼儿教育需要。《幼儿园工作规程》第三十六条第二款规定，幼儿园应当因地制宜，就地取材，自制玩教具。一些地方的幼儿园因地制宜，利用玉米、麦秆等农作物创设环境，既贴近幼儿生活，又经济环保。

7. 美育原则

幼儿园物质环境对幼儿的美育功能不可忽视。因此，幼儿园建筑应注重布局对称、协调，造型各式各样，设计力求别致。同时做到线条流畅、色彩协调、物件搭配具有美感，遵循布局与整体和谐，内容与形式统一，对幼儿的成长起到潜移默化的作用。

安全和卫生是幼儿园物质环境设置的首要、基本原则，教育性、舒适性是幼儿园关注幼儿身心发展、体现人文关怀的重要条件，经济、环保、美化、绿化则反映幼儿园教育遵循和谐发展的理念。

（四）幼儿园物质环境的主要内容

幼儿园物质环境主要包含园舍、房舍和设备三个方面。其中园舍包括园区选址、园区布局和园区布置（建筑物布置、户外活动场地布置、绿化）；房舍包括基本房舍（活动室、寝室、盥洗室、厕所）和辅助房舍（办公室、保健室、隔离室、厨房、贮藏室、洗衣室和传达室）；设备主要包括家具、盥洗和厕所设备、餐饮用具、教具、图书、文具、玩具和体育器械。

住房和城乡建设部2016年发布行业标准《托儿所、幼儿园建筑设计规范》（以下简称《规范》），明确了须严格执行的强制性条文。2017年1月1日，《幼儿园建设标准》（以下简称《标准》）正式实施，为幼儿园硬件建设提供了依据和规范。

《标准》第十条规定：幼儿园建设项目由场地、房屋建筑和建筑设备等构成。场地由室外游戏场地、集中绿地两部分组成。房屋建筑由幼儿活动用房、服务用房、附属用房三部分组成。幼儿活动用房包括班级活动单元、综合活动室等。服务用房包括办公室、保健观察室、晨检接待厅、隔离室、洗涤消毒用房等。附属用房包括厨房、配电室、门卫收发室、储藏室、教职工卫生间、教师值班室、集中浴室等。建筑设备主要包括建筑给排水系统、建筑电气系统、采暖通风系统、电梯及弱电系统等。

二、幼儿园的园舍环境

幼儿园园舍环境包括园舍选址、建筑物布置、户外活动场地及绿化。

（一）选址与规划布局

1. 选址条件

《规范》第3.1.2条和《标准》第十二条对幼儿园选址作出了明确规定，幼儿园选址应符合下列原则：

（1）选择地质条件较好、环境适宜、空气流通、日照充足、交通方便、场地平整、干燥、排水通畅、环境优美、基础设施完善、周边绿色植被丰富、符合卫生和环保要求的宜建地带。

（2）必须避开地震危险地段、可能发生地质灾害和洪水灾害的区域等不安全地带，避开输油、输气管道和高压供电走廊等。

（3）必须与铁路、高速公路、机场及飞机起降航线有足够的安全、卫生防护距离。应避开主要交通干道、建筑的阴影区等。

（4）不应与集贸市场、娱乐场所、医院传染病房、太平间、殡仪馆、垃圾中转站及污水处理站等喧闹脏乱、不利于幼儿身心健康的场所毗邻；不应与生产经营贮藏有毒有害、易燃易爆物品等危及幼儿安全的场所毗邻；不应与通信发射塔（台）等有较强电磁波辐射的场所毗邻。

（5）幼儿园不得建在高层建筑内。3班及以下规模幼儿园可设在多层公共建筑内的一至三层，应有独立院落和出入口，室外游戏场地应有防护设施。3班以上规模幼儿园不应设在多层公共建筑内。

（6）农村幼儿园宜设在集镇或毗邻乡村中小学，应避开养殖场、屠宰场、垃圾填埋场及水面等不良环境。

2. 规划布局

《规范》第3.1.3条款和《标准》第十一条都作出明确规定，幼儿园的服务半径宜为300~500米；幼儿园布局应符合当地学前教育发展规划，结合人口密度、人口发展趋势、城乡建设规划、交通、环境等因素综合考虑，合理布点，保障安全。

（二）园区布置

《标准》第十三条对园区布置作出了相关要求。园区总平面规划包括总平面布置、竖向设计、管网综合设计等，并应符合下列原则：

（1）园区总平面规划应因地制宜、适合幼儿特点，并有利于幼儿园建设发展和对幼儿的保教与安全管理。

（2）总平面布置应功能分区明确、方便管理、节约用地。园区总平面规划应以园区房屋建筑总面积和相应的容积率为依据测算园区规划建设用地，容积率宜为 0.55~0.65。

①幼儿活动用房应有良好朝向，冬至日底层满窗日照不应少于3小时。

②园区道路的布置应便捷通畅，宜人车分流，竖向设计应满足无障碍要求，主要道路宽度和转弯半径应满足消防车辆通行要求。

③室外地面游戏场地人均面积不应低于4平方米。其中，共用游戏场地人均面积不应低于2平方米，分班游戏场地人均面积不应低于2平方米。分班游戏场地宜邻近活动室布置，其数量应至少能容纳 $n-2$ 个班（n 为全园班级数）同时游戏活动。室外地面游戏场地宜为软质地坪，应保证1/2以上的游戏场地冬至日日照时间不少于2小时。

④建筑组合应紧凑、集中，主要建筑之间宜有廊联系。园区绿化、美化应结合建筑布置、空间组合统一规划和建设。幼儿园绿地率不宜低于30%。集中绿地包括专用绿地和自然生物园地，人均面积不应低于2平方米。绿地中严禁种植有毒、带刺、有飞絮、病虫害多、有刺激性的植物。

⑤园区主出入口不应直接设在城市主干道或过境公路干道一侧。园门外应设置人流缓冲区和安全警示标志。园区周边应设围墙。主出入口应设大门和门卫收发室。机动车与供应区出入口宜合并独立设置。

⑥园区适宜位置应设置旗杆、旗台。

（3）室外给排水、供气、供热、供电、通信、网络等管线，应根据总平面设计合理布置，管线宜暗设。农村幼儿园的污水排放不应影响园区和周边环境卫生与幼儿安全。用电负荷应适当留有余量。

（三）户外活动区域及绿化

幼儿园户外活动区域按照功能划分，一般可分为种植区、饲养区、玩沙玩水区、体育运动区、集体活动区。户外活动场地要求面积足够、功能全面，同时要有足够的绿化面积。

(1)种植区是幼儿栽种植物的专用区域，有助于培养幼儿的探索与发现能力。一般设置于专用绿地的自然生物园地或幼儿园的边角处，要求土质肥沃且无污染。可根据幼儿园班级规模不同设置不同面积的种植区。

(2)饲养区是专供幼儿饲养小动物的区域，有助于培养幼儿的爱心。饲养区应安排专人定期清洁，以保持该区域的卫生。尤其要防止小动物感染疾病。饲养区适合养殖一些性情温顺、个头较小、形态可爱、生存力强的小动物。

(3)玩沙区是幼儿运用沙土进行创造性活动的区域。沙池中应提供多种玩沙设备。玩水区面积一般不超过50平方米，深度不得超过0.30米。

(4)体育运动区是专门供幼儿进行体育活动的区域。包括30米跑道和幼儿跳高、跳远、爬钻、投掷、攀登等的练习器械。应多从安全方面考虑，参照幼儿园活动器械安全标准预留充足的器械安全距离。

(5)集体活动区为全园幼儿开展集体活动的区域。用于举行升国旗仪式、节目表演、趣味运动会等，应设置在相对平坦的区域，预留足够的活动面积。

绿色植物可以净化空气、调节气候、减少噪音、美化环境等。在园区种植树木花草，对培养幼儿观察力、环境意识，培育其爱心，促进语言发展等都有积极作用。幼儿园绿化面积人均不少于2平方米。资料显示：民办幼儿园绿化面积普遍不足。[①]

三、幼儿园的房舍建筑

《幼儿园工作规程》第三十七条规定：幼儿园的建筑规划面积、建筑设计和功能要求，以及设施设备、玩教具配备，按照国家和地方的相关规定执行。

(一)建筑设计原则

幼儿园的房舍建筑应满足安全、适用、卫生、节能、环保、经济、美观等方面的基本要求，营造功能完善、适合幼儿身心健康发展的学前教育环境。

《规范》第1.0.4条款提出，幼儿园的建筑设计应遵循下列原则：一是满足使用功能要求，有益于幼儿健康成长；二是保证幼儿、教师及工作人员的环境安全，并具备防灾能力；三是符合节约土地、能源，环境保护的基本方针。《标准》第十九条规定，不得建设豪华幼儿园。幼儿园的建筑宜为多层或低层建筑。

① 黄琴林.卫生学视野下的幼儿园物质环境现状研究——以重庆主城区幼儿园为例[D].重庆：西南大学，2011：16.

卫生学视角下的建筑物布置要求如下：一是建筑物的间距要适当；二是楼梯的设置要合理；三是阳台和楼上的窗户有保护措施。

（二）建筑规定面积

1. 各类用房指标面积

《标准》第十四条对幼儿园各类用房人均使用面积和建筑面积指标作出了规定，见表5-2-1。

表5-2-1　幼儿园各类用房人均使用面积和建筑面积指标（平方米/人）

类型	用房类别		面积指标			
			3班	6班	9班	12班
全日制	幼儿活动用房		5.10~6.30	5.10~6.30	5.00~6.20	4.90~6.10
	服务用房		0.49~0.74	0.99~1.24	0.84~1.07	0.69~0.90
	附属用房		0.60~0.80	1.22~1.34	1.15~1.26	1.08~1.18
	人均使用面积合计		6.19~7.84	7.31~8.88	6.99~8.53	6.67~8.18
	人均建筑面积合计	K=0.6	—	12.18~14.80	11.65~14.22	11.12~13.63
		K=0.7	8.84~11.20	10.44~12.69	—	—
寄宿制	幼儿活动用房		5.10~6.30	5.10~6.30	5.00~6.20	4.90~6.10
	服务用房		0.55~0.80	1.05~1.30	0.90~1.13	0.75~0.96
	附属用房		0.83~1.08	1.43~1.55	1.36~1.47	1.29~1.39
	人均使用面积合计		6.48~8.18	7.58~9.15	7.26~8.80	6.94~8.45
	人均建筑面积合计	K=0.6	—	12.63~15.25	12.10~14.67	11.57~14.08
		K=0.7	9.26~11.69	10.83~13.07	—	—

注：（1）楼房使用面积系数K值取0.6，平房使用面积系数K值取0.7。

（2）办园规模大于12班时，可参照12班的人均面积指标。

（3）各地可按照区域经济发展水平及对幼儿园建设的经费投入情况，采用表中的上限或下限数值。

（4）各类指标按平均班额30人测算。

《标准》第十八条作出了规定，服务用房和附属用房的各项用房可结合实际情况在本类用房使用面积指标内适当调剂，不得占用幼儿活动用房使用面积指标。

2. 活动用房相关规定

《标准》第十七条对班级活动单元的活动室与寝室合并或分开设置时，各项用房人均使用面积指标作出了相关规定，见表5-2-2。

表5-2-2　班级活动单元各项用房人均使用面积指标（平方米／人）

用房名称	面积指标	
	活动室与寝室合并设置	活动室与寝室分开设置
活动室	3.50	2.40
寝室		2.00
卫生间（含厕所、盥洗间、洗浴位等）	0.60	0.60
衣帽储藏室	0.30	0.30
人均使用面积合计	4.40	5.30

3. 室外活动场地相关规定

《规范》第3.2.3条款规定，幼儿园应设室外活动场地，相关面积应符合下列规定：

（1）每班应设专用室外活动场地，面积不宜小于60平方米，各班活动场地之间宜采取分隔措施。

（2）应设全园共用活动场地，人均面积不应小于2平方米。

（3）地面应平整、防滑、无障碍、无尖锐突出物，并宜采用软质地坪。

（4）共用活动场地应设置游戏器具、沙坑、30米跑道、洗手池等，宜设戏水池等，储水深度不应超过0.30米；游戏器具下面及周围应设软质铺装。

（5）室外活动场地应有1/2以上的面积在标准建筑日照阴影线之外。

（三）建筑用房规定

从卫生学的视角看，幼儿园建筑用房要求如下：有足够的空间；有良好的自然采光条件；有良好的人工照明；有良好的通风条件；有干燥、清洁的地面。①

① 教育部师范教育．幼儿卫生保育教程[M]．北京：北京师范大学出版社，1999：125.

1. 活动用房

《标准》第二十条对幼儿活动用房作出了下列基本规定：

(1)应设在三层及以下楼层，严禁设在地下室或半地下室。

(2)班级活动单元应满足幼儿活动、生活等功能需求。

(3)班级活动单元内不得搭建阁楼或夹层作寝室。

(4)应保证每个幼儿有一张床位，不宜设双层床，床位侧面不应紧靠外墙布置。

《标准》第二十三条对幼儿活动用房建筑的室内净高作出了规定：

(1)班级活动单元不应低于3.00米。

(2)综合活动室不应低于3.90米。

《标准》第三十条对幼儿活动用房的门、窗作出了下列规定：

(1)幼儿活动用房宜设双扇平开门，禁止设置弹簧门、推拉门、旋转门、玻璃门，不宜设置金属门，不应设置门槛。宜在靠墙部位设置固定门扇的装置。

(2)班级活动单元内各项用房之间宜设门洞，不宜安装门扇。

(3)幼儿经常出入的门在距地0.60~1.20米高度内应设观察窗，观察窗应采用安全玻璃。

(4)直接采光窗不应采用彩色玻璃。

(5)幼儿活动用房窗台距楼地面不宜高于0.60米，并应设安全护栏。走廊和阳台开启窗距地1.80米以下不应设平开窗或悬开窗。

《标准》第三十一条对幼儿活动用房的墙面作出了下列规定：

(1)幼儿活动用房的内墙面、顶面粉刷应符合环保、适用、经济、耐久、美观的要求，宜选用适合幼儿审美情趣和心理特点的明亮色彩。

(2)所有内墙的阳角、方柱及窗台应做成小圆角。

(3)幼儿活动用房、走廊内墙面应具备展示教材、作品和布置环境的条件。

(4)外墙面1.30米以下不应做质地粗糙饰面，外墙的阳角及方柱应做成小圆角。外装修宜选用适合幼儿审美情趣和心理特征的色彩，并应与园区环境协调。

《标准》第三十五条规定：幼儿活动用房应有良好的天然采光、自然通风和空气对流措施。

2. 生活用房

幼儿园的生活用房应由幼儿生活单元和公共活动用房组成。

《规范》第3.2.2条款规定，三个班及以上的幼儿园建筑应独立设置。两个班及以下时，可与居住建筑合建，但应符合下列规定：

(1)幼儿生活用房应设在居住建筑的底层；

(2)应设独立出入口，并应与其他建筑部分采取隔离措施；

(3)出入口处应设置人员安全集散和车辆停靠的空间；

(4)应设独立的室外活动场地，场地周围应采取隔离措施；

(5)室外活动场地范围内应采取防止物体坠落措施。

《规范》第3.2.8和第3.2.9条款对生活用房的朝向作出了相关规定：托儿所、幼儿园的幼儿生活用房应布置在当地最好朝向，冬至日底层满窗日照不应小于3小时。夏热冬冷、夏热冬暖地区的幼儿生活用房不宜朝西向；当不可避免时，应采取遮阳措施。

《规范》第4.3.3条款规定：幼儿园生活单元房间的最小使用面积不应小于表5-2-3的规定，当活动室与寝室合用时，其房间最小使用面积不应小于120平方米。

表5-2-3　幼儿园生活单元房间的最小使用面积(平方米)

房间名称		房间最小使用面积
活动室		70
寝室		60
卫生间	厕所	12
	盥洗室	8
衣帽储藏间		9

《规范》第4.3.9条款规定：寝室应保证每一幼儿设置一张床铺的空间，不应布置双层床。床位侧面或端部距外墙距离不应小于0.60米。

《标准》第三十二条对幼儿卫生间设计作出了规定：

(1)宜临近活动室或寝室，宜分间或分隔设置；

(2)卫生间内不应设台阶；

(3)卫生间的门不应直对活动室和寝室；

(4)盥洗室与厕所应有良好的视线贯通；

(5)盥洗台、厕位的高度、间距及进深应适合幼儿使用需求；

(6)盥洗水龙头应采取降压措施；

(7)宜有直接的自然通风，无外窗的应设置防止回流的机械排气设施；

(8)地处干旱缺水地区的农村幼儿园宜设置节水型卫生环保厕所，严禁在化粪池盖板上设置蹲位，化粪池应设于室外并密封，盖板上应设竖向排气管道，出粪口应加盖并应有防止幼儿移动、开启的措施。

《规范》第 4.3.14 条款规定："厕所、盥洗室、淋浴室地面不应设台阶，地面应防滑和易于清洗。"《规范》第 4.3.16 条款规定："封闭的衣帽储藏室宜设通风设施。"

3. 服务管理用房

《规范》第 4.4.1 条款规定，服务管理用房应包括晨检室(厅)、保健观察室、教师值班室、警卫室、储藏室、园长室、财务室、教师办公室、会议室、教具制作室等房间，最小使用面积应符合表 5-2-4 的规定。

表 5-2-4　服务管理用房的最小使用面积(平方米)

房间名称	规模		
	小型	中型	大型
晨检室(厅)	10	10	15
保健观察室	12	12	15
教师值班室	10	10	10
警卫室	10	10	10
储藏室	15	18	24
园长室	15	15	18
财务室	15	15	18
教师办公室	18	18	24
会议室	24	24	30
教具制作室	18	18	24

注：(1)晨检室(厅)可设置在门厅内；

(2)教师值班室仅全日制幼儿园设置。

《标准》第三十四条规定，晨检接待厅、保健观察室、隔离室应符合幼儿园卫生保健管理办法和卫生行政部门的要求。同时要求隔离室内设置厕所。《规范》也规定："教职工的卫生间、淋浴室应单独设置，不应与幼儿合用。"

4. 供应用房

供应用房包括厨房、消毒室、洗衣间、开水间、车库等房间，厨房应自成一区，并与幼儿活动用房应有一定距离。

《标准》第三十三条规定："厨房平面布置应符合食品安全规定，满足使用功能要求。厨房不得设在幼儿活动用房的下部。房屋为多层时，宜设置提升食梯。如使用罐装燃气，应设置有外门的钢瓶储存间。"《规范》第4.5.7条款规定："托儿所、幼儿园建筑应设玩具、图书、衣被等物品专用消毒间。"《规范》第4.5.8条款规定，幼儿园场地内设汽车库时，汽车库应与儿童活动区域分开，应设置单独的车道和出入口，并应符合现行行业标准《车库建筑设计规范》(JGJ100)和现行国家标准《汽车库、修车库、停车场设计防火规范》(GB50067)的规定。

5. 相关用房设施

《规范》第4.1.9和第4.1.12条款对幼儿园的楼梯、栏杆等设施作了强制性规定，其设计应符合幼儿的心理和生理特点。

幼儿园的外廊、室内回廊、内天井、阳台、上人屋面、平台、看台及室外楼梯等临空处应设置防护栏杆，栏杆应以坚固、耐久的材料制作，防护栏杆水平承载能力应符合《建筑结构荷载规范》(GB50009)的规定。防护栏杆的高度应从地面计算，且净高不应小于1.10米。防护栏杆必须采用防止幼儿攀登和穿过的构造，当采用垂直杆件做栏杆时，其杆件净距离不应大于0.11米。

幼儿使用的楼梯，当楼梯井净宽度大于0.11米时，必须采取防止幼儿攀滑措施。楼梯栏杆应采取不易攀爬的构造，当采用垂直杆件做栏杆时，其杆件净距不应大于0.11米。

《规范》第5.1.1、5.1.2条款规定，幼儿园的生活用房、服务管理用房和供应用房中的各类房间均应有直接天然采光和自然通风。采光应符合现行国家标准《建筑采光设计标准》(GB50033)的有关规定。

《规范》第5.2.1条款规定，幼儿园建筑室内允许噪声级应符合表5-2-5的规定。

表5-2-5　室内允许噪声级

房间名称	允许噪声级(A声级,dB)
活动室、寝室、乳儿室	≤45
多功能活动室、办公室、保健观察室	≤50

幼儿园建筑的环境噪声应符合现行国家标准《民用建筑隔声设计规范》(GB50118)的有关规定。幼儿园的室内空气质量应符合现行国家标准《室内空气质量标准》(GB / T18883)的有关规定。幼儿园建筑使用的建筑材料、装修材料和室内设施应符合现行国家标准《民用建筑工程室内环境污染控制标准》(GB50325)的有关规定。

四、建筑设备及玩教具配置

(一)主要建筑设备

《标准》第三十六条对幼儿园的主要建筑设备作出了下列规定:

(1)幼儿活动用房宜设置集中采暖系统,散热器应暗装。采用电采暖,必须有可靠的安全防护措施。采用壁炉、火墙、火炉采暖,排烟管道必须畅通、无泄漏、无回流,并应安装一氧化碳报警装置。禁止采用无烟道火炉采暖。室内空气质量、新风量应符合现行国家标准。

(2)室内照明应采用带保护罩的节能灯具,不得采用裸灯。根据需要配置电源插座。幼儿活动用房应采用安全型插座,插座距楼、地面高度不应低于1.80米,照明开关距楼、地面高度不应低于1.40米。动力电源与照明电源应分开敷设和控制,不得混用。

(3)幼儿活动用房、卫生保健用房(包括晨检接待厅、保健观察室、隔离室)、厨房备餐间宜安装紫外线杀菌灯,灯具距楼、地面高度宜为2.50米。紫外线杀菌灯开关应单独设置,距楼、地面高度不应低于1.80米,并应设置警示标识,采取防止误开误关措施。

(4)配电箱下口距楼、地面高度不应低于1.80米。

(5)应安装应急照明灯。

(6)应按信息化管理的需要敷设网络、通信、有线电视、安保监控等线路,预留接口。

(二)附属设施

《标准》第三十七条对园区附属设施作出了下列规定:

(1)设置安全、美观、通透的围墙,周界宜设置入侵报警系统、电子巡查系统。

(2)根据消防要求,在园内和建筑内配置相应的消防设备。

(3)园区内严禁设置带有尖状突出物的围栏。

（三）玩教具配备

对于幼儿而言，生活经验少，语言及思维能力还未得到完全开发，应避免理论化和教条化的知识传授。玩教具凭借其多样化的题材和丰富的内容，在幼儿园日常课堂教学中起着十分关键的作用。

玩教具在幼儿园中主要以玩教具的配置、使用以及开发三种形式出现。玩教具的配置是基础环节。幼儿园应配备相应的玩教具材料及图书，供幼儿在学习与游戏中使用。

1. 玩教具配备规定

玩教具材料使用应当符合国家相关的安全质量标准和环保要求。《幼儿园管理条例》第二十八条第（二）项规定，违反本条例，使用有毒、有害物质制作教具、玩具的单位或者个人，由教育行政部门对直接责任人员给予警告、罚款的行政处罚，或者由教育行政部门建议有关部门对责任人员给予行政处分。《幼儿园工作规程》第三十六条第二款规定："玩教具应当具有教育意义并符合安全、卫生要求。幼儿园应当因地制宜，就地取材，自制玩教具。"

2. 玩教具配置原则

（1）科学性原则。"幼儿园装备标准既是幼儿园重要的办园标准，也是评价幼儿园教育环境质量的重要指标"，"玩教具配备是幼儿园装备的重要内容"。[①]幼儿园玩教具配备有标准可循，应以国家配置标准为指导，不可过分依赖经验。

（2）人文性原则。玩教具配置应以幼儿为本，尊重幼儿的身心发展需求。一是尊重幼儿的生理发展需求，充分考虑幼儿年龄、性别、身高、语言发展、身体协调性等因素。二是尊重幼儿的心理发展需求，关注幼儿的兴趣、性格、心理等因素，尊重幼儿个体差异。

（3）层次性原则。在实际幼儿教育中，应把握玩教具配置的逻辑性、主题性、关联性，避免材料投放盲目性、无序性问题。在培养幼儿创造力的同时更要注重幼儿注意力、秩序感的培养。

（4）多样性原则。教师应通过多种方式丰富玩教具配置，使玩教具种类多样、来源渠道多样。可按标准配置，也可自制玩教具，还可让幼儿、家长与教师共同参与到玩教具的制作中来。

---

① 刘焱，石晓波．国外幼儿园装备规范的比较研究[J]．比较教育研究，2014(9):77-82.

3. 玩教具种类划分

1992年颁布的《幼儿园玩教具配备目录》(以下简称《目录》),对玩教具的相关分类、名目、价格进行了相应规定。《目录》为我国当前幼儿园教育中配置玩教具的指导性文件。《目录》提倡幼儿园参照该目录的内容,就地取材,利用各种无毒、安全卫生的自然材料和废旧材料自制玩教具。

主要种类及用途见表5-2-6。

表5-2-6　玩教具种类及主要用途

序号	类别	主要列举	用途
1	体育类	攀登架、爬网、滑梯、荡船或荡桥、秋千、压板、体操垫、小三轮车、小推车、平衡器、高跷、投掷靶、拉力玩具、钻圈或拱形门、球拍、球、沙包、绳、体操器械(彩旗、彩圈、彩棒、哑铃)、跳床、滚筒、钻筒等	可锻炼幼儿身体肌肉和身心协调能力
2	构造类	积木(大、中、小型)、接插构造玩具(片、块、管、粒等)、螺旋玩具、穿编玩具(串珠、穿线、绣花板等)	可锻炼幼儿的精细动作及手眼的协调能力,还可提高幼儿的空间想象力与创造力
3	角色、表演类	角色游戏玩具(医院、交通、工厂、邮局、家庭等)、桌面表演游戏玩具、木偶(指偶、袋偶)、头饰、模型(人物、车辆、动植物等)	可促进幼儿语言与社交能力发展
4	科学启蒙类	小风车、陀螺、万花筒、放大镜、寒暑表、地球仪、磁铁块、沙水箱(池)、沙水玩具配件、磁性玩具、弹跳玩具、滑动或滑轮玩具、幼儿计算器、小型计数材料、几何图形片、图形投放盒、图形戳、数形接龙、巧板、图形钉板、套式玩具、钟面、简易认知器、儿童棋牌、天平、拼图或图形镶嵌、量杯等	有助于幼儿智力开发和思维启蒙
5	音乐类	风琴或手风琴、儿童木琴、鼓、锣、钹、木鱼、三角铁、碰钟、沙锤、哇鸣筒、串铃、响板、铃鼓、钢琴等	有助于培养幼儿对节奏、音调、音色和旋律的敏感,提升幼儿的听觉记忆力,并锻炼其手眼协调能力

续表

序号	类别	主要列举	用途
6	美工类	小剪刀、泥工板、调色盘、彩色水笔、油画棒、蜡笔、美术面泥、小画板、小画架等	可激发幼儿的想象力与创造力，培养艺术审美能力和感受力，并促进幼儿观察力的发展
7	图书、挂图与卡片类	幼儿读物、教育挂图、各种卡片等	有助于幼儿增长知识，促进其对图画、字母、数字、物品等的认知和想象
8	电教类	电视机、收录机、幻灯机、投影仪、投影片、录像机、录像带等	有助于促进教师更形象、生动地开展教学及幼儿游戏
9	劳动工具类	喷壶、小桶、儿童铁锹、小铲子、小锤子、幼儿工作台(附工具)等	幼儿成长较为重要的辅助工具，有助于培养幼儿良好的生活及劳动习惯

本章小结

幼儿园的法律地位是指其作为实施幼儿教育教学活动的组织机构，在法律上所享有的权利能力和行为能力，并以此在具体的法律关系中所取得的主体资格。国家及各级地方政府、企事业单位、社会团体(组织)、其他社会组织及公民个人均可成为举办幼儿园的主体。设立幼儿园应当按照国家规定执行登记注册制度，履行登记注册程序，同时须具备四个实体要件：有组织机构和章程；有合格的教师；有符合规定标准的教学场所及设施、设备等；有必备的办学资金和稳定的经费来源。幼儿园依照法律法规享有办学自主权，同时也应履行相关义务。

环境是影响幼儿成长与发展的客观因素。其中物质环境是幼儿园中影响幼儿发展的直接环境。其创设应满足安全原则、卫生原则、适应需要原则、教育性原则、舒适原则、经济环保原则、美育原则七大原则。影响幼儿发展的幼儿园物质因素的综合体，可分为园舍、房舍和设备三个部分。《托儿所、幼儿园建筑设计规范》《幼儿园建设标准》为幼儿园硬件建设提供了依据和规范。

思考与练习

1. 幼儿园的权利和义务是什么?

2. 幼儿园物质环境创设的基本原则有哪些?

真题解析

1. 王某是某集团公司的老总,举办了一家民办幼儿园。下列关于王某举办幼儿园行为说法不正确的是(　　)。

A. 幼儿园应依法接受监督　　B. 幼儿园可以以营利为目的

C. 幼儿园应该维护幼儿合法权益　　D. 幼儿园可以自行决定收费标准

【答案】D。《幼儿园工作规程》第四十七条规定,幼儿园收费按照国家和地方的有关规定执行。故幼儿园不可自行决定收费标准。

2.《国家中长期教育改革与发展规划纲要(2010—2020年)》提出了学前教育发展的政府职责。关于政府职责说法,下列选项中不正确的是(　　)。

A. 制定审核幼儿园的章程　　B. 建立幼儿园准入制度

C. 制定学前教育的办园标准　　D. 完善幼儿园收费管理办法

【答案】A。《国家中长期教育改革与发展规划纲要(2010—2020年)》的发展任务中在学前教育阶段提出要明确政府职责:制定学前教育的办园标准,建立幼儿园准入制度,完善幼儿园收费管理办法。

推荐阅读

1.《中华人民共和国教育法》。

2.《中华人民共和国民办教育促进法》。

3.《幼儿园管理条例》。

4.《幼儿园工作规程》。

5.《托儿所、幼儿园建筑设计规范》。

6.《幼儿园建设标准》。

7.《幼儿园玩教具配备目录》。

第6章

我国主要的幼儿教育政策法规解读

学前教育是基础教育的有机组成部分，是学校教育的基础阶段，在整个教育体系中有着特殊的地位和作用。制定和贯彻落实学前教育法规，是国家管理学前教育的重要方法和途径，对学前教育管理的规范化、科学化、法治化有重要的意义和价值，因此，国家在管理学前教育相关工作的过程中必须重视学前教育法律法规的影响。国家相继修订和完善了幼儿教育政策法规，本章将重点解读以下六部法律法规：《中华人民共和国教育法》《中华人民共和国义务教育法》《中华人民共和国未成年人保护法》《中华人民共和国民办教育促进法》《中共中央　国务院关于学前教育深化改革规范发展的若干意见》《幼儿园工作规程》。

学习目标

1. 了解与幼儿教育相关的法律，如《中华人民共和国教育法》《中华人民共和国义务教育法》《中华人民共和国未成年人保护法》《中华人民共和国民办教育促进法》。

2. 了解《中共中央　国务院关于学前教育深化改革规范发展的若干意见》。

3. 理解《幼儿园工作规程》的相关内容。

学习重难点

理解《中华人民共和国教育法》《幼儿园工作规程》《中华人民共和国未成年人保护法》《中共中央　国务院关于学前教育深化改革规范发展的若干意见》的重要条文。

知识结构图

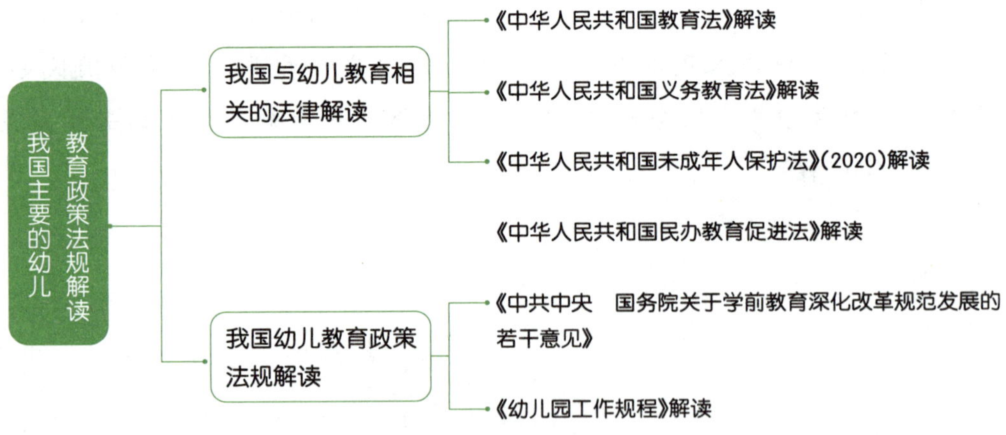

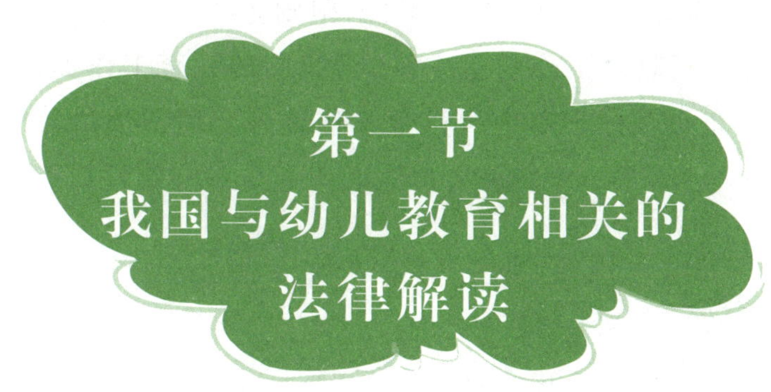

第一节 我国与幼儿教育相关的法律解读

一、《中华人民共和国教育法》解读

（一）《中华人民共和国教育法》概述

1. 颁布背景

中华人民共和国成立以来，特别是改革开放以来，党和国家高度重视教育事业，把教育摆在优先发展的战略地位，在教育体制改革和教育事业发展方面已经积累了许多有益经验，需要从法律上对这些成果加以确认和巩固。同时，由于多方面的原因，在实际工作中教育优先发展的战略地位并未完全落实，出现教育投入普遍不足、公用经费比例下降、办学条件较差等问题。这些问题的存在，制约着教育事业的进一步发展。对此，国家抓紧制定教育法。1995 年 3 月 18 日，第八届全国人民代表大会第三次会议通过《中华人民共和国教育法》，于 1995 年 9 月 1 日起施行。2009 年 8 月 27 日，根据第十一届全国人民代表大会常务委员会第十次会议《关于修改部分法律的决定》进行了第一次修正。2015 年 12 月 27 日，根据第十二届全国人民代表大会常务委员会第十八次会议《关于修改〈中华人民共和国教育法〉的决定》进行了第二次修正。2021 年 4 月 29 日，根据第十三届全国人民代表大会常务委员会第二十八次会议《关于修改〈中华人民共和国教育法〉的决定》进行了第三次修正。

2. 结构和意义

《中华人民共和国教育法》（以下简称《教育法》）涉及面广，内容丰富，对教育事业各方面进行了总体规范，全文共十章八十六条，包括总则、教育基本制度、学校及其他教育机构、教师和其他教育工作者、受教育者、教育与社会、教育投入与条件保障、教育对外交流与合作、法律责任、附则。

《教育法》是中国教育工作的基本法，为我国的教育工作提供了根本的法治保障。该法的颁布更是标志着中国教育工作进入全面依法治教的新阶段，对我国教育事业的改革与发展，社会主义物质文明和精神文明建设产生重大的、深远的影响。

（二）主要内容

1. 立法宗旨、教育性质及方针

《教育法》的制定与出台是为了确保教育在国民经济和社会发展中占有优先发展的战略地位，以推动教育体制改革和教育事业发展。所以，《教育法》总则的第一条就明确指出了其立法宗旨："为了发展教育事业，提高全民族的素质，促进社会主义物质文明和精神文明建设，根据宪法，制定本法。"

《教育法》为发展中国特色社会主义而服务，对教育性质的规定要围绕党和国家的教育指导思想，因此《教育法》第三条明确规定："国家坚持中国共产党的领导，坚持以马克思列宁主义、毛泽东思想、邓小平理论、'三个代表'重要思想、科学发展观、习近平新时代中国特色社会主义思想为指导，遵循宪法确定的基本原则，发展社会主义的教育事业。"

从我国教育性质出发，为谁培养人才、培养什么样的人才以及如何培养人才也成为该法首要回答的问题，所以在《教育法》第五条中明确规定了我国的教育方针："教育必须为社会主义现代化建设服务、为人民服务，必须与生产劳动和社会实践相结合，培养德智体美劳全面发展的社会主义建设者和接班人。"

2. 适用范围

《教育法》第二条明确规定了其适用范围："在中华人民共和国境内的各级各类教育，适用本法。"这里的各级教育包括学前教育、初等教育、中等教育和高等教育，各类教育包括根据不同的教育分类标准所划分的不同类别的教育。考虑到军事学校和宗教学校的特殊性，军事学校的教育规定由中央军事委员会根据《教育法》原则规定，宗教学校的教育规定由国务院另行规定。

3. 我国教育的基本原则

教育的基本原则是发展我国教育事业所必须遵守的基本要求和准则。我国教育的基本原则是根据党和国家教育方针和教育的客观规律制定的。

根据《教育法》的规定，我国的教育原则可以概括为以下几个方面：对受教育者进行政治思想道德教育的原则、继承和吸收优秀传统文化成果的原则、教育公益性原则、教育与宗教相分离的原则、受教育机会平等原则、推广普通话原则、奖励突出贡献原则。

4. 教育管理体制

《教育法》在总则中，对我国教育管理体制作了法律规定。该法第十四条明确规定，我国教育事业由国务院和地方各级人民政府根据分级管理、分工负责的原则进行管理。这一规定，首要的意义在于明确了国务院和地方各级人民政府对教育工作具有义不容辞的法律责任。

《教育法》第十四条、第十五条、第十六条对我国现阶段教育工作的分级管理、分工负责体制作了具体划分：一是中等及中等以下教育在国务院领导下，由地方人民政府管理；二是高等教育由国务院和省、自治区、直辖市人民政府管理；三是全国教育工作由国务院教育行政部门主管，并对全国教育事业实行统筹规划和协调管理。

5. 教育的基本制度

《教育法》第二章对我国教育的基本制度作了明确规定。教育的基本制度具体概括为以下几方面，即学校教育制度、义务教育制度、职业教育制度和继续教育制度、国家教育考试制度、学业证书制度和学位制度、扫除文盲教育制度、教育督导和评估制度。

6. 学校及其他教育机构

学校及其他教育机构是指经国家主管机关批准设立或者依法登记注册设立的教育教学活动的社会组织。它包括学制系统内的以实施学历性教育为主的机构和实施非学历性教育的机构。《教育法》第二十六条至第三十二条对各类教育关系主体的构成条件、权利、义务作了明确规定，把教育关系主体的行为纳入了法治化、规范化的轨道。

7. 教育者和受教育者

《教育法》第三十三条至第四十五条对教师和其他教育工作者与受教育者的权利与义务作了规定，以便更好地维护教育者和受教育者的合法权益（关于幼儿与教师权利的具体法律保障可参见本书第二章与第三章），确保教育活动顺利展开。

8. 教育与社会

教育是一种社会现象，它牵动着社会的方方面面，要求全社会负起发展教育的责任。《教育法》第四十六条对创造良好的社会环境作了具体规定，这一规定充分表现了国家对青少年身心健康成长的重视与关怀。第四十八条、第五十一条对社会参与支持教育作了规定，一定程度上保证了社会参与学校教育的权利，并且规定了社会应承担的相关义务。

9. 教育投入与保障

国家为了保障教育事业的顺利发展，在教育投入与保障方面作了制度规划，如《教育法》第五十四条规定：国家建立以财政拨款为主、其他多种渠道筹措教育经费为辅的体制，逐步增加对教育的投入，保证国家举办的学校教育经费的稳定来源。同时也有政策倾斜保障，如第五十五条规定："国家财政性教育经费支出占国民生产总值的比例应当随着国民经济的发展和财政收入的增长逐步提高……全国各级财政支出总额中教育经费所占比例应当随着国民经济的发展逐步提高。"第五十六条规定："……各级人民政府教育财政拨款的增长应当高于财政经常性收入的增长，并使按在校学生人数平均的教育费用逐步增长，保证教师工资和学生人均公用经费逐步增长。"《教育法》更具体地指明了涉及社会服务、基本建设用地、图书资料、教学仪器、设备的进口、教育信息技术六项优先优惠的项目。

10. 法律责任

违反《教育法》的相关规定，需要承担的法律责任主要有三种：行政责任、刑事责任和民事责任。涉及行政责任的违法行为主要有：违反国家有关规定，不按照预算核拨教育经费的；违反国家财政制度、财务制度，挪用、克扣教育经费的；违反国家有关规定，向学校或者其他教育机构收取费用的；违反国家有关规定，举办学校或者其他教育机构的；违反国家有关规定招收学生的；在招收学生工作中滥用职权、玩忽职守、徇私舞弊的；学校及其他教育机构违反国家有关规定向受教育者收取费用的；在国家教育考试中作弊的；非法举办国家教育考试的。涉及刑事责任的违法行为主要有：违反国家财政制度、财务制度，挪用、克扣教育经费构成犯罪的；结伙斗殴、寻衅滋事，扰乱学校及其他教育机构教育教学秩序或者破坏校舍、场地及其他财产构成犯罪的；明知校舍或者教育教学设施有危险，而不采取措施，造成人员伤亡或者重大财产损失的；在招收学生工作中滥用职权、玩忽职守、徇私舞弊并构成犯罪的。涉及民事责任的违法行为主要有：侵占学校及其他教育机构的校舍、场地及其他财产的；违反《教育法》的规定，侵犯教师、受教育者、学校或者其他教育机构合法权益，造成损失、损害的。

二、《中华人民共和国义务教育法》解读

（一）《中华人民共和国义务教育法》概述

1. 颁布背景

随着改革开放的深入，新政策不断出台并推动了政治、经济、文化建设的发展，也使我国社会主义法治建设不断完善，教育法治建设也随之进入一个新的阶段。为了在我国实施义务教育，1984年国务院教育主管部门开始着手起草义务教育法。1986年，第六届全国人民代表大会第四次会议审议通过了《中华人民共和国义务教育法》。这是中华人民共和国成立以来颁布的第一部基础教育方面的法律，是促进和保障我国基础教育健康发展的基本法。它的颁布，意味着我国开始实施九年制义务教育，使我国普及义务教育事业开始走上法治轨道。

随着中国经济的不断发展，各地义务教育发展情况逐渐出现较大差距。为了贯彻以人为本理念，促进人的全面发展，将义务教育纳入素质教育的轨道上，《中华人民共和国义务教育法》进行了全面修订。2006年6月29日《中华人民共和国义务教育法》（以下简称《义务教育法》）由第十届全国人民代表大会常务委员会第二十二次会议修订通过，自2006年9月1日起施行。将原本只有十八条一千八百多字且不分章节的义务教育法，拓展为八章六十三条七千多字。本次修订不仅在内容上有很大扩充，而且把很多原来比较原则的规定进一步细化，使之更加具体，可操作性大大增强。2015年4月24日，第十二届全国人民代表大会常务委员会第十四次会议对其进行了第一次修正。2018年12月29日，根据第十三届全国人民代表大会常务委员会第七次会议《关于修改〈中华人民共和国产品质量法〉等五部法律的决定》进行了第二次修正。

2. 结构与意义

《义务教育法》共八章六十三条，包括总则、学生、学校、教师、教育教学、经费保障、法律责任、附则。《义务教育法》指明了义务教育均衡发展的根本方向，明确了义务教育承担实施素质教育的重大使命。

《义务教育法》是为了保障适龄儿童、少年接受义务教育的权利，保证义务教育的实施，提高全民族素质，根据《中华人民共和国宪法》和《中华人民共和国教育法》而制定的法律。《义务教育法》在修订时继续贯彻以人为本理念、促进人的全面发展的原则，更具有时代意义：一是有力推动素质教育的全面实施；二是大大强化义务教育的公共保障机制；三是有利于义务教育公平公正均衡地发展；四是为解决教育热点难点问题提供了明确依据等。

（二）主要内容

《义务教育法》的规定不仅在条款数量上大量增加，而且在具体内容上更凸显了义务教育的公益性、统一性与强制性原则；建立一系列促进义务教育均衡发展的制度与机制；确立了义务教育经费保障新机制；确立了国务院领导、省级人民政府统筹规划、以县为主的管理体制；突出强调了推进实施素质教育，提高义务教育的教育教学质量。

1. 立法宗旨

《义务教育法》总则第一条明确指出，为了保障适龄儿童、少年接受义务教育的权利，保证义务教育的实施，提高全民族素质，根据《中华人民共和国宪法》和《中华人民共和国教育法》制定了本法。该规定明确了义务教育领域各项主体的基本职责。

2. “素质教育”写入《义务教育法》

《义务教育法》修订时在总则第三条规定：“义务教育必须贯彻国家的教育方针，实施素质教育，提高教育质量，使适龄儿童、少年在品德、智力、体质等方面全面发展，为培养有理想、有道德、有文化、有纪律的社会主义建设者和接班人奠定基础。”《义务教育法》第三十四条、第三十五条、第三十七条对如何实施素质教育作了具体详细的规定。

3. 义务教育免费

《义务教育法》总则第二条对义务教育的免费政策作了具体阐释。规定如下：“国家实行九年义务教育制度。义务教育是国家统一实施的所有适龄儿童、少年必须接受的教育，是国家必须予以保障的公益性事业。实施义务教育，不收学费、杂费。国家建立义务教育经费保障机制，保证义务教育制度实施。”

4. 法律体现“以学生为本”

《义务教育法》的规定高度体现以学生为本，具体体现在校园安全问题方面的规定中，其中第十六条、第二十四条、第二十九条对学校、县级以上地方人民政府、教师的行为都作了规定，以保证学生身心健康与身体安全。

5. 教师的权利和待遇保障

保障农村教师的工资，是保障义务教育教师工资的重点和难点。第三十一条特别强调了要“完善农村教师工资经费保障制度”。第三十条、第三十一条、第四十二条对教师的职务制度、教师的工资标准作了明确规定。关于幼儿教师权利保障的具体内容参看本书第三章。

6. 义务教育要“均衡发展”

《义务教育法》对义务教育发展中出现的“择校热”在第二十二条、第五十三条、第五十七条作出了针对性的规定；在资源配置方面，第六条、第三十二条、第四十五条都作了相关规定；第四十三条就特殊学校的经费保障也作出了相应的规定。这些规定将更好地保障义务教育的公平公正。

7. 对法律责任的划定

《义务教育法》规定了学校和教师必须遵守《义务教育法》，违反义务教育法规定的，必须承担相应的法律责任，主要涉及行政责任和刑事责任。需承担行政责任的主要行为有：国务院有关部门和地方各级人民政府违反《义务教育法》第六章的规定，未履行对义务教育经费保障职责的；县级以上地方人民政府有未按照国家有关规定制定、调整学校的设置规划的，学校建设不符合国家规定的办学标准、选址要求和建设标准的，未定期对学校校舍安全进行检查，并及时维修、改造的，未依照《义务教育法》规定均衡安排义务教育经费的；县级以上人民政府或者其教育行政部门有将学校分为重点学校和非重点学校的，改变或者变相改变公办学校性质的；侵占、挪用义务教育经费的；向学校非法收取或者摊派费用的；学校违反国家规定收取费用的；学校以向学生推销或者变相推销商品、服务等方式谋取利益的；国家机关工作人员和教科书审查人员参与或者变相参与教科书编写的；学校拒绝接收具有接受普通教育能力的残疾适龄儿童、少年随班就读的；学校分设重点班和非重点班的；学校违反《义务教育法》规定开除学生的；学校选用未经审定的教科书的；胁迫或者诱骗应当接受义务教育的适龄儿童、少年失学、辍学的；非法招用应当接受义务教育的适龄儿童、少年的；出版未经依法审定的教科书的；等等。

三、《中华人民共和国未成年人保护法》(2020)解读

(一)《中华人民共和国未成年人保护法》(2020)概述

1. 颁布背景

1990年,我国政府签署了《儿童权利公约》,为履行缔约国保护儿童权利的义务。1991年9月4日,第七届全国人民代表大会常务委员会第二十一次会议通过了《中华人民共和国未成年人保护法》(后简称《未保法》)。针对未成年人保护不力等突出问题,2006年12月29日,第十届全国人民代表大会常务委员会第二十五次会议进行了第一次修订。根据2012年10月26日第十一届全国人民代表大会常务委员会第二十九次会议《关于修改〈中华人民共和国未成年人保护法〉的决定》,第一次修正《未保法》。近年来,未成年人保护工作面临的问题更加复杂化,比如监护人监护不力、校园欺凌与性侵事件频发、未成年人沉迷网络、对刑事案件中未成年被害人缺乏应有保护等。为着力解决这些问题,第十三届全国人民代表大会常务委员会第二十二次会议第二次修订并通过新修订的《未保法》。新法自2021年6月1日起施行。

2. 结构和意义

新《未保法》共九章一百三十二条。新《未保法》包含了总则、家庭保护、学校保护、社会保护、网络保护、政府保护、司法保护、法律责任和附则等九章。《未保法》的修订确立了习近平新时代中国特色社会主义思想为指导,深入贯彻习近平总书记关于未成年人保护的重要论述,以宪法为根据,坚持从国情实际出发,强化问题导向,着力完善相关制度,为更好保护未成年人健康成长提供坚强的法律保障。未成年人保护法确立的"最有利于未成年人原则"是《儿童权利公约》中"儿童最佳利益"的中国式表达,基本上实现了与《儿童权利公约》所确立的理念保持一致,推动了我国社会法立法理念前进一大步,将成为我国社会法领域立法的新里程碑。

(二)主要内容

1. 充实总则规定

未成年人保护法作为未成年人保护领域的综合性法律,对未成年人享有的权利、未成年人保护的基本原则和未成年人保护的责任主体等作出明确规定。

修订新增最有利于未成年人原则；强化了父母或者其他监护人的第一责任；确立国家亲权责任，明确在未成年人的监护人不能履行监护职责时，由国家承担监护职责；增设了发现未成年人权益受侵害后的强制报告制度。新法第一条规定："为了保护未成年人身心健康，保障未成年人合法权益，促进未成年人德智体美劳全面发展，培养有理想、有道德、有文化、有纪律的社会主义建设者和接班人，培养担当民族复兴大任的时代新人，根据宪法，制定本法。"这即是其立法宗旨。与2006年版相比，新法增加了"美劳"部分和"培养担当民族复兴大任的时代新人"等新表达。与2012年版相比，新法基本原则增加了三款，共六款，即第四条："保护未成年人，应当坚持最有利于未成年人的原则。处理涉及未成年人事项，应当符合下列要求：（一）给予未成年人特殊、优先保护；（二）尊重未成年人人格尊严；（三）保护未成年人隐私权和个人信息；（四）适应未成年人身心健康发展的规律和特点；（五）听取未成年人的意见；（六）保护与教育相结合。"新增原则中凸显了未成年人保护优先性，特别强调对未成年人隐私权的保护。新法立法理念对学前教育工作者的启示是其教育工作开展必须建立在尊重和保护学前儿童人格权、隐私权等权利基础之上。换句话说，尊重和保护学前儿童包括人格权、隐私权在内的所有权利是开展学前教育工作的前提和基础。

2. 加强家庭保护

父母或者其他监护人是保护未成年人的第一责任人，家庭是未成年人最先开始生活和学习的场所。修订细化了家庭监护职责，具体列举监护人应当做的行为、禁止性行为和抚养注意事项；突出家庭教育；增加监护人的报告义务；针对农村留守儿童等群体的监护缺失问题，完善了委托照护制度。

3. 完善学校保护

学校是未成年人成长过程中至关重要的场所。修订从教书育人和安全保障两个角度规定学校、幼儿园的保护义务。"教书育人"方面主要是完善了学校、幼儿园的教育、保育职责；"安全保障"方面主要规定了校园安全的保障机制以及突发事件的处置措施，增加了学生欺凌及校园性侵的防控与处置措施。

4. 充实社会保护

社会环境是未成年人成长的大背景大环境，影响着未成年人的健康成长。修订增加了城乡基层群众性自治组织的保护责任；拓展了未成年人的福利范围；提出了对净化社会环境的更高要求；强调了公共场所的安全保障义务；为避免未成年人遭受性侵害、虐待、暴力伤害等侵害，创设了密切接触未成年人行业的从业查询及禁止制度。

5. 新增网络保护

随着信息技术的快速发展，网络空间作为家庭、学校、社会等现实世界的延展，已经成为未成年人成长的新环境。修订适应客观形势的需要，增设“网络保护”专章，对网络保护的理念、网络环境管理、相关企业责任、网络信息管理、个人网络信息保护、网络沉迷防治等作出全面规范，力图实现对未成年人的线上线下全方位保护。

6. 强化政府保护

政府在未成年人保护工作中承担着主体责任。修订将现行未成年人保护法中的相关内容加以整合，增设“政府保护”专章，明确国务院和县级以上地方人民政府应当建立未成年人保护工作协调机制，细化政府及其有关部门的职责，并对国家监护制度作出详细规定。

7. 完善司法保护

未成年人司法保护主要涉及四个方面：一是司法活动中对未成年人保护的共性要求；二是特定类型民事案件中对未成年人的保护；三是刑事案件中对未成年被害人的保护；四是对违法犯罪未成年人的保护。修订细化了现行未成年人保护法司法保护专章和刑事诉讼法未成年人刑事案件诉讼程序专章的有关内容，进一步强调司法机关专门化问题，同时补充完善相关规定，以实现司法环节的未成年人保护全覆盖。主要包括：设立检察机关代为行使诉讼权利制度，细化规定中止和撤销监护人资格制度，规定刑事案件中对未成年被害人的保护措施等。

四、《中华人民共和国民办教育促进法》解读

（一）《中华人民共和国民办教育促进法》概述

1.《中华人民共和国民办教育促进法》修订的背景

改革开放以来，特别是2002年《中华人民共和国民办教育促进法》（以下简称《民办教育促进法》）颁布以来，我国民办教育快速发展，已经成为社会主义教育事业的重要组成部分。民办教育的发展，有效增加了教育服务供给，不断满足了

人民群众多样化的教育需求，培养了大批合格人才，对创新教育体制机制、推动教育现代化、促进经济社会发展有着积极贡献。2010年，中共中央、国务院颁布实施《国家中长期教育改革和发展规划纲要（2010—2020年）》，对民办教育改革发展提出新要求，明确了积极探索非营利性和营利性民办学校分类管理的新任务。为了落实教育规划纲要要求，从法律层面破解民办教育发展面临的法人属性、产权归属、扶持政策、平等地位等方面的突出矛盾和关键问题，进一步鼓励社会力量兴办教育，促进民办教育健康发展，2012年教育部启动了《民办教育促进法》的修改工作，广泛征求各方面意见，为本次修正作出基础性准备。本次修正是贯彻落实中央教育改革战略部署的重要举措，对于全面促进教育事业发展、深化教育领域综合改革，构建公办民办教育共同发展的办学格局，加快推进教育现代化，满足人民群众日益增长的多样化教育需求和经济社会发展需要，具有重要而深远的意义。

2016年11月7日，第十二届全国人民代表大会常务委员会第二十四次会议对其进行了第二次修正。2018年12月29日，第十三届全国人民代表大会常务委员会第七次会议通过《全国人民代表大会常务委员会关于修改〈中华人民共和国劳动法〉等七部法律的决定》，对《民办教育促进法》作出修改：（1）将第二十六条第二款中的“经政府批准的职业技能鉴定机构”修改为“经备案的职业技能鉴定机构”；（2）将第六十四条中的“工商行政管理”修改为“市场监督管理”。

2.《中华人民共和国民办教育促进法》对幼儿教育发展的意义

《民办教育促进法》与学前教育事业关系紧密，就民办教育这一领域来说，民办学前教育是其中重要的一环。在《民办教育促进法》颁布之时，全国各类民办学校（教育机构）共6.13万所，其中，民办幼儿园4.84万所，民办幼儿园成了民办学校的主体。就学前教育这一领域来说，民办幼儿园也成了幼儿教育事业的一个重要组成部分。因此，广大学前教育工作者都应该深入地了解和掌握《民办教育促进法》的内涵，以更好地发展学前教育事业。

（二）《中华人民共和国民办教育促进法》对幼儿教育的法律保障

1. 民办幼儿园的设立

（1）举办者的资格，《民办教育促进法》第十条规定：“举办民办学校的社会组织，应当具有法人资格。举办民办学校的个人，应当具有政治权利和完全民事行为能力。民办学校应当具备法人条件。”根据《民办教育促进法》适用的范围，只有企业法人、事业单位法人和社会团体法人可以设立民办学校。

(2)审批机关,《民办教育促进法》第十二条中规定,举办实施学历教育、学前教育、自学考试助学及其他文化教育的民办学校,由县级以上人民政府教育行政部门按照国家规定的权限审批。

(3)设立可以分为筹设和正式设立两个阶段。

2. 民办幼儿园的组织机构

目前,民办学前教育机构的内部管理体制主要有以下几种类型:(1)校董事会领导下的园长负责制;(2)主办单位指导下的园长负责制;(3)园长负责制;(4)园长主持下的校务委员会制;(5)教育集团统筹下的园长负责制;(6)教职工代表大会基础上的园长负责制;(7)党委(总支部或支部)领导下的园长负责制。

3. 民办幼儿园及其师生的法律地位

(1)法律地位:《民办教育促进法》第五条规定民办学校与公办学校具有同等的法律地位,国家保障民办学校的办学自主权。这具体表现在:第一,民办幼儿园与公办幼儿园享有同等的权利;第二,民办幼儿园履行和公办幼儿园同等的法律义务;第三,民办幼儿园基本享受和公办幼儿园同等的税收优惠政策。

(2)办学自主权:根据《中华人民共和国民办教育促进法实施条例》第二十九条和第三十一条规定民办学校享有教育教学活动自主权和自主招生权。

(3)民办幼儿园的义务:根据《中华人民共和国民办教育促进法实施条例》第三十条、第三十三条、第三十四条、第三十五条和第三十八条规定,开展教育教学活动、保证教育教学质量、民办学前教育机构自主聘任教师和职员、建立教师培训制度、提供思想政治培训及业务培训、建立学籍和教学管理制度等。

(4)民办幼儿园教师和受教育者的地位及权利:《民办教育促进法》第二十八条规定民办学校的教师、受教育者与公办学校的教师、受教育者具有同等的法律地位。

4. 民办幼儿园收费标准的制定

《民办教育促进法》第三十八条明确规定:“民办学校收取费用的项目和标准根据办学成本、市场需求等因素确定,向社会公示,并接受有关主管部门的监督。”

5. 政府主管部门对民办幼儿园的监管

《民办教育促进法》第六章规定了民办教育的管理与监督问题,目的是建立一种对民办学校的外部约束机制。本章共计五条,其中四条规定了政府主管部门对民办学校的管理与监督,一条规定了国家支持和鼓励社会中介组织为民办学校提供服务。

6. 国家对民办幼儿园的扶持与奖励

根据《民办教育促进法》第七章的规定,国家给予民办学校以下优惠和奖励政策:设立政府专项资金、国家的经济资助、税收优惠、信贷支持、用地优惠、可以设立办学基金等。

7. 民办幼儿园的变更和终止

(1)民办幼儿园的变更。

民办幼儿园分立或合并后,新的民办幼儿园要承担原民办幼儿园应当承担的义务和责任。为了保障民办教育机构在分立或合并中财产的完整交接和办学责任的顺利延续,法律明确规定民办学校的分立、合并应进行财务清算。其次还要妥善安置原在园幼儿,不能因幼儿园的变更而使幼儿利益受损。原则上,应保证原在园幼儿按原课程设置和教学进度继续接受教育。

(2)民办幼儿园举办者的变更。

举办者的变更就是在办学过程中,出资人收回出资,不再做举办者。《民办教育促进法》第五十四条的规定为民办幼儿园举办者设计了一个退出机制。只要理事会或者董事会的决定不对社会公共利益和学生权益造成损害,并能保证幼儿园正常的保育教育秩序,审批机关一般不应该限制。

(3)民办幼儿园名称、层次、类别的变更。

《民办教育促进法》第五十五条规定:“民办学校名称、层次、类别的变更,由学校理事会或者董事会报审批机关批准。申请变更为其他民办学校,审批机关应当自受理之日起三个月内以书面形式答复;其中申请变更为民办高等学校的,审批机关也可以自受理之日起六个月内以书面形式答复。”

(4)民办幼儿园的废止。

《民办教育促进法》第五十六条规定:“民办学校有下列情形之一的,应当终止:(一)根据学校章程规定要求终止,并经审批机关批准的;(二)被吊销办学许可证的;(三)因资不抵债无法继续办学的。”其中,第一种属于自行终止,后两种属于强制终止。

8. 民办幼儿园的法律责任

(1)民办学校的法律责任。

根据《民办教育促进法》第六十二条的规定,民办学校在办学中可能出现的违法行为有:擅自分立、合并民办学校;擅自改变民办学校名称、层次、类别和举办者;发布虚假招生简章或者广告,骗取钱财;非法颁发或者伪造学历证书、结业证书、培训证书、职业资格证书;管理混乱严重影响教育教学,产生恶劣社会影响;提交虚假证明文件或者采取其他欺诈手段隐瞒重要事实骗取办学许可证;伪造、变造、买卖、出租和出借办学许可证;恶意终止办学、抽逃资金或者挪用办学经费。对于上述违法行为,民办学校应承担以下法律责任:由县级以上人民政府教育行政部门、人力资源社会保障行政部门或者其他有关部门责令限期改正,并予以警告;民办学校在办学活动中有违法所得的,在退还所收费用后没收违法所得;违法情节严重的,责令停止招生、吊销办学许可证;构成犯罪的,依法追究刑事责任。

(2)擅自举办民办学校的法律责任。

《民办教育促进法》第六十四条规定:"违反国家有关规定擅自举办民办学校的,由所在地县级以上地方人民政府教育行政部门或者人力资源社会保障行政部门会同同级公安、民政或者市场监督管理等有关部门责令停止办学、退还所收费用,并对举办者处违法所得一倍以上五倍以下罚款;构成违反治安管理行为的,由公安机关依法给予治安管理处罚;构成犯罪的,依法追究刑事责任。"

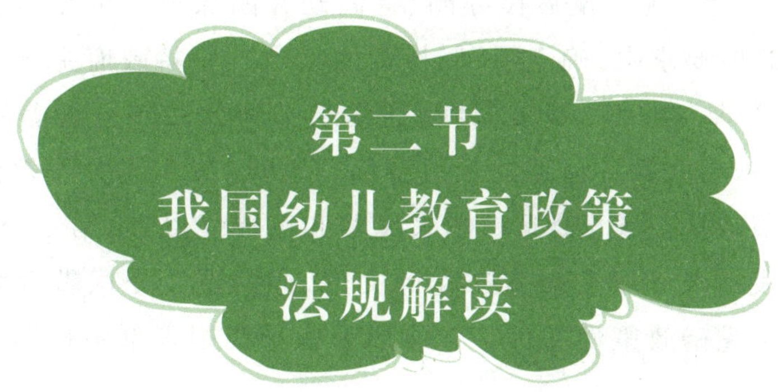

第二节 我国幼儿教育政策法规解读

一、《中共中央 国务院关于学前教育深化改革规范发展的若干意见》解读

（一）《中共中央 国务院关于学前教育深化改革规范发展的若干意见》概述

1. 颁布背景

2010年11月21日，国务院印发《关于当前发展学前教育的若干意见》(以下简称“国十条”)。“国十条”的出台实施体现了新时期新阶段党和国家对推动学前教育改革和发展的高度重视。“国十条”推出的多项举措实现了学前教育事业大发展。学前教育的资源迅速扩大，普及水平大幅提升，到2017年全国幼儿园共有25.5万所，在园幼儿4600万人，学前三年毛入学率达到79.6%，比2012年提高了15.1个百分点。“入园难”的问题得到了有效的缓解。但是从总体上看，学前教育仍然是我们整个教育体系的短板，发展不平衡不充分的问题十分突出，学前教育还存在普惠性资源不足，政策保障体系不完善，教师队伍建设滞后，监管体系机制不健全，保教质量有待提高，部分民办园过度逐利等突出问题，“入园难”“入园贵”仍然是困扰老百姓的烦心事之一。所以学前教育迫切需要深化改革、规范发展。“国十条”的使命基本完成，新时期学前教育事业发展需要新的顶层设计。

2. 结构与意义

《中共中央 国务院关于学前教育深化改革规范发展的若干意见》(后简称《意见》)分为九个部分三十五条重大政策举措，即总体要求、优化布局与办园结构、拓宽途径扩大资源供给、健全经费投入长效机制、大力加强幼儿园教师队伍建设、完善监管体系、规范发展民办园、提高幼儿园保教质量和加强组织领导这九个部分。在总体要求中，确立了“坚持党的领导”“坚持政府主导”“坚持改革创新”“坚持规范管理”的四项基本原则，还描绘了到2035年全面普及学前三年教育，建成学前教育公共服务体系的长远目标。《意见》突出了关注教育公平和提高保教质量的价值取向。《意见》是中华人民共和国成立以来，第一个以中共中央、国务院名义印发的关于学前教育工作的文件，同时也是全国教育大会召开之后教育工作的一个重磅政策性文件。它将成为指导我国未来中长期学前教育事业发展的纲领性文件。

（二）主要内容

1. 总体要求

明确了学前教育的指导思想、基本原则、主要目标，强调办好新时代学前教育，必须坚持以习近平新时代中国特色社会主义思想为指导，认真落实立德树人根本任务，牢牢把握公益普惠的基本方向，切实落实各级政府的重要责任，坚持公办民办并举，着力扩大普惠性学前教育资源供给，完善学前教育的体制机制和政策保障体系，推动学前教育普及普惠安全优质发展。

2. 优化布局结构

强调构建以普惠性资源为主体的办园体系，大力发展公办园，逐步提高公办园在园幼儿占比，到2020年全国原则上达到50%，同时积极扶持民办园提供普惠性的服务，规范营利性民办园的发展，使办园结构和资源供给既要充分满足人民群众对普惠性学前教育的强烈愿望，又要满足一些家长多样化的选择性需求。

3. 扩大学前教育资源

一是国家继续实施学前教育行动计划，重点支持农村地区、脱贫攻坚地区、新增人口集中地区新建改扩建一批普惠性的幼儿园。二是积极挖潜扩大增量。充分利用乡村公共服务设施、农村中小学闲置校舍等资源举办公办园，鼓励支持街道、村集体和有实力的国有企事业单位举办公办园。三是规范小区配套园建设使用，将小区配套园建成公办园或者委托办成普惠性的民办园。四是鼓励社会力量办园，加大力度积极扶持民办园提供普惠性服务，要求各省（自治区、直辖市）进一步完善普惠性民办园认定标准、补助标准及扶持政策。

4. 健全经费投入长效机制

一是优化财政投入结构，逐步提高学前教育财政投入和支出水平。二是完善成本分担机制。三是完善学前教育资助政策。

5. 加强教师队伍建设

一是要严格地依照标准来配备教职工。二是要健全待遇保障机制。三是要统筹经费渠道。

6. 强化监管

一是完善教育部门主管、各有关部门分工负责的监管机制。二是要加强源头监管，严格落实幼儿园的准入管理，严格执行“先证后照”制度。三是完善过程监管。四是强化安全监管，健全幼儿园安全防护体系，提升人防、物防、技防的能力。五是严格依法监管。实行幼儿园责任督学挂牌督导制度。

7. 规范发展民办园

一是要稳妥实施分类管理。二是针对部分民办园过度逐利行为要进行坚决遏制。规定“民办园一律不准单独或者作为一部分资产打包上市，上市公司不得通过股票市场融资投资营利性幼儿园，不得通过发行股份或者支付现金等方式购买营利性幼儿园资产”。三是将无证园要全部纳入监管范围，稳妥做好排查、分类、扶持和治理工作。

8. 提升保教质量

一是要全面改善办园条件，引导幼儿园为幼儿提供有利于激发学习探索、安全、丰富、适宜的玩教具和图书，改善幼儿园的保教环境和条件。二是坚持保教结合，寓教于乐，要遵循幼儿的身心特点，要坚持以游戏为基本活动，要坚决防止和纠正幼儿园“小学化”的倾向。三是完善学前教育的教研体系，加强园本教研、区域教研。四是健全质量评估监测体系，将各类幼儿园全部纳入质量评估的范畴，定期向社会公布质量评估的结果，接受社会的监督。

9. 强化组织领导

重点强调要加强党对学前教育事业的领导、落实学前教育的管理体制、完善部门协调的工作机制，还提出要制定学前教育法。

二、《幼儿园工作规程》解读

（一）《幼儿园工作规程》概述

1.《幼儿园工作规程》的由来及修订的背景与原则

20世纪90年代以来，我国学前教育事业不断发展，特别是社会力量办学增长显著，城乡幼儿教育事业发展较快，特别是民办幼儿园快速发展，目前已占全国幼儿园总数的60%以上，在园幼儿也已占到全国总数的50%以上，民办幼儿园已经成为我国发展学前教育事业的重要力量。蓬勃发展的幼教事业迫切地需要具有权威性的国家法规、规章以规范自身的管理。同时，在社会主义市场经济体制建立过程中，幼儿园的教育也面临着许多新的问题，需要重新去认识和解决。为此，从法制上确认《幼儿园工作规程》（以下简称《规程》），使它具有权威性、可行性，具有划时代的历史意义。

《规程》是我国第一部规范幼儿园内部管理的规章，也是基础教育领域比较早的一部管理规章，自1996年正式颁布20多年来对加强各级各类幼儿园的规范管理发挥了重要作用。随着社会经济的发展，学前教育改革发展的大环境发生了巨大变化，特别是《国家中长期教育改革和发展规划纲要（2010—2020年）》颁布后，学前教育事业规模不断扩大，普及程度大幅提高，全国幼儿园数量已从2009年的13.8万所，增加到2015年的21万所，全国学前三年毛入园率达到了70.5%。在推进学前教育基本普及的新形势下，2016年修订《规程》具有重要的现实意义：第一，修订《规程》是新形势下加强学前教育规范管理的需要；第二，修订《规程》是推进幼儿园管理规范化和科学化的需要；第三，修订《规程》是落实依法治教的需要。

《规程》的修订突出体现了学前教育政策法规的与时俱进。一是坚持立德树人。进一步强调幼儿园要坚持国家的教育方针，遵循幼儿身心发展特点和规律，实施德、智、体、美诸方面全面发展的教育，促进幼儿身心和谐发展。二是强化安全管理。专设“幼儿园的安全”一章，明确要求幼儿园要建立健全设备设施、食品药品以及与幼儿活动相关的各项安全防护和检查制度，建立安全责任制和应急预案。在“幼儿园的卫生保健”一章中，对建立与幼儿身心健康相关的一系列卫生保健制度作了明确规定。三是规范办园行为。新修订的《规程》对幼儿园的学制、办园规模、经费、资产、信息等方面的管理提出了明确要求。四是注重与法律法规和有关政策的衔接。一方面是做好与现行法律政策规定的衔接，如《幼儿园教育指导纲要(试行)》《3—6岁儿童学习与发展指南》对幼儿园的教育目标、内容、教育活动组织等提出了清晰而具体的要求,《规程》修订时将这些方面的要求吸收为一些原则性规定;《托儿所幼儿园卫生保健管理办法》对幼儿园卫生保健工作提出了很多新要求,《规程》与之作了相应衔接;根据《中华人民共和国反家庭暴力法》,增加了幼儿园应当进行反家庭暴力教育和发现家暴情况及时报案的规定。另一方面,《中华人民共和国教育法》《中华人民共和国民办教育促进法》《中华人民共和国国家通用语言文字法》等法律对学校一些具体办学行为作了明确规定的,《规程》不再重复提出要求。五是完善幼儿园内部管理机制。要求幼儿园进一步加强科学民主管理,强化家长委员会的职能作用,家长委员会应参与幼儿园重要决策和事关幼儿切身利益事项的管理。强调幼儿园应当建立教研制度,加强教育教学研究,探讨解决教师在保教工作中遇到的实际问题。

2. 结构和意义

《规程》修订后共分为十一部分,分别是:总则,幼儿入园和编班,幼儿园的安全,幼儿园的卫生保健,幼儿园的教育,幼儿园的园舍、设备,幼儿园的教职工,幼儿园的经费,幼儿园、家庭和社区,幼儿园的管理,附则。

从《规程》中我们可以看出,其在幼儿安全、入园对象、教师资格等方面提出了新要求,特别强调禁止虐待、体罚幼儿,在紧急情况下优先保护幼儿的人身安全等,将安全问题放在首位。

《规程》根据我国社会主义现代化建设对人才素质的要求和国家的教育方针、政策,总结、继承了我国几十年来,特别是改革开放以来,幼儿教育工作的成功经验,并充分考虑了我国社会、经济以及幼儿教育事业的现状和发展前景;同时借鉴国外法治建设的有益经验,较全面、科学地规范了幼儿园的管理,可行性、操作性较强,是举办、管理和评估幼儿园的依据。《规程》的实施加强了对各类幼儿园的宏观管理,推动了幼儿园的全面改革,提高了幼儿园的管理水平和保教质量。

《规程》是一部专门评价幼儿园教育工作的相关理念、细则和标准的教育规章。当前幼儿保育、教育和管理工作普遍存在忽视幼儿身心发展特点和教育规律的现象,因此,我们必须从端正教育思想入手,使广大幼教工作者、幼儿家长以及社会人士明确幼儿园保育和教育的指导思想、培养目标和应该遵循的基本原则,建立正确的儿童观和教育观;了解幼儿园的任务,保育、教育的工作目标,有关的规章制度等,树立依法治教、依法办事的观念,使我国幼儿教育逐步走上法治的轨道,推动幼教事业的健康发展和管理工作的科学化。

（二）《幼儿园工作规程》的主要内容

1. 总则

在《规程》总则部分主要就其制定的宗旨和依据、幼儿园教育的性质和任务、幼儿园保育和教育的目标、幼儿园的设置形式进行了详细介绍。总则中第一条就规定了其宗旨和依据："为了加强幼儿园的科学管理，规范办园行为，提高保育和教育质量，促进幼儿身心健康，依据《中华人民共和国教育法》等法律法规，制定本规程。"第二条、第三条规定了幼儿园教育的性质和任务。幼儿园的性质即"幼儿园是对3周岁以上学龄前幼儿实施保育和教育的机构。幼儿园教育是基础教育的重要组成部分，是学校教育制度的基础阶段。"幼儿园的任务是："贯彻国家的教育方针，按照保育与教育相结合的原则，遵循幼儿身心发展特点和规律，实施德、智、体、美等方面全面发展的教育，促进幼儿身心和谐发展。幼儿园同时面向幼儿家长提供科学育儿指导。"幼儿园的保育和教育目标详见《规程》第五条：促进幼儿身体正常发育和机能的协调发展，增强体质，促进心理健康，培养良好的生活习惯、卫生习惯和参加体育活动的兴趣；发展幼儿智力，培养正确运用感官和运用语言交往的基本能力，增进对环境的认识，培养有益的兴趣和求知欲望，培养初步的动手探究能力；萌发幼儿爱祖国、爱家乡、爱集体、爱劳动、爱科学的情感，培养诚实、自信、友爱、勇敢、勤学、好问、爱护公物、克服困难、讲礼貌、守纪律等良好的品德行为和习惯，以及活泼开朗的性格；培养幼儿初步感受美和表现美的情趣和能力。

2. 幼儿园入园和编班

《规程》第八条、第十条、第十一条就幼儿入园、幼儿园的编班进行了说明。其中对特殊幼儿的照顾也进行了具体的说明，即"幼儿园对烈士子女、家中无人照顾的残疾人子女、孤儿、家庭经济困难幼儿、具有接受普通教育能力的残疾儿童等入园，按照国家和地方的相关规定予以照顾。"

3. 幼儿园的安全

幼儿园的安全问题是重大问题，关系到幼儿能否健康成长，能否愉快成长。《规程》第十二条明确规定："幼儿园应当严格执行国家和地方幼儿园安全管理的相关规定，建立健全门卫、房屋、设备、消防、交通、食品、药物、幼儿接送交接、活动组织和幼儿就寝值守等安全防护和检查制度，建立安全责任制和应急预案。"值得注意的是第十六条规定，幼儿园应当投保校方责任险。

4. 幼儿园的卫生保健

在《规程》第十七条至第二十四条就幼儿的生活作息、健康体检、免疫防病、安全教育、饮食供给、体育活动、防寒保暖都进行了具体的说明。从新增条款内容中可以看出《规程》更加关注幼儿的身心健康。如第十九条增加"幼儿园应当关注幼儿心理健康，注重满足幼儿的发展需要，保持幼儿积极的情绪状态，让幼儿感受到尊重和接纳。"第二十条增加："幼儿园应当建立患病幼儿用药的委托交接制度，未经监护人委托或者同意，幼儿园不得给幼儿用药。幼儿园应当妥善管理药品，保证幼儿用药安全。幼儿园内禁止吸烟、饮酒。"第二十一条增加："幼儿园应当每周向家长公示幼儿食谱，并按照相关规定进行食品留样。"

5. 幼儿园的教育

《规程》对幼儿园的介绍具体从三个方面来阐述，即幼儿教育工作的原则、幼儿教育活动的组织形式、幼儿的品德教育。其中幼儿教育工作的原则，《规程》第二十五条规定："（一）德、智、体、美等方面的教育应当互相渗透，有机结合。（二）遵循幼儿身心发展规律，符合幼儿年龄特点，注重个体差异，因人施教，引导幼儿个性健康发展。（三）面向全体幼儿，热爱幼儿，坚持积极鼓励、启发引导的正面教育。（四）综合组织健康、语言、社会、科学、艺术各领域的教育内容，渗透于幼儿一日生活的各项活动中，充分发挥各种教育手段的交互作用。（五）以游戏为基本活动，寓教育于各项活动中。（六）创设与教育相适应的良好环境，为幼儿提供活动和表现能力的机会与条件。"尤其要引起我们注意的是，第三十三条增加了"幼儿园不得提前教授小学教育内容，不得开展任何违背幼儿身心发展规律的活动。"

6. 幼儿园的园舍、设备

《规程》第三十四条、第三十五条、第三十六条就幼儿园的园舍、设备从园舍功能划分、室内设施设备、室外设施设备三个方面进行了详细说明，如第三十四条中增加了"有条件的幼儿园应当优先扩大幼儿游戏和活动空间"和第三十七条中增加了"设施设备、玩教具配备"，要求从幼儿园的物质匹配上不断提高幼儿园的教育质量。

7. 幼儿园的教职工

《规程》第三十九条规定："幼儿园教职工应当贯彻国家教育方针，具有良好品德，热爱教育事业，尊重和爱护幼儿，具有专业知识和技能以及相应的文化和专业素养，为人师表，忠于职责，身心健康。幼儿园教职工患传染病期间暂停在幼儿园的工作。有犯罪、吸毒记录和精神病史者不得在幼儿园工作。”对幼儿园工作人员的相关规定,《规程》从六个方面给出了具体阐述:人员编制、幼儿园园长的资格和职责、幼儿园教师的资格和职责、幼儿园保育员的资格和职责、幼儿园卫生保健人员的资格和职责,以及对不履行职责的工作人员的处罚办法。需要注意的是《规程》修订中明确了幼儿园教职工的任职资格,如第四十条第一款、第二款规定:“幼儿园园长应当符合本规程第三十九条规定,并应当具有《教师资格条例》规定的教师资格、具备大专以上学历、有三年以上幼儿园工作经历和一定的组织管理能力,并取得幼儿园园长岗位培训合格证书。幼儿园园长由举办者任命或者聘任,并报当地主管的教育行政部门备案。”第四十一条第一款规定:“幼儿园教师必须具有《教师资格条例》规定的幼儿园教师资格,并符合本规程第三十九条规定。”第四十二条第一款规定:“幼儿园保育员应当符合本规程第三十九条规定,并应当具备高中毕业以上学历,受过幼儿保育职业培训。”

8. 幼儿园的经费

《规程》第八章明确规定了幼儿园的经费来源及去向监督,即“幼儿园的经费由举办者依法筹措,保障有必备的办园资金和稳定的经费来源。按照国家和地方相关规定接受财政扶持的提供普惠性服务的国有企事业单位办园、集体办园和民办园等幼儿园,应当接受财务、审计等有关部门的监督检查。”《规程》修订中对幼儿园的收费及经费使用有了更为清晰的规定,如第四十七条第二款规定:“幼儿园实行收费公示制度,收费项目和标准向家长公示,接受社会监督,不得以任何名义收取与新生入园相挂钩的赞助费。”第四十九条规定:“幼儿园举办者筹措的经费,应当保证保育和教育的需要,有一定比例用于改善办园条件和开展教职工培训。”

9. 幼儿园、家庭与社区

关于幼儿园、家庭、社区的关系,《规程》主要从两方面要求:幼儿园应主动和幼儿家庭配合,应建立幼儿园与家长联系制度;幼儿园应加强同社区的联系与合作。《规程》修订中更加强调幼儿园与家长和社区的互动,完善幼儿教育的多元责任机制。如第五十二条规定:“幼儿园应当主动与幼儿家庭沟通合作,为家长提供科学育儿宣传指导,帮助家长创设良好的家庭教育环境,共同担负教育幼儿的任务。”第五十三条规定:“幼儿园应当建立幼儿园与家长联系的制度。幼儿园可采取多种形式,指导家长正确了解幼儿园保育和教育的内容、方法,定期召开家长会议,并接待家长的来访和咨询。幼儿园应当认真分析、吸收家长对幼儿园教育与管理工作的意见与建议。幼儿园应当建立家长开放日制度。”第五十五条规定："幼儿园应当加强与社区的联系与合作，面向社区宣传科学育儿知识，开展灵活多样的公益性早期教育服务，争取社区对幼儿园的多方面支持。"

10. 幼儿园的管理

《规程》第五十六条明确了幼儿园的管理，即"幼儿园实行园长负责制。幼儿园应当建立园务委员会。园务委员会由园长、副园长、党组织负责人和保教、卫生保健、财会等方面工作人员的代表以及幼儿家长代表组成。园长任园务委员会主任。园长定期召开园务委员会会议，遇重大问题可临时召集，对规章制度的建立、修改、废除，全园工作计划，工作总结，人员奖惩，财务预算和决算方案，以及其他涉及全园工作的重要问题进行审议。"本章对幼儿园园内管理工作进行了详细的规定，涉及加强党组织建设，建立教职工大会制度或者教职工代表大会制度，建立教研制度，制订年度工作计划，向教育等行政主管部门报告工作，接受上级教育、卫生、公安、消防等部门的检查、监督和指导，建立业务档案、财务管理、园务会议、人员奖惩、安全管理以及与家庭、小学联系等制度，建立信息管理制度，幼儿园教师依法享受寒暑假期的带薪休假等。

本章小结

本章主要围绕涉及幼儿教育的法律法规展开。首先，介绍了与幼儿教育相关的法律，分别从颁布背景、结构和意义及主要内容三个方面对四部法律《中华人民共和国教育法》《中华人民共和国义务教育法》《中华人民共和国未成年人保护法》《中华人民共和国民办教育促进法》进行了阐述。其次，详细解读了《中共中央 国务院关于学前教育深化改革规范发展的若干意见》。最后，从时代背景、修订原则与亮点及其主要内容两个方面对幼儿教育领域的专门法规《幼儿园工作规程》进行了详细解读。

思考与练习

1. 按照《中华人民共和国教育法》的规定，对在校园内结伙斗殴，寻衅滋事，扰乱学校及其他教育机构教育教学秩序或者破坏校舍、场地及其他财产的，由(　　)来处罚。

A. 学校　　B. 教育主管部门　　C. 家长　　D. 公安机关

2. 小学生李某多次违反学校管理制度，对于李某，学校可以采取的管教方式是(　　)。

A. 强制劝退　　B. 批评教育　　C. 开除学籍　　D. 收容教养

思考与练习

3.10岁的小宏轻度听力损失，他的父母曾多次送他到镇里的多所小学就读，但校方总是以各种理由拒绝接受。于是，小宏就一直留在家中，迟迟未去上学。根据《中华人民共和国义务教育法》的规定，小宏应该（　　）。

A.在特殊学校（如聋校）就读　B.应该留在家里不去上学

C.在镇里的小学随班就读　D.在小学开设的特殊班级就读

4.《中华人民共和国未成年人保护法》规定，学校、幼儿园的教职员工对未成年人实施体罚、变相体罚或者其他侮辱人格尊严行为的，负责责令改正的部门是（　　）。

A.教育行政部门　B.所在单位或者上级机关

C.当地人民政府　D.国务院

5.我国未成年人保护工作应当遵循的原则不包括（　　）。

A.尊重未成年人的人格尊严　B.适应未成年人的身心发展规律

C.教育与保护相结合　D.儿童权利优先

6.下列选项中，属于《国家中长期教育改革和发展规划纲要（2010—2020年）》提出的战略主题的是（　　）。

A.全面普及学前教育　B.基本实现区域之间的教育公平

C.全面实施素质教育　D.优质教育资源总量不断扩大

7.某幼儿园为实现管理工作的规范化，要求保育员采取措施来控制幼儿的便溺时间和次数。该幼儿园的做法（　　）。

A.正确，有利于培养幼儿良好的生活习惯

B.正确，体现了保育员管理幼儿生活的权利

C.错误，违反了《幼儿园工作规程》的规定

D.错误，违反了联合国《儿童权利公约》的规定

8.国有企业员工李某经常在家酗酒后打骂孩子。对于李某的行为，下列表述中正确的是（　　）。

A.可由李某所在单位给予劝诫

B.可由李某所在单位给予处分

C.可由当地人民政府给予行政处罚

D.可由当地人民政府进行行政调解

真题解析

1. 教育行政部门取缔了一批违反国家规定私自招收未成年学生的私立学校。教育行政部门这一行政行为的法律依据是(　　)。

A.《中华人民共和国教育法》　　B.《中华人民共和国教师法》

C.《中华人民共和国未成年人保护法》　　D.《中华人民共和国预防未成年人犯罪法》

【答案】A。《中华人民共和国教育法》第七十五条规定:“违反国家有关规定,举办学校或者其他教育机构的,由教育行政部门或者其他有关行政部门予以撤销;有违法所得的,没收违法所得;对直接负责的主管人员和其他直接责任人员,依法给予行政处分。”

2.《国家中长期教育改革和发展规划纲要(2010—2020年)》提出,要将减轻中小学生课业负担作为教育工作的重要任务。为切实减轻学生课业负担,各级政府可以采取的措施有(　　)。

A. 减少学生课外及校外活动　　B. 加强教辅市场管理,取缔补习机构

C. 调整教材内容,科学设计课程难度　　D. 依据升学率对地区和学校进行排名

【答案】C。《国家中长期教育改革和发展规划纲要(2010—2020年)》第十条规定:“各级政府要把减负作为教育工作的重要任务,统筹规划,整体推进。调整教材内容,科学设计课程难度。改革考试评价制度和学校考核办法。规范办学行为,建立学生课业负担监测和公告制度。不得以升学率对地区和学校进行排名,不得下达升学指标。规范各种社会补习机构和教辅市场。”

3. 某县教育局局长马某挪用教育经费,建造教育局办公大楼,对于马某,应当依法(　　)。

A. 给予行政处分　　B. 给予行政拘留

C. 责令其限期悔过　　D. 责令其赔礼道歉

【答案】A。《中华人民共和国教育法》第七十一条第二款规定:“违反国家财政制度、财务制度,挪用、克扣教育经费的,由上级机关责令限期归还被挪用、克扣的经费,并对直接负责的主管人员和其他直接责任人员,依法给予处分;构成犯罪的,依法追究刑事责任。”

4. 某幼儿园为增强家园协作决定设立家长委员会协助开展工作。根据《幼儿园工作规程》的规定,家长委员会的主要任务是(　　)。

A. 负责与社区的联系和合作　　B. 组织交流家庭教育经验

C. 管理园舍、设备和经费　　D. 监督指导幼儿园管理工作

【答案】B。《幼儿园工作规程》第五十四条第一款、第二款规定:“幼儿园应当成立家长委员会。家长委员会的主要任务是:对幼儿园重要决策和事关幼儿切身利益的事项提出意见和建议;发挥家长的专业和资源优势,支持幼儿园保育教育工作;帮助家长了解幼儿园工作计划和要求,协助幼儿园开展家庭教育指导和交流。”

5. 赵某在幼儿园活动室抽烟,赵某的做法(　　)。

A. 不正确,教师不能在幼儿园抽烟　B. 不正确,教师只能在休息时抽烟

C. 正确,教师有抽烟的权力　D. 正确,教师在休息时可以抽烟

【答案】A。《幼儿园工作规程》规定,幼儿园内禁止吸烟。同时教育部明确规定凡进入中小学幼儿园,任何人、任何地点、任何时间一律不准吸烟。

6.《国家中长期教育改革和发展规划纲要(2010—2020年)》要求,学前教育发展的一大任务是重点发展(　　)。

A. 西部地区学前教育　B. 边远地区学前教育

C. 城镇学前教育　D. 农村学前教育

【答案】D。《国家中长期教育改革和发展规划纲要(2010—2020年)》中明确提出要重点发展农村学前教育,努力提高农村学前教育普及程度。

7. 孙某和张某共同举办了一家具有法人资格的幼儿园,由张某担任园长,该幼儿园的法人代表是(　　)。

A. 张某　B. 孙某　C. 孙某和张某　D. 教职工大会

【答案】A。《幼儿园工作规程》规定,幼儿园实行园长负责制,园长是幼儿园的法人代表。

8.15岁的小江辍学到王某所办的电子厂打工,王某的行为(　　)。

A. 合法,王某有自主招工的权利　B. 合法,王某有管理工人的权利

C. 不合法,工厂不得招用童工　D. 不合法,征得家长同意可招用

【答案】C。《中华人民共和国未成年人保护法》明确规定,任何组织或者个人不得招用未满十六周岁的未成年人,国家另有规定的除外。

9. 依据《中华人民共和国教育法》,教育是社会主义现代化建设的基础,国家保障教育事业(　　)。

A. 优先发展　B. 持续发展　C. 重点发展　D. 均衡发展

【答案】A。根据《中华人民共和国教育法》第四条的规定,教育是社会主义现代化建设的基础,国家保障教育事业优先发展。

10. 良好的社会环境对未成年人的健康成长有着重要作用。下列选项中属于社会保护的是(　　)。

A. 洋洋在幼儿园突发疾病，园方及时通知家长并积极救护洋洋

B. 父母以健康的思想、良好品行和适当方法教育和影响未成年人

C. 国家鼓励研究开发有利于未成年人健康成长的网络产品

D. 对违法犯罪的未成年人实行教育、感化和挽救

【答案】C。根据《中华人民共和国未成年人保护法》相关规定，选项A中的园方和选项B中的父母都不属于社会保护的范畴，因为他们的努力都不是社会层面的努力，A选项属于学校保护，B选项属于家庭保护。D选项对违法犯罪的未成年人实行教育、感化和挽救属于司法保护。只有C选项属于社会保护。

11.《国家中长期教育改革和发展规划纲要(2010—2020年)》提出，教育改革发展的战略主题是(　　)。

A. 坚持立德树人，创新人才培养体制　　B. 坚持以人为本，全面实施素质教育

C. 坚持教育公平，合理配置教育资源　　D. 坚持内涵发展，全面提高教育质量

【答案】B。《国家中长期教育改革和发展规划纲要(2010—2020年)》提出：坚持以人为本，全面实施素质教育是教育改革发展的战略主题，是贯彻党的教育方针的时代要求，其核心是解决好培养什么人、怎样培养人的重大问题，重点是面向全体学生、促进学生全面发展，着力提高学生服务国家服务人民的社会责任感、勇于探索的创新精神和善于解决问题的实践能力。

12. 依据《国家中长期教育改革和发展规划纲要(2010—2020年)》，下列关于学前教育发展任务说法不正确的是(　　)。

A. 建立政府主导、社会参与、公办为主、民办为辅的办园体制

B. 着力保证留守儿童入园，努力提高农村学前教育普及程度

C. 制定学前教育办园标准，建立幼儿园准入制度

D. 到2020年，有条件地区普及学前三年教育

【答案】D。《国家中长期教育改革和发展规划纲要(2010—2020年)》提出，积极发展学前教育，到2020年，普及学前一年教育，基本普及学前两年教育，有条件的地区普及学前三年教育。

13. 依据《中华人民共和国教育法》的相关规定，中华人民共和国公民不分民族、种族、性别、职业、财产状况、宗教信仰等，依法享有(　　)。

A. 平等的受教育机会　　B. 平等的受教育条件

C. 免试入学的机会　　D. 就近入学的机会

【答案】A。《中华人民共和国教育法》规定，中华人民共和国公民不分民族、

种族、性别、职业、财产状况、宗教信仰等,依法享有平等的受教育机会。

14. 某幼儿园聘用了曾经有过犯罪记录的宋某作为工作人员,依据《幼儿园工作规程》的规定,该幼儿园的做法(　　)。

A. 合法,要给予宋某改过自新的机会

B. 合法,幼儿园有权自主聘用工作人员

C. 不合法,应征得上级主管部门同意方可聘用

D. 不合法,幼儿园不得聘用宋某担任工作人员

【答案】D。《幼儿园工作规程》规定,幼儿园不得录用有犯罪记录的人员。

15. 某幼儿教师在幼儿园的操场上吸烟。该教师的做法(　　)。

A. 合法,幼儿园的操场可以吸烟　　B. 合法,幼儿教师可以吸烟

C. 不合法,幼儿教师不得吸烟　　D. 不合法,不得在幼儿园内吸烟

【答案】D。《幼儿园工作规程》明确规定,幼儿园内禁止吸烟、饮酒。

16. 根据《国家中长期教育改革和发展规划纲要(2010—2020年)》的规定,下列对于我国重点发展农村学前教育的表述,不正确的是(　　)。

A. 将村小学改扩建为幼儿园　　B. 着力保证留守儿童入园

C. 提高农村学前教育普及程度　　D. 支持贫困地区发展学前教育

【答案】A。《国家中长期教育改革和发展规划纲要(2010—2020年)》对我国重点发展农村学前教育论述如下:"努力提高农村学前教育普及程度。着力保证留守儿童入园。采取多种形式扩大农村学前教育资源,改扩建、新建幼儿园,充分利用中小学布局调整富余的校舍和教师举办幼儿园(班)。发挥乡镇中心幼儿园对村幼儿园的示范指导作用。支持贫困地区发展学前教育。"

扫描二维码,查看更多真题

推荐阅读

1. 教育部基础教育司.《幼儿园教育指导纲要(试行)》解读[M].2版.南京:江苏教育出版社,2002.

2. 杨莉君.学前教育政策法规概论[M].长沙:湖南师范大学出版社,2008.

3. 李生兰.学前教育法规政策的理解与运用[M].南京:南京师范大学出版社,2012.

第7章 幼儿教师职业道德特性与内容

教师职业道德，即师德，是指教师在从事教育这一职业活动中用以调节教师与学生、教师与教师集体、教师与社会等关系时必须遵循的基本道德规范和行为准则，以及在此基础上形成的道德观念和行为品质。师德，是教师职业的核心与灵魂，是教育艺术的基础与前提。

学习目标

1. 理解幼儿教师职业道德的内涵及特性。

2. 积极规范自身职业道德行为。

3. 能够分析与评价教学实践中有关幼儿教师职业道德规范的问题。

4. 在教育教学活动中能恰当处理与幼儿、幼儿家长、同事及教育管理者之间的关系。

学习重难点

1. 理解幼儿教师职业道德的内涵及其重要性。

2. 遵守幼儿教师职业道德规范要求，规范自身言行举止，提升职业道德修养。

知识结构图

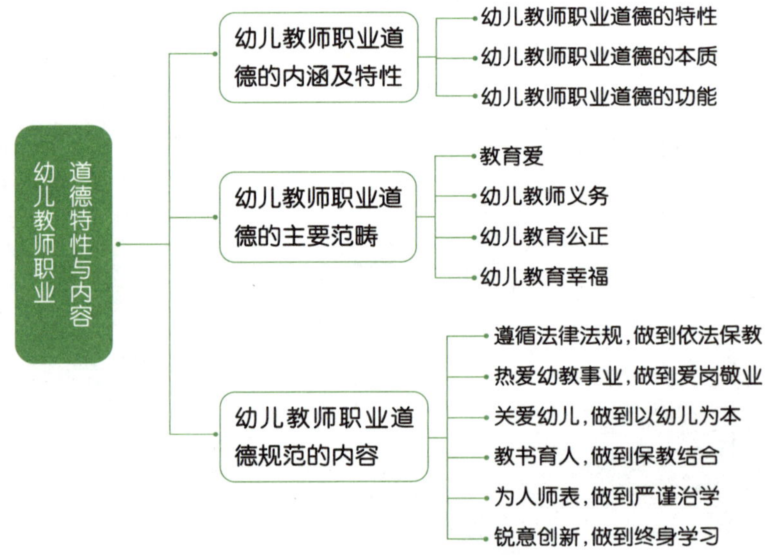

第一节 幼儿教师职业道德的内涵及特性

从古至今，人们常常把教师比喻为红烛、园丁、人梯、春蚕、铺路石、孺子牛……，这充分地表现了社会对于教师这一崇高职业的尊重，同时也代表了对教师道德标准的高要求。在2014年9月，习近平总书记视察北京师范大学时提出了“四有”好老师的标准。“四有”指：有理想信念，有道德情操，有扎实学识和有仁爱之心。这个标准也是幼儿教师职业道德的应有内涵。

一个教师能否成为“让人民满意的教师”，能否成为让学生尊重和信赖的人，能否将自己毕生的精力献给培养人才的教育事业，都与他的职业道德水平有着密切关系。[①]幼儿教师，不仅是传承人类文明的启蒙者，也是幼儿健康成长的保育者，他们有着极其重要的社会地位与作用。其教育对象的特殊性决定了社会对幼儿教师的职业道德要求会更加严格。

幼儿教师职业道德是教师职业道德的特殊表现形式，具体是指幼儿教师在从事幼儿教育活动过程中所形成的，用以调节幼儿教师与幼儿、幼儿教师与家长、幼儿教师与集体、幼儿教师与社会等关系时所必须遵循的基本道德规范和行为准则，以及在此基础上所表现出来的道德观念和行为品质。

幼儿教师职业道德的特点是由幼儿教师的职业特点和职业角色的特殊性所共同决定的，同时幼儿教师教育目标和教育对象的特殊性也决定了其职业道德具有区别于其他教育阶段教师职业道德的特殊性和重要性。只有正确地了解幼儿教师的职业特点和职业角色，才能更加深刻地理解幼儿教师职业道德的特殊性和重要性。

① 钱焕琦.教师职业道德[M].上海：华东师范大学出版社，2008.

一、幼儿教师职业道德的特性

（一）幼儿教师的职业特点

1. 教育对象的幼稚性和主动性

幼儿教师工作的特殊性一方面体现在其教育对象的特殊性上。幼儿教师的教育对象大多数是年龄为3~6岁的学龄前儿童，他们身体发育不成熟，正处于心理、认知、情绪、个性、社会性的初步形成时期，语言能力发展虽较为迅速但发展水平较低，并且思维发展以具体形象思维为主，辨别是非的能力比较弱，模仿性较强。另外，幼儿的生活经验较为缺乏，感知周围事物的好奇心比较强，认知具有主动性和探究性。同时，幼儿又具有很强的可塑性和个体差异性，而且这些特性具有动态发展变化的特点，发展也具有多向性和特殊性。因此，教育对象的特殊性决定了幼儿教师在开展教育工作时，需要全面了解幼儿身心发展的水平差异和发展变化的具体情况，给予幼儿尊重和理解，开展适宜性的教育活动，设身处地地从幼儿角度考虑问题，积极地引导幼儿参与活动，因材施教。

2. 工作任务的全面性和细致性

保教结合是幼儿教师工作的另一个重要特点，也是幼儿教育不同于其他教育工作的特殊之处。由于幼儿的独立生活能力和学习能力都比较差，因而在幼儿园保教工作中，幼儿教师需要全面负责幼儿的所有活动，不仅要照料幼儿的生活起居、饮食睡眠，还要指导他们开展游戏、学习、劳动等活动，对他们生活、学习中的每一件事都给予关心和帮助，对每件事的每一个环节都须做到事必躬亲，因而幼儿教师的工作任务具有全面性和细致性。同时，幼儿教师还要关注全体幼儿的身心发展，促进他们在身体、智力、情感、社会性等方面的发展，为后续的全面发展奠定基础。同时，幼儿教师工作任务的细致性还体现在对幼儿的引导教育中。由于幼儿思想和行为习惯需要在幼儿教师的具体示范、反复说明和时时提醒的情况下逐步地培养发展起来，这就导致幼儿教师的工作内容非常细致、具体且琐碎，同时这也要求幼儿教师需要细心、耐心地对待工作。

3. 工作过程的创造性和灵活性

教育对象的特殊性，同时决定了幼儿教师工作过程的创造性和灵活性。一方面，幼儿正处于生长发育最快的时期，其身心发展变化极为迅速，发展水平各异，个性差异较为显著。另一方面，幼儿来自不同的家庭，经历着不同的抚养和教育过程。这些差异决定了幼儿教师对幼儿进行教育的过程必然是一个充满创造性与灵活性的过程。同时,幼儿教师的工作对象是一群具有丰富的想象力和强烈的好奇心的幼童,其工作任务之一是要带领这些幼儿开展丰富多彩的教育活动,而幼儿园的环境和条件是随着不同教育活动的展开而有所不同的,因此在教育对象、教育内容、教育环境与条件等多种因素的影响下,幼儿教师在工作过程中必定会遇到许多不可预见的问题,这就需要幼儿教师机智灵活地应对各种问题,提高教育活动的创造性及灵活性,灵活地处理和解决幼儿教育活动中的各种困难及挑战。

4. 教育行为的示范性和感染性

"德高为师,身正为范"这是我国著名教育家陶行知先生的名句,同时也是我们对教育工作者的基本要求。特别是在幼儿教育工作中,教师的示范作用更为明显,这就要求幼儿教师要身教重于言教,因为幼儿教师的示范及其感染是重要的教育手段。由于幼儿模仿性强,因而在幼儿园里一直陪伴在幼儿身边共同参与活动、进行游戏互动的幼儿教师则顺其自然地成为幼儿们的学习对象。幼儿教师的一言一行、一举一动都会有力地熏陶和感染幼儿,潜移默化地影响他们品德习惯的养成、各方面能力的培养及对知识的掌握等。因此,幼儿教师不仅要注重提升自我内在的智慧、修养及思想道德,而且更应该注意外显的言行举止,不论是在正式的教育活动还是非正式的教育活动中,都要做到严于律己,以身作则。否则,幼儿教师不经意间的不良行为会对幼儿的身心发展产生不良影响,甚至影响幼儿未来的健康成长。

5. 教育效果的滞后性和长期性

教育本身有着较长的周期性,又因为教育对象是人,人的成长过程与人自身所具有的复杂性,又使得教育效果具有滞后性和长期性。幼儿教师的教育对象是稚嫩的孩童,因而其教育效果更具有滞后性。另一方面,由于幼儿教师的工作是对幼儿的启蒙教育,因而他们的教育效果具有长期性。1978 年,全世界诺贝尔奖获得者在法国巴黎聚会,期间有位记者询问当年的诺贝尔物理学奖得主彼·卡皮察是在哪所大学或是实验室里学到最重要的东西的,这位白发苍苍的老人出人意料地回答道:"是在幼儿园里。"并且详细解释道,在幼儿园中学到的最重要的东西为:"要把自己的东西分一半给小伙伴,不是自己的东西不要拿,东西要放整齐……"正是这位物理学家在幼儿园受到的良好教育、培养的良好习惯及行为品质影响了他的一生。虽然幼儿教师们要付出长期、大量的劳动,才可能促进幼儿的成长与蜕变，并且幼儿教师劳动的效果不会像工人生产产品那样具体可见，但幼儿教师还是要怀抱希望，热爱幼儿教育事业，着眼于幼儿未来发展，用心地耕耘幼儿教育，用心地培养新一代。

（二）幼儿教师的职业角色

1. 幼儿教师是教育者

教师，作为社会各行各业建设人才的培养者，承担着传递社会传统道德、价值观念、人类文明等使命，正所谓“师者，所以传道授业解惑也”。作为教育者的幼儿教师，其主要职责是对幼儿进行全面的教育，促进幼儿身心健康、和谐发展。具体来说，幼儿教师需要履行的职责有：①幼儿教师是幼儿学习活动的组织者和支持者。在幼儿学习活动中教师要充分发挥主导作用，要根据《幼儿园工作规程》的要求，设计丰富多彩的教育活动，为幼儿学习提供全面的物质方面和心理方面的支持，积极组织幼儿参加各种活动，促进幼儿在学习生活中获得身心的和谐发展。②幼儿教师是幼儿学习的指导者。幼儿是学习发展的主体。幼儿教师的工作职责是促进幼儿的全面发展，在幼儿教育过程中发挥主导作用，以各种形式有目的地引导、启发幼儿，促使幼儿自觉主动地参与教育活动，体验到学习生活的乐趣。如果幼儿教师只是单纯地向幼儿灌输知识，或一味地代替幼儿包办事务，则会严重妨碍幼儿的健康发展。③幼儿教师是幼儿的学习榜样和示范者。夸美纽斯曾说过：“教师的职务是用自己的榜样教育学生。”由于幼儿喜欢模仿，并且具有很强的向师性特点，因而幼儿教师的一言一行都会受到幼儿的关注与模仿，并在潜移默化中影响着幼儿。在幼儿园生活中，幼儿教师会进行许多活动示范和表演，方便幼儿进行模仿学习，因此幼儿教师必须时刻注意自己的言行举止，谨记为人师表的要求，为幼儿树立一个良好的榜样。

2. 幼儿教师是幼儿游戏的伙伴

幼儿热爱游戏，并且游戏是幼儿园开展教育活动最基本也是最重要的形式。在幼儿园工作中，为了使幼儿能够快乐地进行游戏，幼儿教师需要根据幼儿的发展需求，承担起幼儿游戏活动的设计者、游戏材料的准备者等职业角色，并成为幼儿游戏活动的参与者，以及游戏活动中化解矛盾的协调者。幼儿教师只有成为幼儿游戏的伙伴，与幼儿一起做游戏，扮演游戏中的各种角色，才可以逐渐地淡化甚至消除我国传统教育中的“教师在上、幼儿在下”的师幼关系，并且在游戏学习中，当教师和幼儿处于平等的地位时，幼儿教师的指导能够更加容易被幼儿所接受，从而获得较好的教育效果，促进幼儿的健康成长。

3. 幼儿教师承担幼儿家长代理人的角色

幼儿园可以说是幼儿进入社会生活的第一个场所，是他们在成长过程中所遇到的第一个社会性教育机构，而幼儿教师则是幼儿出生后除家长外给予其教育和呵护的接力者。一方面，由于幼儿的身心发展水平较低，所具有的社会经验也较为缺乏，对成人的依赖性较强，因而幼儿在进入幼儿园后，极度需要他人给予母亲般耐心细致的关怀和照顾，所以幼儿教师需要满足幼儿的这些迫切需求，关爱、关注每一位幼儿，照顾和帮助幼儿的生活，让幼儿感到幼儿园集体生活的温暖、同伴交往的乐趣以及幼儿教师的关爱，促使幼儿将对家长的依赖自然而然地转移到幼儿教师身上，逐渐地消除幼儿离开父母、离开家后内心的焦虑和不安，使其慢慢地融入幼儿园集体生活，并且愉快地参与到幼儿园学习活动中去。另一方面，幼儿教师的工作特点是保教结合，幼儿教师的工作内容有着与幼儿家长一样的性质，都是致力于保障幼儿的健康成长，促进幼儿的全面发展，因此，幼儿教师肩负着家长、园长、幼儿的信任，承担着家长代理人的角色。

4. 幼儿教师是幼儿的知心朋友

幼儿作为独立的个体，虽然身心发展尚未成熟，思想比较单纯，但有着自己的情感体验和思想感受，而且大多数幼儿情绪比较敏感，容易受到周围环境的影响。在幼儿园丰富的学习生活中，幼儿有着愉快、兴奋、难过、痛苦等不同的情感体验，随着年龄的增长和心智的成熟，他们会不断地希望别人能够分享他们的情感体验，分享他们的成功与喜悦，分担他们的难过与不悦，因而幼儿也有着对知心朋友的需求和渴望，这就要求幼儿教师要尊重幼儿，主动地去了解幼儿的喜与忧，洞察幼儿的内心世界，乐于与幼儿交朋友，善于与幼儿成为知心朋友，帮助幼儿保持积极的情感体验，促进幼儿之间积极地社会性交往，形成健康的自我认知。

5. 幼儿教师是幼儿教育的研究者

幼儿教师的职业角色是丰富多样的，除了以上幼儿教育者、幼儿游戏伙伴、幼儿家长代理人、幼儿知心朋友等角色外，幼儿教师还担任着幼儿教育研究者的职业角色。幼儿教师提升自身专业水平，提高幼儿教育工作的成效，必然离不开对教育实践工作的反思，离不开对幼儿教育工作的深入研究。在幼儿园工作中，幼儿教师不仅需要具备爱心、耐心和细心等品质，同时还要具备发现问题、分析问题与解决问题的能力。幼儿教师需要在与幼儿日常相处中，主动地反思自我，用敏锐的眼光去发现问题，并积极地运用教育理论基础去指导实践、解决问题，不断地提升工作学习能力。同时，理论来源于实践，幼儿教师还需要及时地对幼儿园工作实践经验进行系统性总结，将其提高升华到理论高度，这样才能提高教育工作成效，提升幼儿教师的专业水平。

二、幼儿教师职业道德的本质

（一）幼儿教师职业道德是幼儿教育工作开展的灵魂

幼儿教师是幼儿健康成长的启蒙者和引路人，幼儿教师的职业道德水平直接影响幼儿的身心发展，关系到国家的前途和民族的未来。因此，在幼儿教育工作中，幼儿教师职业道德是幼儿教师必备的专业素质，也是幼儿教育工作开展的关键所在。

（二）幼儿教师职业道德是幼儿教育目标实现的保障

幼儿教师职业道德作为幼儿教师所必须遵循的行为规范与准则，其最终目的就是保障幼儿教育目标的实现。幼儿教育活动作为幼儿教师共同参与的一种社会事务，其目的在于满足幼儿的发展需求，促进幼儿的健康成长，从而实现幼儿教育工作者的社会价值。

（三）幼儿教师职业道德是幼儿实现全面发展的条件

我国的教育目的在于能够实现人的全面发展，而幼儿教育的目标则在于能够促进幼儿全面发展，幼儿教师职业道德规范是把幼儿教师的行为具体规范到促进幼儿的全面发展上，要求为幼儿全面发展提供条件、创造条件，从而直接促进幼儿的全面发展。

三、幼儿教师职业道德的功能

教师职业道德是一名合格教师的必备职业素养，也是教师具备职业素养的最高体现形式。幼儿教师职业道德的功能，具体是指幼儿教师职业道德对幼儿教师自身、对幼儿、对幼儿教师集体、对社会等多方面的影响，体现在幼儿教师对自身专业发展、对幼儿发展、对幼儿教育事业及对整个社会发展进步的重要意义与价值方面，因此可以说，幼儿教师职业道德有着多方面的作用与影响。

(一)提高幼儿教师对职业的正确认知,促进教师爱岗敬业

在幼儿教师的工作中,幼儿园工作规程、班级日常活动计划等可以指导与调节教师的教育行为,但这些外在规范不能完全监督幼儿教师的一切教育行为,因此,为了能够更灵活有效地指导、调节及监督幼儿教师的职业行为,幼儿教师职业道德就显现出尤为重要的作用。幼儿教师职业道德能够帮助幼儿教师正确地认知幼儿教师这一职业的劳动价值与意义,使其在教育工作中做到对幼儿、对集体、对社会尽义务和担责任,使其坚定职业道德信念,形成自我内在的道德观念和道德判断力,提高师德修养和师德水平,从而强化事业心、责任感及幸福感,促使其关爱幼儿,热爱教育事业。

(二)帮助幼儿道德品质与道德行为的养成,促进幼儿全面发展

幼儿教师的工作对象是幼稚可爱、个性不一、不断成长的幼童们,他们正处于长身体、学知识、立德志的重要时期,并有着很强的模仿性和可塑性。因此,作为幼儿学习的示范榜样,幼儿教师在幼儿的成长过程中有着重大的影响。在幼儿教师应该必备的诸多素养中,相对于专业知识、专业技能等素养而言,幼儿教师职业道德对幼儿教育的影响更大,具体表现为:①幼儿教师的道德品质影响着幼儿的道德品质的形成;②幼儿教师的良好师德催化与激励着幼儿道德品质的发展;③幼儿教师的言行举止影响着幼儿行为习惯的养成;④幼儿教师的职业道德影响着幼儿身心的全面发展。

(三)提升幼儿教育从业者的道德素质,巩固教师团体凝聚力

在各种行业中,社会对教师整体素质的要求明显高于对其他行业从业人员的要求。一方面,幼儿教师作为年幼一代健康成长的启蒙者,更应该在工作岗位上不断提升自我的职业道德水平,加强自身的道德修养。幼儿教师影响幼儿道德品质的形成,也就意味着影响着未来各行各业从业者的道德素质,进而影响着整个未来社会的道德风貌。另一方面,教育是一项系统的社会工程,任何一个具体的教育过程总是包含着各种各样的道德关系。因此,在幼儿教育过程中,幼儿教师不仅要处理与幼儿的关系,还要协调与幼儿家长、与幼儿教师、与社会各方面的关系。良好的职业道德是处理人际关系的润滑剂,幼儿教师职业道德以带有本职业鲜明特点的特殊道德形式,向幼儿教师指明了协调教育劳动中各种利益关系的行为方向,促进幼儿教师与教育过程中的其他参加者及社会各方面建立协调一致的关系,以便顺利地进行幼儿教育活动,完成幼儿教育的目标,巩固幼儿教师的凝聚力。

（四）推动良好社会风气的形成，弘扬社会道德风尚

教师是与社会有着广泛联系且对其产生特殊影响的职业。幼儿教师职业道德通过多种形式和各种途径，直接或间接地影响着社会风气的形成，影响着整个社会的道德风貌。具体的影响方式有以下三种：①通过幼儿教师自身的师德品质产生影响作用。师德不会因为教师离开职业生活而消失，幼儿教师会将自身的道德品质带到家庭生活中，影响自己的家庭成员、亲戚朋友以及周围邻里，从而积极促进良好社会风气的形成。②通过培养幼儿的优良品德产生影响作用。幼儿教师在教育过程中的言行举止、品德风貌影响着幼儿道德品质的形成与发展，幼儿会带着在幼儿园里培养与发展的道德品质走向家庭、走向社会，在无形中影响着幼儿身边的人，从而对整个社会道德精神产生深厚影响。③通过幼儿教师职业道德建设产生影响作用。幼儿教师职业道德建设属于社会主义道德建设的一部分，因此，加强幼儿教师职业道德水平建设，提升幼儿教师职业道德修养，营造积极向上的幼教行业之风，对其他行业的职业道德建设，乃至整个社会的道德风貌都有积极作用。

第二节 幼儿教师职业道德的主要范畴

教师道德的范畴，是指那些能够概括和反映教师道德的主要特征，体现一定社会对教师道德的根本要求，并成为教师的普遍内心信念，对教师的行为发生影响的基本道德概念。幼儿教师职业道德的范畴则主要包括教育爱、幼儿教师义务、幼儿教育公正以及幼儿教育幸福等，这些同时也是幼儿教师道德规范体系的重要组成部分。正确认识幼儿教师道德范畴的特点、内容和作用，对认识幼儿教师在教育职业劳动中的道德关系、调整幼儿教师的职业道德行为等内容，具有非比寻常的重要意义。

一、教育爱

高尔基曾说过："谁爱孩子，孩子就会爱谁，只有爱孩子的人才会教育孩子。"在教育界也广泛流传着一句经典名言："没有爱的教育是死亡的教育，不能培养爱的教育是失败的教育。"教育爱，可以说是幼儿教育的出发点，是幼儿教育的灵魂，是幼儿教师职业道德的核心。

（一）教育爱的内涵及特点

1. 教育爱的内涵

弗洛姆在《爱的艺术》中将爱称为一门需要学习的艺术，他认为爱是由给予、关心、责任感、尊重和了解等积极因素所共同构成的。[①]爱是主动关心他人的幸福；爱是承认、喜欢、给予、关心、尊重、接受、赏识他人的表达；爱是协调人与人之间的关系以及将每一个人都能与群体融为一体的力量。而我们这里所说的教

① 弗洛姆．爱的艺术[M]．萨茹菲，译．北京：西苑出版社，2003.

育爱,也是由这些基础因素所共同组成的。教育爱,也可以说是热爱幼儿教育,是幼儿教育工作者对幼儿的一种超越血缘关系的爱,是一种近似亲子关系但并非亲子关系的情感,是幼儿教师一种职业精神的表达和高尚道德境界的体现。

2. 教育爱的特点

教育爱,也可称为"师爱",存在于幼儿教育行业之中,关联着幼儿教师与幼儿之间特殊的人际关系,与其他领域及行业相比有着其独有的特点。教育爱的特殊性主要表现在以下几个方面。

(1)教育爱具有无私性和创造性。

在幼儿园中,我们时常听到这样的声音:一些幼儿将幼儿园的园长称为园长妈妈,把自己的幼儿教师称为妈妈老师。一方面,由于幼儿教师的工作内容有着与幼儿妈妈育儿行为相似的一面,即时刻关注幼儿成长的方方面面,无微不至地照顾他们的衣食住行,还会陪伴他们参加游戏活动,进行教育学习,保障他们的全面发展;另一方面,幼儿教师如同妈妈一样对幼儿的爱具有无私性。在弗洛姆对爱的分类中,称母爱具有无条件性特征,而幼儿教师对幼儿的教育爱具有双重性,虽然教育爱也具有无条件性的一面。因为幼儿体验母爱是不需要条件的,他们不需要为了博得母爱而去做任何的努力,母亲则会无偿地、毫无条件地去爱她的每个幼儿,保障幼儿生活的各方面需求。而教育爱无条件性的一面则具体体现在:一方面,每一个幼儿在幼儿教师的眼里都是可爱的,没有等级优劣的区分,都是一样值得教师喜爱的;另一方面,每一个幼儿都被幼儿老师所关心、爱护着,不需要幼儿必须有额外的付出,而是自然地接收到幼儿老师的关心爱护。这是幼儿教师职业道德的内在要求,也是幼儿教师爱岗敬业的具体表现,同时也是传承"幼吾幼以及人之幼"优秀传统美德的良好实践。

教育爱具有独特的创造性,具体是指幼儿教师对幼儿的关爱并非溺爱,而是必须给予有利于幼儿的个性发展、尊重幼儿的独特个性的关爱,关注幼儿的独特性,顺应幼儿的天性,对幼儿因材施教,使得幼儿的个性得到充分的发展,给予幼儿鲜活的、生动的、具有创造性的爱护。

(2)教育爱具有独立性。

教育爱的独立性,具体体现在幼儿教师给予幼儿理智性的关心和爱护。幼儿教师以教育者的职业角色和身份,给予幼儿有别于母亲的无私的爱,超越了母爱的"盲目性",并且是在对教育本质的深刻领悟下以及对幼儿身心发展规律的充分认识和把握的基础上,对幼儿实施的理性之爱。幼儿教师对幼儿的爱不是一种自私的、统治的、占有的爱，更不是不分你我、缺乏独立人格和主体的“共融”之爱，而是以宽阔的胸襟、开放的思维、独立的人格，给予幼儿关爱。这种爱能够给幼儿带来宽松、自由的学习生活氛围，能够以赞许的态度对待幼儿的天马行空、与众不同；能够以宽容的态度看待幼儿的过失，有利于开发幼儿的潜能，促进幼儿全面发展目标的实现。

（二）教育爱的作用

1. 教育爱是幼儿健康成长的“太阳”

教育爱是幼儿健康成长的阳光，是幼儿全面发展的重要保障。在幼儿教育工作中，可以说没有爱就没有教育。即使实施了教育，但如果没有热爱幼儿教育的情感，则不会收到良好的教育效果。心理学研究证明，每个人生活在这个世界上都有被关心、被爱护、被信任、被尊重的需要。这些需要一旦被满足，人就会产生积极的情绪，从而转化为催人奋进的内部动力。[①]对于幼儿园的幼儿而言，他们会把在家庭中对母爱的需要迁移到幼儿园的幼儿教师身上，希望得到老师的关注和喜爱，并且随着年龄的增长，幼儿会更加渴望老师对自己的关爱胜过渴望父母对他们的爱，在他们苦恼和疑问的时候得到了老师的关心和帮助，他们就会感到极大的安慰和幸福。特别是在幼儿有了缺点和错误时，如能得到老师真诚的帮助与指引，他们就会产生久久难忘的由衷感激之情。另一方面，幼儿教师在教育过程中给予幼儿教育爱，也可以影响幼儿去爱他人，培养幼儿爱的能力。正如“种下真诚的种子，就会结出真诚的果实”一样，幼儿只有在成长过程中沐浴到教育爱的阳光，才有可能具有爱自己、爱别人的态度和能力。

2. 教育爱是幼儿教师职业幸福感的源头

有关调查发现，职业幸福感较高的幼儿老师身上具有相同的特征，排在第一的相同点就是：热爱幼儿，热爱教育事业。另外，一位优秀的教师也必定是对教育充满热情与激情的人。可以说，教育爱是幼儿教师职业幸福感的源头。拥有爱的幼儿老师，在引导、教育幼儿成长的过程中，必定会将其如同海洋般深沉宽广的爱给予每一个孩子，让他们在爱的洗礼中长大成熟，逐渐地成为祖国栋梁，并且懂得以爱去回报社会、回报生活。作为幼儿教师，最大的幸福莫过于看到班级中孩子在一点一滴地进步成长。在幼儿教育中付出自己的一份爱，则会收获到无数份的爱，这正是幼儿教师职业的幸福感所在。

---

① 钱焕琦.教师职业道德[M].上海：华东师范大学出版社，2008.

3. 教育爱是开展幼儿教育的前提与动力

“爱为师德之本，无爱便无教育。”教育爱是幼儿教育的前提与动力，如果幼儿教师没有热爱学前教育的感情，没有关爱孩子的柔情，就无法敲开幼儿的心灵之窗，无法真正地和幼儿交流，也就不可能达到教育的目的。师爱作为师德之魂，是教书育人的要求，更是幼儿健康成长的保障。教师只有关心、爱护幼儿，才能得到幼儿的尊重与爱戴，幼儿才乐于接受老师的教导。教师的爱对幼儿的成长起着至关重要的作用，教育要求教师只有融入对幼儿的爱的情感中，才能清晰地了解幼儿的发展需求，才能开展适当的教育活动，引起幼儿的积极反应，从而达到教育目的，获得教育的成功。

二、幼儿教师义务

苏霍姆林斯基在《和青年校长的谈话》中说道：“恪守义务可以使人变得更高尚。教育者的任务，就在于使义务感成为自觉纪律这个极其重要品质的核心，缺少了这种品质，学校就是不可想象的。”[①]教师义务是教师职业道德范畴中一个重要的内容，它不仅是每位幼儿教师都应具有的道德素养，同时也是幼儿教育事业持续发展的潜在动力。

（一）幼儿教师义务的含义

义务，是指个体对他人或社会做自己应当做的事。在社会中生活的每一个人都必然要承担一定的责任和义务。教师群体作为社会中的一个特殊职业群体，在社会生活中一方面既要同一般的社会成员一样，承担起对社会、对他人所要履行的一般道德义务，另一方面作为一种特殊的职业人群，又要承担起教师这个职业角色所承担的特定职业道德义务。

幼儿教师的义务具体是指幼儿教师依照《中华人民共和国教师法》《中华人民共和国教育法》等相关的法律法规，并在自我内心和道德责任感的支配下，在幼儿教育实践活动中自觉履行对幼儿、对他人、对社会应尽的职责和任务。幼儿教师的义务实质上是幼儿教师职业道德在幼儿教师行为上的具体表现。

（二）幼儿教师义务的内容

幼儿教师的义务与幼儿教师的职业角色有着密切的关联。教师作为一种特

---

① 苏霍姆林斯基.和青年校长的谈话[M].赵玮，等译.上海：上海教育出版社，1983：155.

殊的职业群体，在社会发展和教育活动中扮演着传道者、授业者、示范者、陪伴者等多种职业角色，这也就决定了教师这一职业应尽的义务具有崇高性和广泛性。在我国，幼儿教师应履行的义务是由我国当前的根本任务、教育方针以及社会主义道德要求所决定的，具体包括以下几个方面：

（1）遵守宪法、法律和职业道德，为人师表；

（2）贯彻国家的教育方针，遵守规章制度，执行学校的教学计划，履行教师聘约，完成教育教学工作任务；

（3）对学生进行宪法所确定的基本原则的教育和爱国主义、民族团结的教育，法治教育，以及思想品德、文化、科学技术教育，组织、带领学生开展有益的社会活动；

（4）关心、爱护全体学生，尊重学生人格，促进学生在品德、智力、体质等方面全面发展；

（5）制止有害于学生的行为或者其他侵犯学生合法权益的行为，批评和抵制有害于学生健康成长的现象；

（6）不断提高思想政治觉悟和教育教学业务水平。

（三）幼儿教师义务的作用

幼儿教师的义务具有重要的作用，它既是社会和集体调节幼儿教师行为的方式，也是幼儿教师自我调节行为的重要方式，主要体现在两个方面。

一方面，幼儿教师认真履行教师的义务有助于减少和协调幼儿教师工作中的矛盾和冲突，推动幼儿教育活动的顺利开展。幼儿教师义务是社会对幼儿教师在开展幼儿教育教学活动中道德和法律要求的总和，不是具体解决某些利益冲突的道德要求。幼儿教师在职业劳动过程中，经常会遇到义务相冲突的情况，但这些状况并不能简单地按照幼儿教师职业道德规范的某一条要求就可以解决，而是需要幼儿教师对幼儿教师这一职业使命和道德义务有自己的深刻理解，从各方面进行分析，全面、综合判断，权衡利弊。只有这样，幼儿教师才能把握大局，恰当地解决工作中的矛盾冲突，决定自己最佳的教育行为，履行幼儿教师义务和责任。如果幼儿教师无视自己的教育义务，只根据自己的好恶行事，那必然会陷入“冲突”之中，增添幼儿教育工作过程中的矛盾和冲突，阻碍幼儿教育工作的顺利有效开展。因此，幼儿教师要认真履行教育义务，从而保障幼儿教育教学工作的顺利开展。

另一方面，幼儿教师积极履行教师义务有益于其在教育教学工作中培养高尚的道德品质。教师义务与教育工作本身是紧密相连的，是社会对教育工作者的职业道德要求。教育的法定义务是任何一位教师都必须恪守的基本要求。任何一位选择了幼儿教师职业的人，不管他有什么样的才能，有多么优秀，都必须履行自己的教育义务，必须按照教师道德的要求做出自己的教育行为。另外，一名优秀的幼儿教师，其高尚的道德品质作为内在的一种信念意识和外在的品质表现，并不是天生就有的，而是他在现实的社会生活和教育教学实践中逐渐形成的。因此，幼儿教师在积极地履行教师义务的同时也逐渐地提升与培养了自己的高尚品德。

三、幼儿教育公正

苏霍姆林斯基曾经说过："很难想象还有什么比由于不公正而产生的情感上的麻木更能摧残儿童心灵的了。"[①]幼儿教育公正有着重要的影响力，是幼儿教师职业道德的重要范畴，也是幼儿教师必备的道德素养。幼儿教师职业道德体系中不可缺少教育公正，幼儿教师职业道德建设中不可忽视教育公正。

（一）幼儿教育公正的内涵

《辞源》中对"公正"的解释是"不偏私，正直"，即公平正义。它是一种高尚的道德境界，也是教师职业道德范畴中的重要内容。

所谓幼儿教育公正，主要指幼儿教师在教育教学活动中处理各种关系要符合公认的道德准则，即在幼儿教育活动中处理不同利益关系时所表现出来的公平和正义，也就是指幼儿教师在开展幼儿教育活动过程中要公正合理地对待和评价每一名幼儿。它表现在幼儿教师与自身、幼儿教师与同事、幼儿教师与幼儿等人际关系之中。其核心要求是公平、合理地对待和评价每一名幼儿及全体幼儿教育工作合作者。具体地讲，就是要求幼儿教师在教育和评价幼儿的态度和行为上，应公正平等、正直无私、不偏袒、不偏心，对待智力发展水平不同、性别不同、相貌不同、出身不同、民族不同、个性不同、亲属关系不同的幼儿，都应一视同仁，公平相待，热爱每一个幼儿，积极进行因材施教。

（二）幼儿教育公正的特征

教育公正是教师的一种美德，也是所有优秀教师共有的主要特征之一。有

① 苏霍姆林斯基.把整个心灵献给孩子[M].唐其慈，毕淑芝，赵玮，译.天津：天津人民出版社，1981:207.

资料显示：近80%的学生和近70%的学生家长认为公正是教师最应该具备的基本道德。[①]可见，在学生及家长心目中对公正的需求非常强烈。在教育教学活动中，幼儿教育公正具体有以下特征。

1. 坚持真理

真理是客观事物及其规律在人脑中的反映。幼儿教师作为人类文明的传承者和真理的传授者、真理的发掘者以及真理的捍卫者，在幼儿的眼里，他们就是真理的化身，他们的说法都是正确的。

首先，幼儿教师是真理的传授者。“传道授业解惑”是教师最本质的工作，在现今这个信息畅通、知识纷杂的时代，幼儿教师不仅要传授真理，更重要的是对信息及知识去伪存真，在比较中对自己所传授和传播的知识鉴别真伪，取其精华，去其糟粕，最终择善而从，选择适合幼儿发展的知识与内容，引导幼儿发展，使幼儿获得真才实学。

其次，幼儿教师是真理的发掘者。真理的发现并不是一次就成功的，因而教师在教学实践中应当不断地探索与研究，逐渐地发掘真理；同时，在教育教学过程中，教师还应当不断地鼓励幼儿独立思考、勇于创新，并且正确地面对成长中的错误，并不断地改正错误，从而在探索与发掘真理的道路上越走越远。

最后，幼儿教师是真理的捍卫者。幼儿园是社会的一小部分，更是社会的一个小缩影，因而各种繁杂的社会问题也必然会反映和影响到幼儿园生活中。面对纷繁复杂的社会现象，身兼多重角色身份的教师，应当辨别是非，区分善恶，坚持、捍卫真理，成为幼儿作出公正行为的榜样，引导幼儿形成健康的道德情感，正确对待人生。

2. 一视同仁

首先，一视同仁要求幼儿教师对不同的幼儿要同样对待，不分等级，不厚此薄彼。具体要求幼儿教师要平等地对待每一个幼儿，尊重幼儿的人格和受教育权利，以公平的态度对待不同家庭与民族、不同性别与相貌、不同个性及智力的幼儿，不偏爱综合品质发展较好的幼儿，不挖苦、嘲笑身心发展缓慢的幼儿，并与幼儿集体建立起平等民主的合作关系。

其次，一视同仁还要求教师要公正合理地评价每一位幼儿。虽然对幼儿的知识、能力、品质和进步程度进行恰当的评价是一项复杂的工作，但教育公正要

① 高慧斌.一项基于中小学教师公正的调查研究显示——80%的学生认为老师处事公正[N].中国教育报，2015-11-09(5).

求幼儿教师不能仅仅以其中某项因素作为唯一的评价依据，应当切实地将工作落脚于促进幼儿全面发展的素质教育，最大限度地全面提升幼儿的发展水平，响应习近平总书记对教育公平的号召，即“让每个孩子都有人生出彩的机会”。

最后，一视同仁要求幼儿教师对待幼儿要赏罚分明。幼儿教师在使用奖励和处罚的教育手段时，应当严格遵循一定的标准，实事求是、客观准确地对幼儿进行褒贬，绝不能有个人的爱憎亲疏，必须做到“有功虽仇亦赏，有过虽亲必罚”。

3. 秉公办事

秉公办事是教育公平的另一个重要内容，具体要求幼儿教师在处理教育活动中的矛盾冲突时，要坚持公正，廉洁自律，杜绝不公平的现象。面对社会生活中“拜金主义”“享乐主义”等负面现象，幼儿教师要坚定职业追求，坚持真理，抨击时弊，引导幼儿正确地分析和看待负面问题，并努力为幼儿创设一个公正公平的学习环境。另一方面，秉公办事要求幼儿教师在处理涉及与幼儿利益冲突的矛盾事务时，要做到“公平如秤”，办事公道。在开展幼儿教育活动时，幼儿教师要给予每个孩子平等的参与机会，关注每个孩子的成长发展，如幼儿与教师或幼儿园发生矛盾冲突时，幼儿教师要对处在相对弱势地位的幼儿充分体现出公正、平等的态度，在处理过程及结果中坚持公正，让幼儿心悦诚服，不能以势压迫幼儿、打击报复幼儿等。

4. 因材施教

教育公正不单单是让每一个幼儿获得相对一致的学习条件，更多的是让每一个幼儿真正地得到适合的教育与引导，实现因材施教。著名教育学家陶行知曾说：“培养教育人和种花木一样，首先要认识花木的特点，区别不同情况给予施肥、浇水和培养教育。”幼儿是有着鲜明个性特征、充满发展潜力的人，教育公正不应仅仅满足于为幼儿提供大致相同的学习条件，而更应关注每一个幼儿的个性特点，激发幼儿的创造才能，为其提供独特的、适宜其发展的教育。

（三）幼儿教育公正的作用

教育公正作为幼儿教师职业道德的重要内容，在幼儿教师的教育生活和社会生活中具有重要的影响力量。

1. 幼儿教师坚持教育公正，有助于幼儿形成健康的人格

教育是人与人在心灵上的沟通和接触，教育公正，不仅是社会对幼儿教师道

德品质的要求，而且是幼儿对幼儿教师行为态度的要求。在幼儿的眼中，每一位幼儿教师都是公正无私的代表，并且对于敏感的幼童而言，幼儿教师公正友好的态度影响着他们幼儿园生活的方方面面。如果幼儿所尊敬和爱戴的教师对待幼儿时存在着偏爱、不公正的现象，幼儿有可能会因此不喜欢幼儿老师、甚至憎恶幼儿教师，在幼儿园的教育活动中不再积极地参加活动，不再认真地听从老师的教导，更严重的甚至发展到讨厌幼儿园，逐渐对教育公正失去信心，从而挫败幼儿对善行和美德的追求。

2. 幼儿教师坚持教育公正，有益于教师树立教育威信

教师的威信在教育教学活动中有着举足轻重的作用，而教育公正是教师树立威信的一个重要方面。幼儿教师是否在教育活动中坚持教育公正，秉公办事，直接影响着幼儿教师在幼儿园班集体中的道德声誉，影响着幼儿教师教育威信的树立。幼儿教师作为幼儿学习的行为榜样，坚持教育公正会使得幼儿更加尊重他们，他们的行为示范也更能激励幼儿追求真善美，培养幼儿对优良美德的追求，从而也会间接地影响他们的社会声誉。

3. 幼儿教师坚持教育公正，有利于营造良好的教育环境

幼儿教师在教育教学中，对待幼儿和工作的态度是否公正无私关系到整个幼儿园教学环境能否积极向上。幼儿教师坚持教育公正，一视同仁地对待班里每一名幼儿，公正合理地评价幼儿与同事，坚持公正地处理班级事务，廉洁自律，就会调动幼儿参与学习活动的积极性，提升幼儿教师集体工作的积极性，形成积极向上、团结进取的教育氛围和环境，促进幼儿园中良好班风的形成，推动幼儿教师集体齐心协力开展幼儿园保教工作。

四、幼儿教育幸福

幸福，来源于人的一种主观感受，也是人的一种价值追求。而幼儿教育幸福，也称为幼儿教师的幸福，是指幼儿教师作为教育活动的主体之一，在自己的教育工作中由于职业理想和自我生命价值得到实现，从而感受到的精神满足。

（一）幼儿教育幸福的特点

教育幸福是教育过程中一种高级的、愉悦的情感体验。它有着其独特的特点。

1. 幼儿教师的教育幸福具有精神性

教育幸福是教师在其教育工作中所体会到的一种心灵上的满足感，其幸福的精神性一方面表现在教师对学生在学业上取得的成就、道德品质上的成长、社会发展中的贡献等方面反馈的一种满足与喜悦，另一方面体现在教师与学生在教育过程中心灵上的沟通与碰撞。这都是教师职业的特殊性，也是教师幸福感的来源。幼儿教师的教育幸福同样如此。

2. 幼儿教师的教育幸福具有关系性

教育幸福的关系性体现在给予和被给予两个方面。一方面，教师职业的特性是教师在幼儿园生活中将自己所学的知识、对教育事业的热爱情感完全地给予幼儿，其工作使命是给予并非索取；另一方面，教师从幼儿的成长中能得到幸福的精神体验。幼儿的成长是对教师劳动的肯定，也是教师生命价值实现的展示。

3. 幼儿教师的教育幸福具有集体性

教育幸福的集体性是指教育的集体幸福和个人幸福是相统一的。任何一位幼儿的进步都是教师集体的功劳，同时也是幼儿集体的成果。因此，培养出一位优秀的幼儿，我们可以称之为一位教师的得意门生，也可以称其为一个学校的优秀毕业生。因此，教育幸福具有个性与集体相统一的性质。

4. 幼儿教师的教育幸福具有无限性

教育幸福的无限性体现在时间和空间两个维度。在时间上，教育幸福的无限性体现在生命的成长上，教育是对人的培养，师德高尚的教师对幼儿成长的影响意义可以达到其一生的长度。在空间上，教育幸福的无限性体现在生命的价值上，教师的劳动成果不仅局限于一个学生，也不只止步于一个集体，而是一代代人的生命价值的实现上。

（二）幼儿教师的教育幸福能力培养方法

幼儿教师的教育幸福与幼儿教师的职业道德水平和专业素养有着紧密的联系。在很多相同的情形下，有些幼儿教师能感受到幸福，而有些幼儿教师却不能。幼儿教师感受和创造教育幸福需要通过一些方法。

1. 正确认识幼儿教师职业的作用，树立教育理想

任何一份职业，如果想要感受到幸福与满足，首先要具备职业理想，职业理

想是工作的最终追求所在。幼儿教师只有充分认识到幼儿园教育工作的重要性，具有对幼儿教师职业的认同感、自豪感，才有可能具有教育幸福感。同时，只有幸福的幼儿教师才能培养出幸福的幼儿。从事一线教育实践的幼儿教育工作者，更要正确地感知幼儿教师的职业使命，这样才能肩负起传道授业解惑的社会职责，促进人类发展和社会的进步。

2. 培养高尚的幼儿教师职业道德追求，提升人生境界

当今的人们常常错误地将物质性的快乐作为幸福的体现，而事实上，人类对物质的追求和满足仅仅是生物本能的特质，对幸福的追求并不是生活中对享乐主义的追求。对于一位具有高尚职业道德追求的幼儿教师而言，幸福绝不等同于对区区的一点奖金利益的追求，也不是对一张奖状的满足，更不是对一席宴饮的沉醉等，幼儿教师的教育幸福恰恰是对幼儿健康成长的培育与厚重期望，他们的教育幸福在于看到幼儿的成长进步以及对社会发展的贡献。因此，幼儿教师只有培养高尚的职业道德追求，才能更多地感受到幼儿教育幸福，提升人生境界。

3. 担负起启蒙幼儿的职责，提升幼儿教师的专业水平

教育幸福离不开幼儿教师在教育教学工作中的辛勤付出。一个教学能力差、师德修养水平低的幼儿教师不可能被领导、学生所喜爱，更不可能感受到教育耕耘的幸福感，因而幼儿教师应担负起启蒙幼儿的责任，不断地提升自我专业能力，提升开展教育教学活动的水平。幼儿教师只有在不断地提升修炼自我的前提下，才能逐步地走向卓越，驶向幼儿教育幸福的港湾。

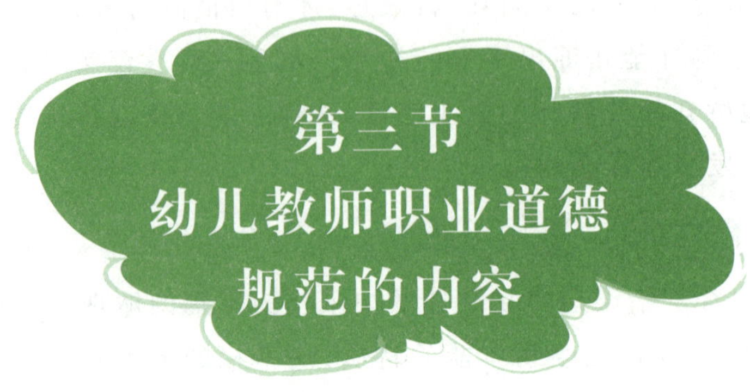

第三节 幼儿教师职业道德规范的内容

根据我国《中小学教师职业道德规范》《幼儿园教师专业标准(试行)》《3—6岁儿童学习与发展指南》等文件政策的相关规定,对幼儿教师职业道德规范的具体内容作这样几个方面的总结。

一、遵循法律法规,做到依法保教

在2012年教育部新颁布的《幼儿园教师专业标准(试行)》中,开篇对幼儿教师职业道德规范进行了明确要求:"贯彻党和国家教育方针政策,遵守教育法律法规。"遵循教育法律法规、爱国守法,是幼儿教师生存发展的基本要求,也是幼儿教师坚持正确教育方向的保证。

依法保教是指幼儿教师必须爱国守法,在教育教学工作中,严格按照宪法和法律的要求来规范自己的言行,享有宪法和法律赋予的各种权利,同时履行宪法和法律规定的义务。它要求幼儿教师要自觉学习和遵循《中华人民共和国宪法》《中华人民共和国教育法》《中华人民共和国教师法》《中华人民共和国未成年人保护法》等法律法规,全面贯彻党的教育方针,严格按照法律法规要求行使自己的权利,维护自己的合法权益,并遵守各级教育行政部门和所在幼儿园的各项管理制度,保障自己对幼儿的保教活动符合法律法规要求,做到规范化、制度化。

依法保教对幼儿教育发展具有重要的意义。首先,依法保教是幼儿教育事业健康发展的保障。百年大计,教育为本。幼儿教育是我国人才发展的起始点,教育法律法规等相关文件在宏观上对幼儿教育的支持,从根本上规划和指明了我国幼儿教育的发展道路,保障落实了幼儿教育的重要地位和幼儿教育的功能。其次,依法保教是保障幼儿及幼儿教师的合法权益的迫切需要。在我国现阶段,幼儿教育未设有专门法，因此幼儿教师的合法利益更易受到侵害。依法保教在一定程度上落实了法律法规等对幼儿权利和幼儿教师合法利益的保障。最后，依法保教是幼儿教师以德保教的必然要求。中国古代主张礼法合治、德主刑辅，在现今的社会环境中，我们也主张德法并行。因而在教育活动中，依法保教为幼儿教师以德保教提供了合适的行为模式，促进着教师不断加强自我的职业道德修养。

二、热爱幼教事业，做到爱岗敬业

"春蚕到死丝方尽，蜡炬成灰泪始干"，"衣带渐宽终不悔，为伊消得人憔悴"，"要把敬业乐业当作做人的根本，当作做人的灵魂"……古今中外，无数名言佳句无不鼓舞着我们要爱岗敬业，乐于奉献。幼儿教育是我国教育事业的重要组成部分，同时也是基础教育的基础，对我国人才培养和国民素质发展有着重要的影响。幼儿教师作为一个肩负着国家和社会发展重任的特殊职业，更应忠于职责，敬业奉献。幼儿教师工作的重要性和特殊性要求幼儿教师要具有高度的责任感和极强的事业心，基本要求是：热爱幼儿教育事业，热爱教师岗位，坚守教育理想，对教育工作尽职尽责，富有热情和激情，关注幼儿成长，培养幼儿良好的行为习惯，不传播影响幼儿身心发展的思想，促进幼儿德、智、体、美的全面发展。

爱岗敬业是各行各业从业者必须具备的职业精神，同样也是幼儿教师履行职责和承担使命的集中体现。幼儿教师要做到爱岗敬业，首先就要深刻地理解幼儿教师职业的内在价值，发现教育工作的乐趣所在，树立教育理想及信念，并勇于创造教育幸福，用智慧去实践教育理想，在教育耕耘中收获丰硕的教育成果。

三、关爱幼儿，做到以幼儿为本

师爱是教育的灵魂，也是教师职业道德的核心。苏霍姆林斯基曾说："教育技艺的全部奥秘就在于有一颗挚爱儿童的心。"教育的灵魂就在于教师给予学生那种不求回报的无私的关爱。陶行知的"捧着一颗心来，不带半根草去"更是教师热爱教育，关爱学生的真实写照。

关爱幼儿具体要求教师在教育活动中，要尊重幼儿人格，对幼儿要有爱心、责任心、耐心和细心，了解幼儿的身心发展情况，关注幼儿的发展需要，关心、爱护幼儿，平等、公正地对待幼儿，严格要求幼儿，但不体罚或变相体罚幼儿，保护幼儿的合法权益，严慈相济地促进幼儿健康成长。

从古至今的教育实践证明，教师关爱学生会促进师生关系的和谐融洽，推动教育活动的开展。在幼儿教育过程中，关爱幼儿、以幼儿为本是幼儿园教育活动开展的前提与根本所在。幼儿教师如果对幼儿没有关爱，就没有真正的教育活动。师爱是师幼两者之间心灵沟通的纽带，幼儿教师需要用心地爱护幼儿，幼儿接收到教师的关爱后自然会“亲其师”，从而“信其道”，并且逐渐地信任教师、依赖教师，在此之后发展自己的才能，回报教师的爱。同时，师爱也是培养幼儿爱的能力的基础。只有被爱过，才会爱别人。幼儿在教师的关爱呵护下健康茁壮地成长，在其成长过程中传承爱。

幼儿教师不仅要关爱幼儿，同时还需要尊重幼儿。尊重和信任是师幼沟通的桥梁，尊重幼儿就是尊重幼儿的独立人格，尊重幼儿的情感表达，满足幼儿的发展需求。虽然幼儿具有幼稚性的特点，但他们依旧有自己的愿望与需求，在乎老师、家长的褒贬评价，因而教师不能违背教育发展规律，拔苗助长，要对幼儿进行因材施教，多方面地评价幼儿的发展。

关爱幼儿，并不是溺爱幼儿，教师还必须要对幼儿进行严格要求。严格要求幼儿，就是不迁就、不放任、不溺爱幼儿，对幼儿教育事业坚持严肃的态度，对日常教育活动有严谨的作风，对幼儿德、智、体、美等各个方面发展都有严格的要求。因为爱之深，责之严。幼儿教师在教育活动中必须讲原则和严要求，引导幼儿在教育活动中遵守规则，听从要求，激励幼儿不断地取得进步和发展，表扬幼儿的优点，并耐心地引导、教导幼儿改正缺点，从而保障教育活动的效果。

幼儿教师要关爱全体幼儿，并公正平等地对待幼儿。教师对幼儿的关爱，不能受到个人的好恶情绪的影响，不能带有偏见，不能超越师德伦理关系，应该理智地关爱全体幼儿，要不论性别、不论相貌、不论个性、不论出身地一视同仁，公正平等地关爱每一个幼儿，促使每一个幼儿都能发展其才能，健康成长。

四、教书育人，做到保教结合

在我国教师法中明确规定：“教师是履行教育教学职责的专业人员，承担教书育人，培养社会主义事业建设者和接班人、提高民族素质的使命。”因此，教书育人是教师崇高的使命和职责，是教师的天职和义务，也是教师职业道德的基本要求。

教书育人，要求教师的工作任务不仅仅是向学生传递人类创造的文化科学知识，提高学生的知识水平，更重要的是培养学生具备良好品行，帮助学生形成科学的世界观和正确的人生观、价值观。可以说，“教书”仅仅是教育的过程，而“育人”才是真正的教育目的。教师培育出有知识、有能力、有思想、有道德的社会主义接班人，才能称得上达到了为社会培养人才的劳动目的。教师不仅要教好书，更要育好人，达到这样的要求才可称为一名合格的人民教师。

由于幼儿教师的教育对象是身心发展不成熟的稚嫩幼儿，并且大多数幼儿的生活自理能力较弱，因而要求幼儿教师在对幼儿开展教育活动时要做到“教中有保，保中有教，保教结合”。在幼儿教育活动中渗透保育内容，培养幼儿基本的生活技能，引导幼儿树立良好的生活习惯；同时在保育过程中进行教育活动，开展有意义的健康知识学习，为幼儿创设轻松、愉快的学习环境。

五、为人师表，做到严谨治学

为人师表，是指教师在教育活动中应当注意个人言行，在学习及生活中为学生作出表率，从而教育和影响学生。从古至今，我国对教师都有着严格的要求，这是由教师职业的特殊性所决定的。“其身正，不令而行；其身不正，虽令不从”“以身立教”，这些都是教师职业特殊性的具体表现。可以说，教师的言行举止无时无刻不在对学生产生潜移默化的影响。

幼儿教师作为幼儿的启蒙者，对幼儿的教育影响可能是一生的，因而这种教育工作的性质决定了幼儿教师要更加严格地要求自己，以身作则。

幼儿教师的为人师表还体现在待人接物、仪表风度等外在的方面。因此，幼儿教师还要善于将自己的内在修养恰当地表现在自己的着装和行为举止上，并且要时刻注意自己的言行，时刻检点自己的行为，坚持高尚的道德情操，廉洁自爱，用自己的人格魅力赢得幼儿的尊重和喜爱。

另外，为了更好地实现教书育人的教师职责，幼儿教师还应该认真钻研业务，严谨治学。在教育工作中严肃谨慎，刻苦钻研，兢兢业业，不断加强专业学习，探索教育规律，努力改进教学方法，提高科研水平能力。

六、锐意创新，做到终身学习

有人说，交给学生一杯水，教师则应该有一桶水；如果一桶水没有活水源头的话，那么就有用尽的一天。在当今科技发展迅猛、知识如海洋般涌流的时代，幼儿教师更应当树立起终身学习的理念，为灌溉祖国的花骨朵提供源源不断的知识资源。

终身学习是教师专业发展的不竭动力。幼儿教师应当始终保持进取之心，在科技创新时代环境中善于主动学习，与时代共进步。过去，人们在一定时间所学的知识与技能可以使用一辈子，但如今社会面貌每天都在更新变化，可谓日新月异，并且在教育领域也主张保教创新，如果作为栽培者的幼儿教师故步自封，不更新自己的思想、知识等，那么幼儿教育事业不仅会停止发展，而且幼儿的健康成长也会严重受阻。

终身学习是幼儿教师实现自我发展的途径。幼儿教育倡导以幼儿为本，也就是说幼儿教育要一切为了幼儿的发展，因此，幼儿教师在促进幼儿成长发展的过程中，自身也应该有最大程度的发展。为了能够达到高要求的标准，幼儿教师应将自我的角色定位为“终身学习者”。只有通过不断地学习新知识，幼儿教师才可以创新自我，发展自我。同时，通过学习，教师能够在此过程中做自己从未做过的事情，挑战自我，重新认识自己。

知识链接

希波克拉底誓言

希波克拉底誓言译文：我要遵守誓约，矢志不渝。对传授我医术的老师，我要像父母一样敬重，并把医生作为终身的职业。对我的儿子、老师的儿子以及我的门徒，我要悉心传授医学知识。我要竭尽全力，采取我认为有利于病人的医疗措施，不能给病人带来痛苦和危害。我不把毒药给任何人，也决不授意别人使用它。我要清清白白地行医和生活。无论进入谁家，只是为了治病，不为所欲为，不接受贿赂，不勾引异性。对看到或听到不应外传的私生活，我决不泄露。如果我能严格遵守上面誓言，请求神祇让我的生命与医术得到无上光荣；如果我违背誓言，天地鬼神一起将我雷击致死。

本章小结

教育发展，教师为本；教师素质，师德为基。师德的优劣直接影响到最终教育效果的成败。幼儿教师的职业具有工作对象的幼稚性和主动性，工作任务的全面性和细致性，工作过程的创造性和灵活性，教育行为的示范性和感染性，教育效果的滞后性和长期性等特点。幼儿教师职业道德的主要范畴包括教育爱、幼儿教师义务、幼儿教育公正和幼儿教育幸福。幼儿教师职业道德规范的内容为：遵循法律法规，做到依法保教；热爱幼教事业，做到爱岗敬业；关爱幼儿，做到以幼儿为本；教书育人，做到保教结合；为人师表，做到严谨治学；锐意创新，做到终身学习。

真题解析

一、选择题

1. 学生干部选举前，有的家长给班主任陈老师送来了礼物请求照顾，陈老师一概予以拒绝。这件事体现了陈老师(　　)。

A. 廉洁从教　　B. 因材施教　　C. 关爱学生　　D. 严慈相济

【答案】A。

2. 有位学生将几片纸屑随意扔在走廊上，王老师路过时顺手捡起并丢进垃圾桶，该学生满脸羞愧。王老师的行为体现的职业道德是(　　)。

A. 廉洁公正　　B. 为人师表　　C. 爱岗敬业　　D. 热爱学生

【答案】B。

3. 汪老师平时对幼儿的大声喧哗、随地乱扔果皮等行为视若无睹、不予理睬，在有人来参观或检查时才提出要求，该教师的做法(　　)。

A. 体现了宽容待生的教育要求　　B. 体现了严慈相济的教育原则

C. 忽视了幼儿良好习惯的养成　　D. 影响了幼儿学习成绩的提高

【答案】C。教师职业道德要求教师做到教书育人，培养学生良好品行。

4. 很多幼儿的生活习惯不好，宋老师就创编了一些关于习惯培养的儿歌，这些儿歌很受幼儿欢迎，对他们的习惯养成产生了积极作用。宋老师的做法体现的师德规范是(　　)。

A. 廉洁从教　　B. 公正待生　　C. 举止文明　　D. 探索创新

【答案】D。

5. 每年王老师都给自己制订读书计划，并严格执行。这体现了王老师注重(　　)。

A. 团结协作　　B. 教学创新　　C. 终身学习　　D. 循循善诱

【答案】C。

6.李老师一个学期中对父亲是副乡长的小壮家访了8次，却从未对需要帮助的留守儿童小龙家访过。李老师的做法(　　)。

A.符合主动联系家长的要求　　B.有违平等待生的要求

C.符合因材施教的原则　　D.有违严慈相济的要求

【答案】B。

7.幼儿园拟派工作多年、任劳任怨的胡老师去外地参加理论研修班，胡老师对园长说："年轻人喜欢玩，让她们去吧，而且照顾小孩子，都是些穿衣吃饭的琐事，耐心点就行，不需要太多的理论。"这表明胡老师(　　)。

A.关心年轻教师的专业成长，甘为人梯　　B.不服从园里的安排，我行我素

C.忽视自身专业发展，盲目奉献　　D.积极参与园内管理，合理建议

【答案】C。

8.马老师在逛商场时偶遇班上一位小朋友的家长，便一同挑选衣服。付款时，这位家长坚持把马老师的500元钱一起付了。对此，马老师正确的做法是(　　)。

A.数额不大，不必在意但下不为例　　B.表示谢意并坚持把钱还给家长

C.勉强接受并回送价值相当的礼物　　D.表示感谢，并注意关照他的孩子

【答案】B。

9.唐老师准备参加全市幼儿园教师基本技能大赛，因缺乏参赛经验，就去请教经常担任各类大赛评委的谢老师，但被谢老师拒绝。谢老师的做法(　　)。

扫描二维码，查看更多真题

A.不注重同事间团结协作　　B.促进唐老师自我发展

C.不注重同事的探索创新　　D.维护比赛公正公平

【答案】A。

二、材料分析题

1.活动开始了，教师请幼儿轻轻地搬椅子到老师身旁来。这时，有的幼儿轻轻地抱着椅子，有的幼儿推着椅子，有的幼儿拖着椅子往老师身边挤，活动室里一片混乱。

看到这幅情景，教师轻轻地走到一位推着椅子的幼儿跟前，抱起他的椅子，说："哎呀，小椅子，对不起，你的腿很疼，是吗？我帮你揉揉。"教师充满爱的神情和言行引起幼儿的注意，活动室里一下子静了下来。"老师，我不推椅子的。""老师，我会抱起椅子的。"……推着椅子和拖着椅子的幼儿小心翼翼地抱起椅子，轻轻地将椅子放下。教师作出询问小椅子的样子，然后很高兴地说："现在小椅子很高兴，它说谢谢大家爱护它。"

问题：请从教师职业道德的角度，评析该教师的教育行为。

2. 徐老师的班上新来了一个男孩，不爱说话，更没有笑声。徐老师问他叫什么名字，他只会摇头。通过和家长交谈，徐老师知道这个名叫晓天的幼儿从小失去母亲，爸爸忙于生计也无暇顾及他，所以晓天性格孤僻，语言表达能力很差，动作发育迟缓。

了解到晓天的身世后，徐老师更加关心晓天，在教室里为他专门准备了开发智力的玩具，还亲手为他编织毛衣。徐老师经常亲切地跟晓天说话，教他练习发音，以提高其语言表达能力；利用图片和图书为他讲故事，以提高其理解能力；跟他一起堆积木、折纸，以提高其动手能力。徐老师还指导晓天的爸爸在家里如何对孩子进行早期智力训练。

时间一天天过去，渐渐地，晓天的眼睛亮了，能与人进行简单的交谈了，脸上也常挂着微笑……

问题：请从教师职业道德的角度，评析徐老师的保教行为。

3. 下面是李老师的教育日志：

下午的点心是每人一块蛋糕，一杯牛奶，孩子们像往常一样静静地品尝着自己的那一份。发完后，我发现袋子里还有一块蛋糕，就随手给了旁边的莉莉，可没想到我这个无心之举却引起了一场“风波”。莉莉脸上露出了得意的笑容，举起那块蛋糕，在其他小朋友面前炫耀起来：“这是李老师多给我吃的！”有的孩子一本正经地说：“她小，所以李老师才给她吃！”有的愤愤不平地说：“李老师一定是喜欢莉莉。”……

这时我才意识到事情的严重性，我的举动欠考虑，冷落了其他小朋友。我马上进行补救。“今天多的一块蛋糕老师分给莉莉，以后多下来的点心，老师会发给别的小朋友，大家轮流吃，你们说好吗？”孩子们脸上的复杂表情马上都消失了，大声喊道：“好！”

问题：请结合材料，从教师职业道德的角度评析李老师的教育行为。

4. 星星幼儿园本学期开设了托班，这个班的孩子年龄偏小，平均年龄不满2周岁。钟老师主动承担了这个托班的保教工作。入园时，托班孩子都会哭闹不止，“我要妈妈！”“回家！”“不上幼儿园！”……钟老师一会儿抱着这个，一会儿哄着那个，一天下来，累得几乎直不起腰。但是，不管钟老师用什么办法，总有几个孩子会一直哭个不停。有时钟老师也会心情烦躁，甚至还对个别孩子发脾气。但是她发现发脾气非但解决不了问题，反而会让孩子哭闹得更凶。经过一段时间的摸索，她发现只有自己心平气和才能安抚孩子烦躁的情绪。渐渐地，孩子们的哭闹声少了，欢笑声多了。因为年龄小，大多数孩子走路不稳，语言不清晰，对一切事物都好奇，什么都想看，什么都想摸。钟老师怕他们摔倒或碰伤，就时刻注意着他们的安全。家长们看着自己的孩子每天在幼儿园开开心心的，都很感激钟老师。教师节这天，有家长给钟老师送来了购物卡和礼品以表达谢意，钟老师欣然接受了。

问题：请结合材料，从教师职业道德的角度，评析钟老师的教育行为。

5. 小(二)班有一个叫涛涛的孩子，因为全家人的宠爱，自己的东西从不让别人碰，还很任性。

一天，幼儿园开展区域游戏活动，涛涛去搭积木，可是建构区里已经挤了很多孩子，涛涛不管那么多，拼命往里挤，边挤边推正在搭积木的幼儿，嘴里还嚷嚷："你们让开，让我先玩。"看见没有人让位置给自己，他一屁股坐在地上大哭起来。这个过程被李老师看在眼里。李老师走过去将涛涛扶起来，说："涛涛，你继续哭下去的话，那么多好玩的玩具你都玩不到了，不如我们先去别的地方玩，等一会儿再回来搭积木。"涛涛止住了哭声，点了点头，跟着李老师走到另一个活动区玩起了拼图游戏，一会儿就拼出了小花来，涛涛开心地笑了，李老师趁机说："我们能不能邀请其他小朋友一起来拼出更有趣的图案呢？"涛涛点点头，高兴地跑去找小朋友。

之后，李老师有意引导涛涛和小朋友一起游戏，慢慢地，涛涛不再只顾自己的感受，也与同伴分享玩具。

问题：请结合材料，从教师职业道德的角度，评析李老师的教育行为。

6. 两岁半的小熙生活在一个单亲家庭，现在主要和外婆住在一起。

一天午餐过后，小朋友们都在认真地看书。突然，林老师听见了轻轻的抽泣声，发现小熙正双手捂着脸，伤心地哭着，旁边的浩浩四处张望，眼里掠过一丝不安。林老师走过去把小熙搂到怀里，轻轻地拍着她，问："小熙，怎么了？"小熙指着浩浩说："他打我！"说完哇的一声大哭起来。林老师帮她整理好衣服，并夸夸她的裙子，摸摸她的小辫，安抚了好一会儿，她才平静下来。林老师问浩浩："怎么回事啊？"浩浩委屈地说："我想拉她跟我一起去搭积木，她就哭了。"小熙说："他弄疼我了。"林老师对小熙说："浩浩不是故意的，你就原谅他吧。"林老师把浩浩和小熙的小手拉到一起，鼓励他们一起去搭积木。

下午外婆牵着小熙的手准备离园时。林老师对外婆说："小熙这孩子什么都好，就是太内向，太敏感，回去您好好跟她说说吧。"

问题：请结合材料，从教师职业道德的角度，评析林老师的教育行为。

7. 周老师是一名乡村幼儿园教师，她带班班级里的孩子的父母大部分在外打工，周老师经常在班上组织“娃娃家”游戏。在游戏中，周老师扮演“妈妈”的角色，搂搂这个，亲亲那个，宝贝们在“妈妈”的怀里幸福地撒着娇。妮妮常常把小手弄得脏脏的，还喜欢吸吮手指，导致常拉肚子。一天，周老师看到妮妮没有洗手就拿点心吃，就把她带到水池旁，一边教她洗手一边说：“脏脏的小手有许多细菌，不洗手就拿东西吃会生病的，以后我们天天把小手洗得干干净净，做个健康的小宝宝，好吗？”妮妮使劲点点头，不好意思地笑了。周老师还发现妮妮非常喜欢看图书，由于父母在外打工，她跟爷爷奶奶生活在一起，可是爷爷奶奶识字不多，没法陪她一起阅读。周老师就经常给她讲故事、念儿歌。周老师打电话给妮妮的妈妈说：“妮妮是个可爱的孩子，就是不太喜欢说话，建议你们经常打电话给她，让她感受到你们的爱。”周老师还经常利用微信与妮妮的妈妈沟通、交流。周老师觉得自己对幼儿的心理特点了解不够，有些问题不能妥善处理，于是主动参加培训学习。

问题：请结合材料，从教师职业道德的角度，评析周老师的教育行为。

8. 中班的睿睿很任性，处处以自我为中心。音乐课上，李老师教小朋友们唱《两只老虎》，大家都跟着老师唱，只有睿睿故意把“两只老虎”的歌词改成“两只花猫”。其他小朋友听了，也随着睿睿唱“两只花猫”。李老师警告睿睿：“如果再改歌词，你就到小班去！”但睿睿没有听老师的话，继续改歌词，甚至把调子拖得很长。李老师火了，站起来走到睿睿跟前，大声吼道：“你给我出去！”睿睿哭着走出教室，李老师没有理会，继续教小朋友们唱歌。就这样，睿睿站在教室门口哭个不停，直到下课。

回家后，睿睿把这件事告诉了家人。第二天，奶奶来送睿睿时，找李老师理论。李老师说：“就是你们这些家长太溺爱孩子，孩子才那么任性！我们对他进行教育，难道不对吗？”

问题：请结合材料，从教师职业道德的角度，评析李老师的教育行为。

9. 李老师组建了艺术团，组织学生们学习声乐、器乐等。面对家长的质疑，李老师解释道：音乐或许不能让他们成才，但是能让他们的世界丰富多彩。李老师利用课余时间指导学生们唱歌、朗诵，孩子们的艺术天分逐渐显现出来。因身体残缺，媛媛闷闷不乐，不太合群。自从参加艺术团后，媛媛找到了自己的兴趣，唱歌跳舞等活动已成为她生活中的一部分。李老师发现后，便帮她训练气息、发音。媛媛的唱歌水平不断提高，性格也变得好起来。

孩子们平时不敢抬头，坐姿站姿都低头盲态……老师看到很心疼。李老师开设形体课，让学生通过触摸身体各个部位，帮助学生了解坐姿、站姿等。后来，学生们变得昂首挺胸，越来越自信了。

问题：请结合材料，从学生观的角度评析李老师的教育行为。

10.“老师，小樱又大闹天宫了！”班长气喘吁吁地跑来告诉正准备去上课的唐老师。唐老师来到教室，只见教室里一片狼藉，作业本撒了一地，小樱眼含泪水，满脸愤怒。周围的同学有的面露不满，有的幸灾乐祸，等着看老师怎样收拾小樱，唐老师却平静地说：“为什么一大早就哭了呀？一日之计在于晨，同学们赶紧把作业本捡起来。”唐老师走近小樱说：“先坐下，有什么事上完课再告诉老师。”小樱慢慢坐下来，紧握的双拳松开了，目光也变得平和了。唐老师说：“开始上课吧。”下课后，唐老师对小樱说：“你能安静下来上课，很好。课前发生了什么事？能告诉老师吗？”小樱告诉唐老师，一大早，几个调皮的男生看见教室里的桌椅被弄得东倒西歪的，因为她以前做过这种恶作剧，就起哄说是她干的。小樱顿时火冒三丈，脱口就骂，那些同学回了几句，她更火了，便把同学们的作业本扔到了地上。

听完小樱的述说，唐老师把起哄的学生也叫到办公室，听了大家的陈述，弄清了当时的情形，让他们各自反思并向对方道歉。唐老师肯定了小樱和几位同学的认错态度，希望大家用宽容、公正的心对待同学，共建一个积极奋进、和谐向上的班集体。此后，同学们开始慢慢接纳小樱了。

问题：请结合材料，从教师职业道德的角度，评析唐老师的教育行为。

扫描二维码，
查看材料分析
题参考答案

第8章 幼儿教师职业道德养成

幼儿教师的职业道德修养对幼儿的道德行为有着潜移默化的影响，因此其职业道德养成就是幼儿教师专业成长的重要组成部分。近年来，发生的幼儿园虐童事件不仅挑战了法律的底线，同时也是教师个人职业道德的全面失守。本章从保教伦理、家园合作伦理和科学研究伦理三个方面讨论了幼儿教师的职业道德养成，期望幼儿教师能做一个保教的高手、家园合作的能手和科学研究的熟手。

学习目标

1. 了解保教伦理、家园合作伦理、科学研究伦理的内涵。
2. 理解保教伦理、家园合作伦理、科学研究伦理的主要内容。
3. 践行实现保教伦理、家园合作伦理、科学研究伦理的策略。

学习重难点

1. 保教伦理、家园合作伦理、科学研究伦理的主要内容。
2. 实现保教伦理、家园合作伦理、科学研究伦理的策略。

知识结构图

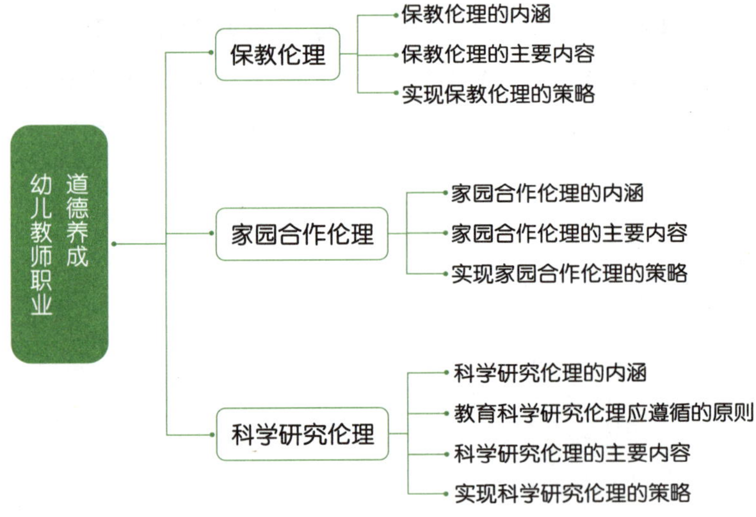

第一节 保教伦理

一、保教伦理的内涵

“保教”是“保育”与“教育”的合称。保教是一个整体概念,“保”和“教”是教育整体的不同方面,但同时对幼儿的发展产生影响,体现了教育对个体发展的整体性影响。[①]

保教伦理有两种解释:第一种是“保教中的伦理”,即外在于保教过程的社会道德规范、法则在保教过程中的体现;第二种是“保教的伦理”,这是一种“本体伦理”,而非外在的规范伦理,指的是保教活动自身所具备的“以善至善”的本质规定性的自然流露。

二、保教伦理的主要内容

(一)对保教行为的专业认同与承诺

保教伦理是一种特殊的存在,是学前教育领域特有的伦理类型。在大教育情境下,与保教伦理相对应的是教学伦理,檀传宝在《教师职业道德》一书中提到教学伦理的主要内容之一就是对教学行为的专业认同与承诺[②],大教育与学前教育是共性与个性的关系,两者有很多相通之处。

对保教行为的正确理解是积极实施保教行为的动力与前提。然而,对保教行为的理解不能单单局限于对职业的理解,职业理解并不等于专业理解与专业

① 周国剑.幼儿园组织与管理[M].天津:南开大学出版社,2012:112-113.

② 檀传宝.教师职业道德[M].北京:北京师范大学出版社,2015:88.

认同。如果保教行为仅仅被视为一种因社会分工而存在的职业、一种幼儿教师为养家糊口而从事的职业，那么，幼儿教师的专业性与崇高性将会失去意义。因此，对保教伦理的理解不能仅仅局限于职业伦理层面，保教伦理应该属于专业伦理层面。在幼儿教育中，教师对自身职业以及保教行为的专业认同与承诺是保教伦理得到专业化理解的重要标志。

当前，在教师职业专业化的背景下，我国教师职业伦理规范的制定，经历了由经验型“职业伦理”到专业型“专业伦理”转变的过程，这表明教师职业规范的专业性越来越受到重视。基于对保教伦理专业性的认识，教育部于2012年研究制定了《幼儿园教师专业标准（试行）》（以下简称《标准》），并将其作为引领教师专业化发展的准则和提高社会对教师专业特性认识的途径。在《标准》的基本内容中，把“职业理解与认识”作为“专业理念与师德”的首要判定标准。

（1）贯彻党和国家教育方针政策，遵守教育法律法规。

（2）理解幼儿保教工作的意义，热爱学前教育事业，具有职业理想和敬业精神。

（3）认同幼儿园教师的专业性和独特性，注重自身专业发展。

（4）具有良好职业道德修养，为人师表。

（5）具有团队合作精神，积极开展协作与交流。

总之，幼儿教师对自身所从事的保教工作拥有专业性的理解、认同与承诺，是保教伦理超越日常经验性的道德规范，促使保教行为更加符合教师专业伦理规范的前提与要求。

（二）保教过程中的人际关系

1. 幼儿教师对待幼儿的伦理要求

幼儿教师与幼儿的关系是幼儿园中最主要的人际关系，也是教育教学过程中最基本、最重要的人际关系。师幼关系的质量对幼儿的发展、教学质量的高低都有重要的影响作用，而师幼关系的质量很大程度上取决于教师对待幼儿的方式，教师对待幼儿需要遵循伦理道德规范，这是师德修养的核心内容，也是保教伦理的核心要求。保教结合的幼儿教育决定了幼儿教师与幼儿的关系不只是一般的师生关系，这类似亲子关系，这种关系体现于教师在幼儿学习与生活中用爱护自己孩子般的方式去对待幼儿，将幼儿当成自己孩子般去呵护与教导，这对教师自身职业道德水平有很高的要求。而且，师幼关系具有内隐性与长期性，教师的道德修养水平，往往会潜移默化地影响孩子的一生。

总结起来，幼儿教师在保教过程中应遵循以下方面的伦理要求。

(1)了解幼儿。

一是了解每个幼儿的能力和潜力。幼儿的发展潜藏着各种可能性,教师不应该以当下幼儿的行为表现去定位幼儿能力,不能以同一个标准要求每一位幼儿都要达到某一水平,也不能以量化的成绩去判定幼儿。例如:一名中班的幼儿在语言发展方面落后于其他的幼儿,教师急切地想要提高这名幼儿的语言能力,用了很多方法,但是幼儿的语言能力依旧进展缓慢,于是,教师就一味地指责幼儿,随后采取消极的教学方式对待幼儿。显然这名教师的做法是错误的,教师根本没有考虑到每一位幼儿的能力差异,而且过早地将幼儿定位,没有发现幼儿身上的潜力。每一位幼儿的发展速度是不一样的,有的快,而有的稍微慢一点,教师不能因为有的幼儿发展慢,没有达到整体水平就将幼儿"抛弃",教师应该做的就是相信幼儿,善于发现幼儿潜在的能力,并采取适合幼儿的教育方式去激励幼儿发展。

二是了解幼儿身心发展规律。幼儿身心各方面的发展都有规律,应该遵循幼儿身心发展的规律,采用恰当的教育方式对幼儿进行教育。例如,现在很多家庭只有一个孩子,孩子的任何事情都由父母或爷爷奶奶等包办代替,很多孩子长大后连基本的生活技能都不会。因此,从幼儿进入幼儿园开始,就必须让幼儿做自己能做的或是要经过一些努力才能够完成的事情,教师要懂得放手,不要因为幼儿"笨手笨脚",而去代替幼儿完成幼儿能够完成的事情。要信任幼儿有自我吸收和获取新技能的能力,这是顺应幼儿发展规律的需要,也是促进幼儿健康发展的要求。

最近发展区理论

最近发展区理论是由苏联教育家维果茨基提出的儿童教育发展观。他认为学生的发展有两种水平:一种是学生的现有水平,指独立活动时所能达到的解决问题的水平;另一种是学生可能的发展水平,也就是通过教学所获得的潜力。两者之间的差异就是最近发展区。教学应着眼于学生的最近发展区,为学生提供带有难度的内容,调动学生的积极性,发挥其潜能,超越其最近发展区而达到下一发展阶段的水平,然后在此基础上进行下一个发展区的发展。

(2)尊重幼儿。

一是尊重幼儿的人格尊严。尊重幼儿的人格尊严是保教实践中最基本、最重要的伦理要求,也是保教伦理的核心内容。尊重幼儿是教师平等公正对待幼儿的基本准则。教师与幼儿在人格上是平等的,所以幼儿的人格、自尊心、兴趣爱好与好奇心等,都应该得到充分的尊重与肯定,教师没有权利采取任何手段进行阻挠和干涉。爱的前提是尊重,教育的前提也是尊重,没有尊重就没有爱与教育。近年,各地幼儿园频频发生幼儿教师虐待幼儿事件,其中有几起幼儿教师虐童事件可谓是震惊了中国幼教界。

此类事件的发生绝非个案,不知道在镜头外还有多少类似的事件发生。而发生这类事件的重要原因之一在于教师没有尊重幼儿的人格尊严,只是将幼儿机械地看作自己管理的对象,幼儿不听话了就粗暴地采取一些手段予以制止干涉,任意地践踏幼儿的尊严,无视幼儿的权利。幼儿教育如果失去了对幼儿的尊重,那幼儿教育也就失去了存在的意义。

二是尊重幼儿的个性特征与智力特征。由于每个幼儿的遗传因素、家庭环境等不同,所以每个幼儿都拥有独特的个性特征与智力特征。尊重幼儿独特的个性特征,是教师了解每一位幼儿的前提,教师不能从自身喜恶出发,去评定幼儿个性特征的好坏,不能给幼儿随意贴标签。例如,某个幼儿比较内向,平时很少说话,但是老师喜欢性格开朗的幼儿,所以在平时教学中有意无意地将这个幼儿跟其他的幼儿比较,明显表现出对开朗幼儿的偏爱。显然这位老师的做法是错误的,每一位幼儿有其独特的个性特征,我们应该尊重幼儿的独特性,并承认幼儿的独特性是多种多样的。尊重幼儿的个性特征是尊重幼儿的一个重要内容,同时也是对幼儿实施保教行为的重要前提。

尊重幼儿的智力特征是教师实施正确的保教行为的基础。美国教育家、心理学家霍华德·加德纳提出了“多元智力理论”。他认为,每个人都至少具备语言智力、逻辑数学智力、音乐智力、空间智力、身体运动智力、人际关系智力和内省智力等多种智力类型。有些幼儿的语言或逻辑数学智力不高,并且因此“沦为”班上的学困生,但其音乐智力要优于其他的幼儿,此时,教师不应只看到这类幼儿的短处,一味地打击挖苦,而应看到幼儿擅长、发光的一面。每一位幼儿的智力特征都有独特性,教师应该充分尊重幼儿智力特征的独特性,让每一位幼儿都能健康向上的成长。

(3)关爱幼儿。

“爱”是世间最美好的情感,教师对幼儿的关爱是一种美好的职业道德情感。

教育家捷尔任斯基说过:“谁爱孩子,孩子就爱他,只有爱孩子的人,他才能教育孩子。”所以,教师对幼儿的关爱对奠定良好的师幼关系具有重要的作用。关爱幼儿要做到“外于行,内于心”,要有行动上的关爱,而且这种关爱还是发自内心的。教师对幼儿的爱不应受任何外界或私人的影响,而应是出于对教师这份事业的高度责任感和自身的道德修养。

一是关爱幼儿学习与发展的整体性。3~6岁幼儿的认知水平、社会经验、身心发育等发展都还不够全面,而这些方面都是促进幼儿健康成长所必需的,教师不能单单只关心幼儿某一方面的发展,还要注重幼儿整体性的发展。但在目前的幼儿教育中,出现了幼儿教育“小学化”的倾向,片面地追求幼儿对书本知识的获得,这对幼儿身心的发展有很大的阻碍。这种倾向名义上是不让孩子输在起跑线上,能更好地适应小学课程,但是结果往往适得其反。

案例分析

小明的家庭条件不错,又是家里的独苗,一家人对他寄予了很高的期望。小明3岁的时候,妈妈给他选了一家贵族幼儿园。贵族幼儿园正是打着“不让孩子输在起跑线上”的口号,从小班开始就教授拼音、汉字、数数,中班又加了算数,到大班基本上进入小学课程学习模式。家里的人看着小明每天回去都有作业做,懂得的东西越来越多了,很是开心。但是,上小学后的小明变得不那么爱学习了,甚至产生了厌学的心理,而且眼睛也变得近视,不得不架起一副眼镜。小明的家人见此状手足无措。

分析

从这个案例中我们可以看到,家长与幼儿园都在片面地追求幼儿对书本知识的获得,而最终是他们不愿意看到的结果。无论是抱着“望子成龙,望女成凤”教育观念的家长,还是打着“不让孩子输在起跑线上”旗号招生的幼儿园,都是作为一名普通的幼儿教师无法避免会遇到的,当遇到这样无法一时改变的不科学教育观念时,幼儿教师需要调整所学理论与现实的关系,在教育幼儿时应该本着对幼儿教育的高度责任感,切实地了解幼儿、关爱幼儿,从幼儿的整体性发展进行教育。

二是关注每一位幼儿。教师的爱应该是无私的、公正的。《3—6岁儿童学习与发展指南》(简称《指南》)实施原则中提到幼儿的发展具有差异性与阶段性。我们应该充分理解和尊重幼儿发展进程中的差异,支持和引导幼儿从原有水平向更高水平发展,按照他们自身的速度和方式达到《指南》所呈现的发展"阶梯",切忌用一把"尺子"衡量所有幼儿。但是有许多幼儿教师因为幼儿的外表、家庭、性格等外在条件差别对待幼儿,对长得好看的幼儿关怀备至,对长得不好看的爱搭不理;对家庭条件好的幼儿嘘寒问暖,对家庭条件不好的漠不关心;对课堂表现好的幼儿笑脸相迎,对表现不好的恶语相向等。

案例分析

小红的父母都在教育局工作,他们在送小红进幼儿园之前就已经给园长打过"招呼",要求多多地关照小红,园长鉴于小红父母的地位也向小红的主班教师打了"招呼",至此,班上的老师对小红格外地照顾,比一般的幼儿要多几分关心。小红各方面的表现其实并不如有些没有"背景"的幼儿,但是到期末班上评"乖宝宝"的时候,小红都会被评上,而那些表现好的幼儿,往往是没有机会的。

分析

此类事件不光对幼儿的发展造成了严重影响,还反映出教师职业道德的缺失。如果师爱要依据这些外在的条件,那么它已经不再是师爱。因此,在保教实践中判定一名教师是否有高尚的道德情操,从他给予每一位幼儿的爱与对待不同幼儿的态度就可以判定。教师在保教过程中是否用爱对待每一位幼儿,是保教伦理的一面镜子。

2. 幼儿教师对待教师群体及领导的伦理要求

(1)处理好主班教师之间的关系。

主班教师是保教实践的核心人物,一般来说一个班上只有一个主班教师,但通常一个幼儿园同一个年龄段班级不止一个,所以同一个年龄段的班级的主班教师不止一个。可以说,主班教师主导着保教实践,他们在学校日常工作中会面临各种问题,特别是一些新教师缺乏实践经验,这时就需要与自己处于相同情况的教师互相交流经验、互通有无,也就是与同一年龄段班级的其他主班教师相互交流。所以处理好主班教师之间的关系很有必要,主班教师之间的关系对保教实践有很大的影响。在幼儿园中，由于教师的教龄、经验、教学方法和风格不尽相同，相互学习有利业务水平的提高。身为教师不应该因为竞争等外在因素而忽略教师之间的交流。教师应该摒弃成见、团结协作、学习交流、取长补短。

(2)处理好与配班教师之间的关系。

配班教师在保教实践中对主班教师的工作起到辅助作用，可以说是主班教师的助手，主班教师与配班教师是否在保教实践中进行良好的配合对保教质量也会有很大的影响。但一般而言，主班教师的各方面能力都比配班教师强，而且配班教师一般都是年轻的新教师，所以在保教实践方面，主班教师与配班教师的分工是明确的。主班教师不能因为在保教实践中自己的地位比配班教师地位重要就不屑与配班教师交流，也不能因为自己的能力比配班教师强就处处挑剔配班教师。主班教师与配班教师要相互配合、相互尊重、携手共进，努力提高保教质量。

(3)处理好骨干教师与一般教师之间的关系。

在幼儿园中，骨干教师由于学历、资历、教学技能、教育研究等方面相较于一般的教师有突出的优势，是整个幼儿园中教师群体的骨干力量、优秀代表，对一般教师具有一定示范作用和带动作用。在保教实践中，一方面，一般教师必须认识到在这些骨干教师的身上有值得学习的地方，向他们虚心学习，不断进步，而不能嫉贤妒能，不思进取。另一方面，骨干教师切忌骄傲自大、恃才放旷，必须认识到学无止境，人外有人，要谦逊大度，虚心接受其他教师的意见和建议，不吝传授自己的教学经验，尊重其他教师，以实现共同进步。

(4)处理好与幼儿园领导之间的关系。

幼儿园领导是幼儿园各项工作的规划者、管理者和监督者，作为教师应该尊重幼儿园领导的工作，认真完成自己的本职工作。在保教实践中处理与幼儿园领导之间的关系时尽力做到以下几点：一是在保教实践中能够凭自己能力解决的困难尽量自己解决，但遇到实在不能解决的困难，应该及时向领导汇报，并寻求帮助。二是教师要理性地争取自己的权益，学会换位思考问题。例如，在评优工作中，有的教师不惜在领导的面前揭其他教师的短，诉说自己为保教事业作出的“奉献”。显然这样的做法不理性。三是教师在处理与领导之间的关系时应该不卑不亢，切忌溜须拍马、阿谀奉承。

(5)处理好与保育员之间的关系。

通常情况下，幼儿园每个班级的人员配置是“两教一保”，即两位教师(主班教师与配班教师)，一位保育员。一般情况下保育员都是由一些年长的、生活经验丰富的阿姨担任，她们主要负责幼儿的生活，基本都属于编外人员，她们的待遇低于教师。但是，教师不能因为这些外在条件而看不起保育员，教师与保育员是平等的关系，只是分工不一样而已，两者是合作伙伴的关系。在很多幼儿园中保育员又叫生活老师，因此，也可称保育员为教师，只是与主班教师和配班教师教授的内容不一样而已。保育员教给幼儿的是生活上的知识与技能，所以，教师与保育员应该协同合作、互相尊重、相互体谅，携手推进保教质量的提高。

(三)保教过程中的个人修养与行为

《幼儿园教师专业标准(试行)》中提出幼儿教师的个人修养与行为包括：

(1)富有爱心、责任心、耐心和细心。

(2)乐观向上、热情开朗，有亲和力。

(3)善于自我调节情绪，保持平和心态。

(4)勤于学习，不断进取。

(5)衣着整洁得体，语言规范健康，举止文明礼貌。

从《幼儿园教师专业标准(试行)》中可以清晰地看到对幼儿教师的个人修养与行为的要求。幼儿教师要达到《幼儿园教师专业标准(试行)》要求，需从以下几个方面入手。

1. 保教过程中的“六勤”“四心”

“六勤”即眼勤、耳勤、脑勤、手勤、嘴勤和腿勤。“四心”即爱心、责任心、耐心和细心。在保教过程中，教师的保教行为应始终坚持“六勤”，伴随“四心”。

具体而言，“六勤”是指：

(1)眼勤，就是多看、多观察。首先，要尽量观察了解每一位幼儿，尽量让每一位幼儿都在自己的视线范围内。其次，就是多学习，不断增进自己的知识，拓宽眼界，武装自己。最后，要多观察他人的保教方式与技巧，取长补短，丰富自己。

(2)耳勤，就是多听。首先，要倾听幼儿的诉求，了解幼儿需要教师为其解决的问题。其次，要听从领导的安排，出色地完成保教任务。最后，要听取家长的反馈与建议，积极地反思自己的保教工作是否到位。

(3)脑勤，就是多想、多思考。教师对幼儿一日生活中的各个方面都要多问几个为什么和怎么样，例如：为什么这个幼儿今天表现得不正常，他是不是不舒服？今天孩子们在哪些方面进步了，哪些地方自己做得还不够好？等等。通过多问自己为什么来进行反思，争取做到最好。

（4）手勤，就是多做、多实践。首先，将在保教实践中看到的、听到的和想到的付诸实践，通过动手操作去验证。其次，自己动手制作教具、玩具，提高自己的动手能力。最后，做好反思记录，将在保教实践中遇到的困难或是自己的成长通过文字的方式记录下来，一方面可以记录幼儿的成长，另外一方面也可以促进自己不断反思，提高保教能力。

（5）嘴勤，即多说、多交流。首先，在保教实践中为了清楚地了解幼儿，就需要教师与幼儿、家长、同事和领导多交流沟通，了解他们的想法，再有针对性地进行保教实践。其次，要向经验丰富的教师多多请教，不懂的问题要多问。最后，在对幼儿进行安全教育时要多说、细说，避免安全事故的发生。

（6）腿勤，就是多走、多活动。这一点主要体现在幼儿活动时，教师应该尽量参与幼儿的活动，在活动中能看到最真实的幼儿，通过活动了解幼儿、增进与幼儿之间的感情。

具体而言，“四心”是指：

（1）爱心，即对幼儿要有爱心。“教育之不能没有爱，犹如池塘之不能没有水。”可以说，教育就是爱的教育。作为一名幼儿教师应有一颗真诚爱护幼儿的心。在家里，幼儿有亲人的疼爱，幼儿离开家庭到幼儿园这个相对陌生的环境，面对陌生的教师，心里难免产生恐惧与不安全感，这时作为教师，应该用体现爱心最直观的方式去对待幼儿，如微笑地接待幼儿、温柔地与幼儿沟通等，让幼儿消除对教师的陌生感，增加安全感，让幼儿信任教师。爱孩子是教师的职责，只有付出了爱，才会得到爱的回报。

（2）责任心，即对教学内容与方法的选择要有责任心。幼儿的发展具有差异性与阶段性等特点，作为幼儿教师应该遵循幼儿发展的规律，根据幼儿的年龄和心理发展特点，选择易于幼儿发展的方法。只有教师在教育幼儿的过程中怀有一颗高度的责任心，才会收获到预想的结果。

（3）耐心，即在保教过程中对保教问题的处理要有耐心。耐心是保教伦理的重要要求。在保教过程中，幼儿教师面对的是幼儿，每一个幼儿的发展水平各不相同，知识经验与能力水平也存在差异。因此，教师在保教过程中需要具备足够的耐心，耐心对待幼儿的每一次错误，要心平气和，不能过于急躁，要宽容大度，要用发展的眼光看待幼儿。

(4)细心，即保教过程要细心。俗话说：细节决定成败。在幼儿保教过程中，一些细微的保教环节或保教动作可能会对幼儿的身心发展造成很大的影响，因此，在保教过程中，幼儿教师要时刻留意一些容易被忽视的保教细节，将细心变成自己的职业习惯与工作重点。

2. 保教过程中的情绪伦理

情绪是一种主观感受，也是一种社会表达。

情绪的外部表达方式有面部表情、姿态和语言。最普遍、最通俗的情绪有喜、怒、哀、惊、恐、爱等，也有一些细腻微妙的情绪，如嫉妒、惭愧、羞耻、自豪等。情绪常和心情、性格、脾气、目的等因素相互作用。任何人都有表达自己情绪的权利，但由于幼儿的情绪发展具有不稳定性与易受感染等特点，因此，幼儿教师在保教过程中要调节好自己的不良情绪，为幼儿营造和谐的情绪氛围，这是情绪伦理的基本要求。从《幼儿园教师专业标准（试行）》中可以看出，“善于自我调节情绪”是幼儿教师个人修养的重要体现。在保教过程中，由于幼儿身心各方面的局限性，许多教师可能会面临“好心没好报”“出力不讨好”“事倍功半”等情况。此时，教师首先要“看得开，想得通”，要用发展的眼光对待幼儿的成长，不能动不动就发脾气，损害形象。其次，教师要掌握恰当合理的自我情绪调节的方法，其关键是调整自己对保教工作的观念与看法，明白保教工作的本质，理解幼儿这个特殊的受教育群体。

在保教过程中，教师可以通过以下几个方面来合理调节自我情绪：

(1)体察自我情绪，时刻提醒自己注意自我情绪的变化。在保教过程中，多问一问自己“此刻我的情绪怎么样”。例如，当你看到幼儿在盥洗时玩水而对他大声呵斥时，问问自己：“我的情绪是什么？我为什么会这样？我应该这样吗？”如果你及时地体察和反思到自己的情绪变化，就会调节不良的情绪及产生的外化的行动或语言。体察情绪的变化是进行情绪调节的第一步，这种体察与反思可以为接下来的保教行为调节奠定基础。

(2)适当表达自我情绪。在遇到幼儿不遵守教师已经反复强调过的规则时，教师肯定会不满和生气，但要避免采用呵斥的语言去表达自己生气的情绪，而可以用婉转的话告诉幼儿某种行为是不恰当的，从侧面告诉幼儿他这种行为会令你不开心。可以这样对幼儿说：“老师不喜欢在洗手时玩水的小朋友。”教师既合理地表达了自己的情绪，又让幼儿明白玩水会让教师不开心，自然会停止玩水。

(3)寻找合理的方式宣泄自我情绪。不良的情绪压抑在心里久了，可能会造成心理上的疾病，所以适当的宣泄自我情绪非常必要。宣泄情绪的方式有很多，因人而异，有些人喜欢找三两个好友倾诉，有些人喜欢听音乐、逛街、跑步，等等。

3. 保教过程中的形象伦理

（1）着装规范。保教着装是指教师在保教工作中所穿的服装，以及所佩戴的饰物。一名教师的教学着装，直接影响到一个学校的形象和教师的个人尊严。由于幼儿教师保教的是幼儿这一特殊的群体，所以幼儿教师的着装要求比其他的教师要求更高。具体而言，幼儿教师的保教着装规范主要有以下几个方面：

一是与幼儿教师的身份相符。《幼儿园教师专业标准（试行）》中规定幼儿教师要“衣着整洁得体”，整洁即干净、不邋遢，得体就是恰当，符合幼儿教师身份。与幼儿教师身份相符的着装要做到“六个不”，即“不露、不透、不紧、不异、不乱、不累赘”。具体而言，“不露”是指内衣等不外露，在幼儿园尽量穿裤子，不穿短裙等易露的服装；“不透”是指不穿一些穿了等于没穿的服装，特别是在夏季，不要因为天气炎热，而去选择一些过于薄而透的衣服；“不紧”是指不要穿着过于贴身的服装，应该选择一些适合运动的服装；“不异”是指不要穿着一些奇装异服，每个人都有选择穿着的权利，一些年轻的教师平时打扮非常有个性，喜欢标新立异，但是在幼儿园，我们还是应该注意庄重、严肃；“不乱”是指整洁、不邋遢，给人的感觉是清爽干净，自然美观；“不累赘”是指教师的着装不干扰到正常的保教活动，例如在保教过程中女教师不要穿高跟鞋影响活动的正常开展等。

二是考虑保教对象的特征。幼儿教师保教的对象是3~6岁的幼儿，这个阶段的幼儿对一些发光的亮片、细小的珠子等有特别的兴趣，但是这些东西有时候会被幼儿放进嘴里、鼻孔里、耳朵里，从而发生一系列安全事故。所以，幼儿教师需要注意尽量选择一些没有装饰品的简单服饰，另外还应注意佩戴的首饰的安全性。

（2）仪容规范。首先是面部妆容规范。第一要保持面部干净，注意细节，例如保持眼部的整洁，无排泄物，不戴墨镜和有色眼镜。第二要保持口腔清洁，牙齿洁白，口腔无异味。第三要保持活力与朝气，着淡妆，自然大方淡雅，与肤色相配，杜绝浓妆，不使用气味过浓的化妆品。其次是头部梳妆规范。要保持头发清爽干净，勤洗头，没有异味，女教师应该将头发束起来，头发染色不能过于妖艳，男教师头发长短要适中，长度以6厘米左右为宜，前面不超过额头，后面不超过衣领，两侧不遮挡耳朵。

（3）举止规范。教师的举止是指教师在保教过程中的动作、行为以及身体各部分所呈现的姿态。从一名教师的保教举止就可以判定这位教师的保教能力与气质。对于幼儿教师而言，遵守举止规范即其举止要合乎社会对教师举止的基本要求，简单来说就是合乎约定俗成的行为规范，达到《幼儿园教师专业标准（试行）》中规定的“举止文明礼貌”。所谓举止文明礼貌，是要求教师在保教过程中举止自然、大方、不粗俗，不给他人造成困扰，以表现出自我良好的个人修养。

4. 保教过程中的语言伦理

（1）保教口头语言规范。在保教过程中，教师主要运用口头语言与幼儿进行交流，所以教师口头语言的运用有必要遵守以下规范：

首先，要发音标准，口齿清楚。3~6岁是幼儿语言发展，特别是口语发展的重要时期。幼儿在幼儿园中的一日生活、学习与游戏活动的各个环节都离不开教师，教师的口语表达贯穿各个领域，所以幼儿教师的发音是否标准，口齿是否清楚，在一定程度上会影响到幼儿口语的发展的好坏。

其次，要用语准确，词意清楚。口语用语不准确，词意不清楚会造成幼儿领会不到教师的用意，教育效果事倍功半，甚至影响到整个幼儿园的保教质量。

再次，语调要温柔，抑扬顿挫。幼儿与教师的关系除了正常的师生关系，还有一种类似亲子关系的关系，在家庭中，妈妈总是温柔地与幼儿交流，这样有利于形成安全的依恋关系。同理，在幼儿一日活动的各个环节中教师运用口语对幼儿进行保教时，语调应该要温柔，让幼儿感到自己是被呵护的，让幼儿感受到教师的爱意，从而信任教师，确保保教工作顺利进行。在保教过程中还应注意语调要抑扬顿挫，目的在于吸引幼儿注意力，促进保教工作顺利开展。

最后，要文明用语，彰显修养。在保教过程中，难免会遇到一些不顺心的事情，即使幼儿教师再生气也不能讲脏话、粗话，应尽量心平气和，文明用语。幼儿的模仿能力非常强，也许幼儿教师在幼儿园讲的脏话会出现在幼儿家中，如果发生这类事件，不仅会失了教师的修养、丢了形象，更会对幼儿产生不良影响。

（2）保教肢体语言规范。肢体语言是一种无声的语言，它与有声语言的表达形式不一样，却是人际交往中不可缺少的表达形式。教师保教肢体语言表达的形式非常多，主要有手势、眼神、动作和姿态等。教师肢体语言所传递的信息比通过口语传递的信息更能被幼儿掌握。皮亚杰指出：3~6岁幼儿的主要思维形式是具体形象思维，因此，肢体语言在教学过程中有着口语表达不可替代的作用。①

① 戴萍．幼儿园教学活动中肢体语言的意义及有效运用[J]．宁波教育学院学报，2015(3)：112-114.

三、实现保教伦理的策略

（一）提高教师的保教专业知识与能力

幼儿教师保教专业水平的高低在一定程度上决定了其保教伦理水平的高低，因为幼儿教师一系列的保教行为都是其保教专业知识与能力的外在表现形式。在教学实践中，如果教师的保教专业水平很高，那么在保教过程中，他会得心应手地安排幼儿的各项活动，运用恰当的教学方法，教学仪态大方自然，能充分调动幼儿参与活动的积极性，等等，幼儿教师的一言一行都让幼儿享受其中，并获得发展。因此，提高教师的保教专业能力是提高保教伦理水平的有效途径。

为促进幼儿园教师专业发展，建设高素质的幼儿园教师队伍，2012年教育部颁布出台了《幼儿园教师专业标准（试行）》，其中对幼儿教师的专业知识与专业能力进行了概括与总结。可以看出教师需要掌握的专业知识与专业能力涉及的内容多、范围广，对幼儿教师的要求高。幼儿教师的保教专业知识与能力的提高不是一蹴而就的，而是需要经过漫长的实践锻炼不断建构的。提高幼儿教师的保教专业知识与能力的基本途径有：一是从幼儿教师自身出发，在保教实践中积极反思，不断总结经验。在平时多阅读一些保教专业书籍，不断为自己的成长添砖加瓦，践行终身学习的理念。二是从幼儿园出发，为幼儿教师提供在职培训的机会，为幼儿教师成长提供充分的支持，为幼儿教师的发展投资，即为幼儿园的长远发展投资。

（二）提升教师的职业道德认知

幼儿教师的职业道德认知是决定其职业道德素养高低的重要因素之一。作为一名幼儿教师应该深知这份职业应该遵守的职业道德有哪些，内心有清晰的职业道德框架，在保教过程中在自身职业道德认知指引下能明确地知道自己该做什么、不该做什么、应该怎么做、什么样的保教行为是违反教师职业道德的。提升幼儿教师职业道德认知主要有以下几种方式：一是自觉学习、掌握、遵守《幼儿园教师专业标准（试行）》的职业道德要求；二是提高自身对职业道德行为的判断力，能清晰地分辨出什么保教行为是符合或不符合职业道德规范的；三是向优秀的教师职业道德模范学习，职业道德认知的提升是一个动态发展的过程，简单的经验学习往往是一个有效又便利的方式；四是加强教师之间的沟通与交流，发挥团队合作的力量。

（三）加强教师的职业道德信念

教师职业道德信念是教师对职业理想、职业人格、职业原则、职业规范坚定不移的确信，是深刻的师德认知、炽热的师德情感、顽强的师德意志的综合体，是把师德认知转化为师德行为的中间媒介和内驱力。[①]教师职业道德信念的坚定与否在一定程度上决定了教师是否遵循教师职业道德规范的要求，在保教过程中是否认真履行自己的道德义务。2012年，教育部颁布的《幼儿园教师专业标准（试行）》第一个维度“专业理念与师德”中突出强调了幼儿教师的职业道德信念，要求幼儿教师要理解幼儿保教工作的意义，热爱学前教育事业，具有职业理想和敬业精神，认同幼儿园教师的专业性和职业性。对保教工作的意义理解不到位，对幼儿教师职业认同与理解缺乏，没有职业理想与敬业精神，任何保教行为都将缺乏精神引领，即幼儿教师没有坚定的职业道德信念，保教行为的发生就没有明确的指向性。提高幼儿教师的职业道德信念主要有以下策略：一是幼儿教师要增强对党和国家教育方针政策、教育法律法规的理解与运用；二是要增强对保教工作意义的理解，要有作为一名幼儿教师的职业理想与精神；三是提高自身的专业知识与能力，以便更好地实现职业道德信念与保教行为的内在一致性；四是注重为人师表的外在形象，形成“外修内促”的有效机制。

（四）重视教师的职业幸福水平

保教伦理水平的提升不单单是要求幼儿教师在其岗位上要作出一系列努力，还需要社会、政府、幼儿园等外在力量为幼儿教师的进步提供坚实的后盾，当然也包括保教伦理水平。幼儿教师在岗位上作出相应努力理所应当，但作为社会大背景下的特殊职业群体，他们应该享受到相应的权利，例如获得相应回报的权利、获得职业幸福的权利等。据有关数据统计，每年有40%的幼儿教师流失，幼儿园留不住人的两大原因是工资低与压力大。据央视《聚焦学前教育：幼师为何留不住？》的调查，我国幼儿教师的平均工资不到3000元，而幼儿教师每天的工作量是非常大的，除了做好每天的工作外，还要应付各种检查与考评，这样的职业环境让幼儿教师分身乏术，力不从心。除此之外，由于侵害幼儿权益的行为不断发生，家长对幼儿教师的保教工作产生了信任危机，这使得幼儿教师在开展保教工作时不得不陷入伦理困境，保教工作变得小心翼翼，慢慢地，幼儿教师在职业上找不到幸福。没有职业幸福的幼儿教师，职业道德与保教伦理要求对于他们来说已经成了“枷锁”和“束缚”。所以，鉴于现阶段学前教育发展遇到的问

① 檀传宝．教师职业道德[M]．北京：北京师范大学出版社，2015：113．

题，有必要提升幼儿教师的职业幸福水平，以此来促进幼儿教师职业道德的内化。提升幼儿教师职业幸福水平有以下几种方式：一是政府相关部门真切关注幼儿教师的生存现状，适当提高福利待遇；二是社会多一些宽容给幼儿教师这个行业，虐童事件的发生确实缘于某些幼儿教师职业道德素质低下，但不能因此给整个幼儿教师行业贴上“低素质”“低道德”的标签，这样的做法不仅会给幼儿教师带来职业恐慌，更会给幼儿发展带来不利影响；三是幼儿园领导给予幼儿教师多一点关心，关注教师的情绪变化，适时疏导教师的不良情绪。

案例

小敏是一名学前教育专业的应届毕业生，跟其他的同学一样应聘了一所幼儿园。作为一名新手教师，她有很多需要学习的地方，但是她的带教老师根本没有那么多的精力来教她，偶尔交给她一些教学任务，她也不能很好完成。工作中的挫败感让她慢慢地对幼儿教师这份职业没有了最初的热情，在跟幼儿相处时有时也会力不从心，小敏对之后的职业道路充满了迷茫。

你认为造成小敏迷茫的原因有哪些？根据所学保教伦理知识回答：如果你是小敏，你会怎么做？

第二节 家园合作伦理

一、家园合作伦理的内涵

家园合作是指家庭与幼儿园都将自己视为促进幼儿发展的主体，两个主体之间积极主动地相互了解、相互配合、相互支持，通过家庭和幼儿园的双向互动共同促进幼儿身心和谐发展的动态交流过程。

参照保教伦理的定义，家园合作伦理也有两层含义：一层是"家园合作中的伦理"；另一层是"本体伦理"，即"家园合作伦理"。本书主要论述"家园合作中的伦理"，即相应的社会道德和法则在家园合作中的体现。简单来说就是家庭与幼儿园两个主体在为了幼儿发展进行合作时，应该遵循相应的社会道德和法则。

二、家园合作伦理的主要内容

（一）对家园合作价值的认识

幼儿园与家庭是幼儿成长发展两个重要的外部环境，我国著名教育家陈鹤琴先生说过："幼稚教育是一件很复杂的事情，不是家庭一方面能够胜任的，也不是幼稚园一方面能够胜任的，必定要两方面共同合作方能得到充分的功效。"家庭教育与幼儿园教育有不同的特点，家庭教育具有很强的针对性、随意性和感染性，家长是幼儿的第一任老师，影响着幼儿的生活习惯、幼儿对生活的态度、幼儿的人格发展。幼儿园教育具有专业性、计划性和系统性，对幼儿身心各方面的发展都发挥着作用。因此，两者相互配合对幼儿的发展具有重要的意义。

家园合作伦理践行的首要要求便是认识到家园合作的重要性，对重要性认识清楚了才能更好地践行家园合作。家园合作主要有以下作用。

1. 开展家园合作有利于充分发挥家庭教育的优势

幼儿与家长有天然的血缘关系，与家长在时间与空间上的紧密联系，都显示着家庭教育的不可替代性。华中师范大学蔡迎旗教授指出家庭教育具有强烈的感染性、特殊的渗透性、鲜明的针对性、天然的连续性等特点。[①]下面从这些特点出发，简要地介绍家庭教育对幼儿发展的作用，并以此论证家园合作的必要性。

第一，强烈的感染性。家庭环境对幼儿的发展具有强烈的感染性。幼儿的行为习惯、生活方式、为人处世态度等很大程度上受家庭环境的影响。3~6岁的幼儿模仿能力很强而且对模仿有浓厚的兴趣，家庭成员的一举一动、一言一行是他们最直接、最稳定的模仿对象。另外，家庭隐性的心理氛围对幼儿也有潜移默化的影响，例如，家庭成员之间的情感、态度、德行等对幼儿有很大的影响力。

第二，特殊的渗透性。家庭对幼儿的影响体现在方方面面，家长对幼儿的教育渗透在幼儿一日生活的各个方面。在家庭中对于幼儿的教育，任何时刻都能开展，任何事件都有可能成为教育的内容，家长随时随地都能对幼儿言传身教，施加影响。相较于幼儿园教育，家庭教育更显无形，对幼儿的个性形成与心理发展影响颇深。

第三，鲜明的针对性。幼儿从出生就与家长生活在一起，家长对幼儿的发展了解全面且深刻。相较于幼儿园教育，家庭教育具有更强的针对性，是家长对幼儿的个别化教育，能够很好地实现因材施教。

第四，天然的连续性。这是相较于学校教育的阶段性而言，家庭教育往往会伴随一个人的一生，即使离开原生家庭组成新的家庭，原生家庭对人的影响也是存在的，因为在离开原生家庭之前，人的行为规范与行事准则就基本形成。

2. 开展家园合作能充分利用家长资源

幼儿园的发展单靠自身的力量是远远不够的。过去，家长是幼儿园服务的对象，但是现在家长不仅仅是享受服务的一方，还应是促进幼儿园发展的重要贡献者，因为要想促进幼儿健康成长，家园合作是重要的途径。家园合作最直接的体现就是家长为幼儿园教育的发展提供力所能及的人、财、物等多方面的支持与帮助。

3. 开展家园合作有利于提高幼儿园的教育质量

幼儿教师与家长联系沟通，有利于更加深入全面地了解幼儿，进而剖析幼儿

① 蔡迎旗．学前教育概论[M]．武汉：华中师范大学出版社，2006:248.

各种行为表现背后的真实原因。除此之外，在幼儿一日活动的入园环节，幼儿教师通过与家长的有效沟通，掌握幼儿的适时情况，据此对幼儿进行针对性教育。例如，幼儿有一点儿感冒，教师在安排活动时就应该考虑到这一特殊情况，尽量不让幼儿做一些剧烈运动，以免感冒加剧，还应嘱咐并照顾幼儿多喝热水，等等；另外，把握好离园环节与家长沟通交流的机会，将幼儿在园的情况反映给家长，做好两种教育的有效衔接，达到"5+2≥7"的效果。"5"是指5天的幼儿园教育，"2"是指2天的家庭教育，"≥7"是指家庭教育与幼儿教育结合，都能发挥作用，二者对幼儿的教育都是有效的，且通过家庭与幼儿园的合作能达到甚至超过预期的效果。家园合作的有效性最直接的体现是幼儿的发展。家园合作到位，每一位幼儿都得到发展，教师的业务能力也能得到提升，那幼儿园的教育质量自然而然就得到了提高。

4. 开展家园合作能使家园配合一致，更好地促进幼儿健康成长

幼儿园教育是否成功、对幼儿的教育是否有效在很大程度上取决于幼儿园与家庭是否有紧密的联系与合作。开展家园合作的目的在于消除家庭教育与幼儿园教育之间的差异给幼儿带来的不利影响。每个家庭各不相同，家长来自不同的地区、不同的职业，他们的教育背景、文化程度也各不相同，在对幼儿的教育上存在不同的态度、方法与观念。家园合作就是为幼儿家长提供一个科学合理的育儿平台，通过家园合作促进家庭教育与幼儿园教育配合一致，达到促进幼儿健康成长这一最终目的。

(二)家园合作过程中的人际关系

家园合作中最能体现伦理问题的就是家园合作中的人际关系，其实家庭与幼儿园的合作落到实处就是家长与幼儿教师之间的合作，也就是人与人之间的合作，人与人合作能否成功的关键因素在于人际关系的处理是否恰当。人际关系的处理是非常复杂的事情，因为人与人的关系非常微妙，一句不经意的话、一个细微的动作、一个眼神等都可能牵引人际关系发展的方向。从伦理角度出发，处理好家园合作中幼儿教师与家长之间的关系主要有以下几种方式：

1. 家长与幼儿教师在平等、尊重的基础上开展家园合作

平等是交流的基础，互相尊重是进行合作的关键，只有在平等与尊重的基础上才能展开充分的交流，达到合作的目的。平等与尊重也是家园合作伦理的灵魂，指引着合作双方不断向合作目的靠近。在家长与幼儿教师开展家园合作时

要避免出现下列两种错误倾向:第一种是教师在合作中的地位高于家长,常常以教育专家的身份自居,与家长的合作模式变成了“师生模式”,与家长的交流也变成了教育家长。家长们也相信教师的权威,对教师的教育建议没有任何异议,甚至因为担心得罪教师会对自己的孩子造成不利影响而不敢提出自己的建议,对教师不合理的建议也只能无奈地选择附和。第二种是家长在合作中的地位高于幼儿教师,幼儿教师过于看重幼儿教育为家长服务的任务,在家园合作中处处小心翼翼,对家长提出的无理要求也不敢当面否决,生怕因得罪家长而导致各项工作难以开展,与家长的沟通与交流也变成了汇报工作。这种模式可称为“主仆模式”。以上两种错误倾向都会直接导致家园合作流于形式,缺乏实质意义。家园合作只有建立在平等、尊重的基础上才能发挥出它应有的价值。

幼师与家长沟通的技巧

与家长沟通实在是一门大学问。来接送的不止有父母,还有祖父母辈,加上各人素质不一,个性不同。如何有效的沟通,是非常需要技巧的。

(一)沟通运用“三明治原则”

任何的沟通,讲孩子的缺点或最近的问题时要掌握“三明治原则”,即两句夸奖夹杂一句批评。

(二)勤沟通

与家长沟通的时间其实很多。早上来园,中午午休时的论坛,聊天群,晚上的离园。这些时间,聊天贵精不贵多。每次找准几个沟通。争取一个星期可以和班内每个家长都聊一聊。

(三)及时沟通

当孩子在园受伤时,及时和家长取得联系,告知情况。并且做好家长对你各种冷暴力或更加严重的言语暴力的心理准备。真诚道歉,态度诚恳。在日后的日子里需要更加注意,避免再发生同类意外。同时跟进对受伤孩子的关注。

2. 幼儿教师要主动、经常联系家长,积极协调合作,为幼儿负责

家园合作是一个长期的、定期的、常规性的工作。由于有些家长并不是专职照顾幼儿,所以难免缺乏合适的时间和机会与教师就幼儿的发展与教育问题进

行交流。这时,幼儿教师应该主动与家长进行联系,特别是发现幼儿在某方面有较大进步或是犯错的情况下,要及时地与家长取得联系,进行沟通,相互告知幼儿情况,以便双方了解幼儿,更好地调整各自的教育对策。

3. 幼儿教师在与家长合作时应坚持个别化原则

个别化原则是指幼儿教师在与家长合作时应重视家长需要的多样性与差异性,有针对性地根据幼儿和家长的差异进行交流合作。"教有法,但无定法"推演到幼儿教师与家长的合作中即是"合作有法,但无定法",同一种交流方式运用到与不同的家长交流中收到的效果不一定相同。因此,要求幼儿教师要"因人定法",坚持个别化原则。

4. 幼儿教师在与家长合作中要保持自身廉洁

"教师是阳光下最光辉的职业",教师的各项行为都应经受得起大众的检验,符合传统观念中道德楷模、理性典范的形象。幼儿教师在与家长合作过程中,应该怀着为幼儿负责的赤诚与家长进行合理正当的交流,特别要做到自身的廉洁。保持自身的廉洁是家园合作伦理的底线要求。幼儿教师保持自身廉洁具体要做到以下几点:第一,不能收受家长馈赠的任何礼品;第二,不能利用自己身份之便向家长推销任何商品;第三,不得暗示家长让幼儿参加兴趣班等。

三、实现家园合作伦理的策略

(一)提高对家园合作重要性的认识

实现家园合作伦理的首要要求便是提高对家园合作重要性的认识,幼儿教师与家长都应该提高对家园合作重要性的认识。首先,提高幼儿教师对家园合作重要性认识的途径主要有:一是利用多种方式向教师传递家园合作的重要性,例如利用定期学习的时间对幼儿教师宣传家园合作对幼儿、对家庭、对幼儿园、对自身开展工作的重要性;二是鼓励幼儿教师多与家长交流沟通,积极反思交流过程中得到的启示、交流后的效果、交流中存在的问题等,让教师在交流过程中真切地感受家园合作所带来的积极意义。其次,提高家长对家园合作重要性认识的途径主要有:一是利用家长会等集中活动向家长宣讲家园合作的重要性,让家长们从心底里肯定家园合作的必要性;二是在平时幼儿一日活动中的入园与离园环节,把握时机做好与家长的对接,让家长真切体会到合作带来的积极效果。

(二)增强教师对家园合作伦理的把握

在开展家园合作的过程中,幼儿教师在一定程度上起着主导作用,对家园合作水平的高低起着决定性作用,因此,有必要增强幼儿教师对家园合作伦理的把握,使家园合作朝着健康积极的方向发展,发挥其应有的作用。增强幼儿教师对家园合作伦理把握的途径有:首先,幼儿教师要有责任意识,严于律己,自觉提高自身业务素质,从专业的角度把控家园合作方向,悉心指导并配合家长开展家园合作,以自身的职业道德水平影响家长在家园合作中的角色行为;其次,不断增加家园合作的经验,可以通过自身实践,也可以从优秀的家园合作案例中总结经验,从中挖掘出可利用的能增强自身对家园合作伦理深入剖析的有价值的信息。

(三)规范家园合作方式

家园合作的方式是家园合作伦理的外在表现,通过家园合作时家长与幼儿教师所采取的方式,就可以基本判定家园合作伦理水平。规范家园合作方式主要有内部规范与外部规范两种。内部规范即家园合作主体双方各自规范自身在合作中的行为的要求。例如,双方都以促进幼儿发展为目的,尽量避免个人负面情绪给合作带来的不利影响;双方都积极为幼儿的发展建言献策,不会因害怕得罪对方而采取妥协态度。外部规范即幼儿园要有相应的规章制度来规范家园合作工作的开展,明确规定在家园合作时哪些方式不可行,一旦违反制度会受到何种惩罚,等等。内外结合的方式来规范家园合作,对于家园合作伦理水平的提高具有积极意义。

案例

年年是班上比较好动、爱打架的孩子之一。他有时候会有意无意打到其他小朋友,果果被年年打到的次数比较多。后来,渐渐地,果果的攻击性行为也开始增多。通过询问果果原因后得知他把年年打他的行为回家告诉了父母。爸爸得知后便教育他,如果其他小朋友欺负到他,他就一定要打回去,不能受欺负。果果的爸爸还教他如何和别人打架,让别人不敢欺负他。

试分析果果爸爸这样做的原因。运用家园合作伦理知识回答:如果你是孩子的教师,你会怎样改变孩子的行为与家长的教育方式?

第三节 科学研究伦理

一、科学研究伦理的内涵

科学研究并非高不可攀，也并不是专家、学者的专利。作为一线教师其实每天都在做研究，例如教师在教学中遇到了困难，于是教师通过一些方式或者手段解决了困难，其实这也叫作研究。

所谓的科学研究伦理是指研究者在科学研究的过程中，必须遵守相应的社会道德和法则。教育科学研究伦理属于科学研究伦理在教育领域的一种表现形式，因此，教育科学研究伦理是指教师在教育实践中解决具体教学困境、难题，探索教育教学规律过程中所必须遵守的社会道德和法则。

二、教育科学研究伦理应遵循的原则

（一）尊重原则

尊重是教育科学研究伦理的基本原则。尊重即研究者将研究对象从心理上看作与自己平等的人，将研究对象视为研究课题的参与者、合伙人，并在行动上契合尊重原则，在开展教育研究的各个阶段都应坚持以人为本，充分考虑研究对象的利益。只有从心理上尊重研究对象，行动上服从尊重原则，研究者才能从整体上把握住教育科学研究。

（二）自愿和知情原则

自愿原则就是研究对象作为合作者，在自由、自愿的情况下参与到教育科研中。自愿参与须建立在合作者对研究工作有足够清晰的了解、掌握准确信息的基础上，尤其是涉及合作者参与研究的利害关系时。例如，可能会对合作者产生哪些危害、危害的程度、消除危害的途径等。研究者有义务和责任提前告诉合作者关于研究带来的可能后果。如果合作者在对研究工作没有足够了解的情况下，同意参与研究，那我们有理由怀疑这是研究者故意隐瞒的结果，并未遵守自愿原则。如果研究者基于研究问题的特殊性，而必须对合作者隐瞒，就需要研究者综合考虑实际情况，在保证合作者身心健康的前提下，进行妥善协商。例如，选择性的公开对研究有益又不损害合作者利益的信息。

（三）保护隐私原则

保护隐私原则体现在，研究者有义务保护合作者的个人隐私安全，不得因任何原因泄露合作者的隐私。随着社会的发展，人的自我意识、权利意识觉醒，人们越来越重视保护自己的隐私。尊重合作者的一个重要的方面便是尊重其隐私权。泄漏合作者的隐私，会对合作者的工作、学习、生活等带来一定的困扰。如果研究者在研究过程中没有消除合作者关于隐私安全的疑虑，那么研究者所得到的信息有可能是不真实的，进而影响到研究的质量。研究者应与合作者建立相互信赖的关系。在研究开始前，研究者就应主动向合作者许诺保护其隐私安全，或者采用匿名的方式进行调查研究，并保证研究资料只用于研究者的研究。

（四）合理回报原则

回报原则体现在，合作者因参与研究花费一定的时间和精力，理应得到合理的回报。回报分为物质上的回报和精神上的回报。尽管在研究者与合作者的关系上，强调双方的平等与尊重，但实际上在研究成果获益上，合作者相对于研究者一般是没有什么利益的，尽管在参与的过程中，合作者会牺牲掉一定的时间和精力。由于目前多数情况下我国研究者的课题经费相对不足、报账困难，研究者只能给合作者微薄的报酬或一些小礼物，也可能是情感上的感谢。但不可将这种回报性的报酬弄成了为骗取数据而进行的交易。

（五）有益于教育事业和儿童的健康发展原则

有益于教育事业和儿童的健康发展是科学研究伦理应遵循的最高原则。一切教育科学研究的出发点与落脚点都应该是促进教育事业和儿童的健康发展。这就要求研究者从教育实践中挖掘教育问题。换言之，就是教育研究要具有实践意义，以教育难题为导向，以促进发展为落脚点，一步一步推进教育事业与儿童健康不断发展。有益于教育事业和儿童的健康发展原则既是促进整个社会发展的大格局原则，也是保障教育科学研究事业不断发展的必要原则。

教育科学研究中的伦理跟人类生活中的伦理道德一样，不是一成不变的，而是可以随着时代的变化而改变的。以上的伦理原则都是基本的原则，随着时代的变化改变很小，因此这些伦理原则在教育科学研究中是很有生命力的，依旧是我们应该坚持的基本原则。至于具体的伦理标准，我们可以在基本伦理原则的基础上，结合教育研究和研究者自身的具体情况进行一些推理和判断，最终作出一个合适的选择。

三、科学研究伦理的主要内容

（一）研究课题的选择

选题既是科学研究的起点，也是科学研究成败的关键。课题选择的指导思想是“大小兼顾”。所谓“大”即是所选的课题意义重大，这一点是非常重要的，如果选题没有意义，那整个研究过程都没有价值，研究过程中消耗资源也属于一种浪费。所谓“小”即是问题的要点或关键之处。要做到选题“大小兼顾”，即要做到选题立足于实践中急切要解决的问题或困境，并因为问题或困境的解决而使得选题意义重大。

就教育科学研究伦理层面而论，所谓“大”，指的是教育科学研究要具有重大的社会意义，即选题要着眼于整个教育事业的发展，而不能仅仅局限于研究者自身研究的角度，研究者应该不断拓宽研究视野，立足于对教育事业的整体把握，以强烈的社会责任感和为教育事业做奉献的精神引领研究课题的选择。

从教育科学研究伦理层面而言，所谓“小”，这里有两个层面的含义。一是从实际出发，实事求是的聚焦。任何大的课题最终都应聚焦到一些实实在在清晰的问题上，即研究者在教育实践中实际面临的问题，即从教育实践中“走来的”真问题。但在实际工作中，大部分的幼儿教师研究的问题并不是从本园实际、自身实践出发的，幼儿园管理者大多是根据上级行政部门或科学研究部门下达的课题，让教师对号入座；有的选题是为了紧跟潮流，赶时髦等，因为这样做可能更容易被选上。但是，研究这些问题对解决当下幼儿园的实际问题无任何意义。所以，不管是幼儿园管理者还是研究者都应树立“课题从教育实践中来”的观点，这是课题选择的首要伦理要求。二是多角度研究问题，研究具有创新性。不同的研究者常常在教育实践中遇到相同的问题。相同的问题可以从多个角度或利用不同的理论基础进行研究，最终获得不一样的结果。创新性研究不仅是对前人研究的尊重，也是检验研究者自身研究水平的方式。对同一问题的创新性研究有两类，即开拓性研究和补充性研究。一类是开宗立派、填补空白的成果，属于开拓性研究。另一类是在前人的研究基础上，选择新的角度发表自己新的看法，属于补充性研究。从问题解决的角度来看，这两类研究都有助于问题得到更优的解决，但前者更难，要求更高，对学术的推进作用更为巨大，后者更多为一般研究者所掌握和追求，在量变的基础上逐渐产生质变而推动学术的点滴进步。

（二）研究方法的规范

课题选择之后，就需要借助研究方法把选择好的符合伦理规范的研究课题付诸实践。[①]研究方法是指为检验研究假设，解决研究课题所涉及的问题所采用的科学的方法、手段或遵循的程序或规则。

教育研究方法是以教育问题为对象，以科学方法为手段，遵循一定的研究程序，以解决研究问题并获得教育科学规律性知识为目的的一整套动态研究过程。教育研究方法的划分不是绝对的，而是相对的。根据划分的标准不同，可分为不同的研究方法。一般来说，教育研究方法的基本类型分为四大类：理论研究方法、实证研究方法、实验研究法和历史研究法。对于幼儿教师而言，经常会用到的研究方法是实证研究方法，例如观察法、问卷调查法、访谈法等。这些方法，都必须通过调研的开展、资料的收集、数据的分析等具体的可操作的环节才能得以实现。在这一系列具体的操作环节、研究方法落实的过程中，需要注意研究的伦理规范问题。

1. 注意调研开展的合宜性

幼儿教师研究的对象大都是“人”而不是“物”，所以幼儿教师在开展调研的过程中，必须要注意尊重调查对象的人格。为了确保研究方法合乎伦理规范，在开展调研过程中需要注意以下几个方面。

（1）尊重研究对象的意愿。

首先，在研究开始之前，被试对象有权利决定自己是否参与某项研究，作为研究者，不能以任何形式去强迫被试对象配合自己的研究。即使这个被试对象完全符合自己的研究条件，如果放弃这个被试对象，会加大自己的研究难度，研究者也应充分尊重被试对象的意愿。也就是说，幼儿教师在研究幼儿时，需要征求幼儿的同意，因为幼儿未满18周岁，所以还需征求其监护人的同意。其次，在

① 檀传宝．教师职业道德［M］．北京：北京师范大学出版社，2015:132.

研究过程中，被试对象也有随意退出研究的自由，研究者在遇到这种情况时不能用任何形式去强迫被试对象留下。即幼儿在参与研究过程中因为某些原因想要离开研究，幼儿教师不得采用任何手段强行其留下。

（2）保护研究对象在研究过程中应享有的权利。

在研究开始之前，应该跟研究对象说明其在研究过程中享有哪些权利，并在研究过程中为研究对象实现各项权利提供方便。首先，研究对象具有知情权。即研究对象有权了解研究的目的、方法以及研究结果的用途等有关情况。研究者不能因为如果将研究目的、方法以及研究结果的用途告知研究对象会影响研究对象的参与意愿而选择性地告知研究对象一些好的信息，规避一些不好的信息，甚至直接编造一些研究对象能够接受的信息。如果研究目的等有关情况在研究之前不便告知研究对象，则必须在研究资料收集完毕之后，研究者当面向其或是监护人解释，以免造成误会。其次，研究对象具有隐私权，即研究对象有权决定与其个人有关的资料可否以某种形式公布。这一点是幼儿教师需要注意的，因为这一点往往会被许多幼儿教师忽略。在搜集资料的过程中，幼儿教师会采用一些现代化的手段，例如拍照、录音、录视频等，有些教师为了增加研究的可信度，就随意将幼儿的图片或是其他相关个人资料运用到研究文章中，视频也被随意地传递分享，虽然教师们这样做是有原因的，但是这种做法损害了幼儿的隐私权。如果研究属于个案研究，有些资料是必须要公布的，在公布之前需要征求幼儿与其监护人的同意。最后，研究对象具有生命健康权。在选定研究对象之后，在研究开始之前，研究者应该了解研究对象的身心特点，以此来判断其在研究中可能会受到什么样的伤害，进而积极采取防范措施，如果可能造成的伤害程度很深，必要时应取消针对该对象的研究。

（3）为研究对象提供舒适的研究环境。

研究环境除了物质环境以外还有精神环境。在幼儿教师研究过程中最重要的是营造良好的精神环境。首先，研究者与研究对象要建立相互信任的关系。即幼儿教师要与幼儿形成良好的师幼关系，良好的师幼关系有利于研究的开展，例如在幼儿教师运用观察或是访谈法时，良好的师幼关系有利于教师搜集到真实可靠的研究资料。其次，研究者要放下自我的主观偏见。研究者如果对某件事情或某类研究对象有自己的看法，应在科学研究中放下自己的直观偏见，相信客观真实的研究资料所展现的研究事实。例如教师在研究具有暴力倾向的幼儿时，不能“戴着有色眼镜”去看待这类幼儿，给他们贴上问题幼儿的标签，研究者的这种行为可能会导致研究结果的失真，也不利于建立融洽的研究关系。作为研究者的幼儿教师，应该通过现象看到本质，追寻研究对象这种行为背后的原因。

2. 注意收集资料的有效性

资料收集是研究过程得以落实的首要环节，也是促进研究过程顺利开展的关键。收集的资料需要具备有效性，满足有效性需要遵循资料收集的全面性、客观性、准确性原则。

（1）全面性原则。

只有研究者掌握了尽可能全面的研究资料才能更好地开展研究工作，进而得出满意的研究结果。要落实资料收集的全面性原则，需要做到两方面的要求：一是横向的广；二是纵向的深。所谓“横向的广”是指收集资料时在条件许可的范围内，尽可能多层次、全方位地进行资料的收集。例如在做文献综述时不仅仅是局限于跟研究直接相关的内容，还应考虑与研究间接相关的内容有哪些。所谓“纵向的深”是指以时间为节点，通过对近年来已有研究资料的收集，掌握现有的研究成果、达到的研究水平、研究的重难点、采用的研究方法，哪些问题得到了解决，哪些问题还需要进一步研究，等等。

（2）客观性原则。

所谓客观，是指按事物本来的面目去考察，与一切个人感情、偏见或意见都无关。客观性原则最能体现研究者的研究素养。在研究过程中，有的教师因为收集到的资料不全面，以及个人的研究素养不高等因素，选择运用仅有的资料擅自对研究下一些主观化的结论。还有的教师会挑选一些符合自己研究假设的研究资料，选择性地忽视一些真实存在的但可能会影响到研究假设的研究资料。客观性是资料收集时必须遵循的伦理原则，遵循这一原则不仅是对研究工作的尊重，也是对教师这份职业的敬重。

（3）准确性原则。

所谓准确，是指收集到的资料与研究的论题相匹配，分析资料必须实事求是，尊重客观实际，切忌以主观臆断来代替科学的分析。准确性原则是保证研究资料有效、研究结果真实的基本原则。要使教育科学研究结果能解决教育问题，能促进教育事业与儿童健康发展，就必须要有准确的研究资料作为依据。

3. 注意数据的真实性

数据是研究结论的重要支撑，也是判定研究结论是否成立的重要论据。所以，所呈现出的研究数据是否真实，能直接反映出研究者的研究伦理水平。保持研究数据的真实性需要做到以下几点：

(1)在数据收集过程中，应避免以偏概全，随意捏造数据。

出现这种学术不端的行为主要有几个原因：一是研究者“偷工减料”，不愿意在收集研究数据上花费太多精力；二是研究者从研究假设出发，发现收集到的部分研究数据已经能够支持假设的成立了，于是从已经得到的数据出发，随意捏造补充还未收集到的数据，形成整体数据，以此支撑研究假设成立。

(2)在数据分析及运用过程中，应实事求是，不得随意篡改数据。

在数据收集完成之后，还需要运用一些手段对数据进行分析，在分析数据的过程中，要实事求是，不能因为分析出的结果与研究假设偏离太多而随意篡改数据，篡改得来的数据可能表面上看起来没有问题，但经不起进一步的推敲。这种因篡改数据而得出的研究结论不会给研究者带来想要的结果，反而会彰显出研究者研究伦理素养的缺乏。

(三)研究成果的发表

研究成果的呈现是科学研究的最后环节，在研究成果呈现时应注意以下几个方面的研究伦理问题。

(1)研究成果署名问题。论文的署名，是作者对论文著作权的声明，它不仅是作者通过辛勤的劳动所应得的荣誉，而且还表示作者对论文的责任，主要是对论文的全部内容负责。①我国国家标准化管理委员会出台的规范性文件《科学技术报告、学位论文和学术论文的编写格式》中对学术论文署名权的规定是：“学术论文的正文前署名的个人作者，只限于那些对于选定研究课题和制订研究方案、直接参加全部或主要部分研究工作并作出主要贡献，以及参加撰写论文并能对内容负责的人，按其贡献大小排列名次。至于参加部分工作的合作者、按研究计划分工负责具体小项的工作者、某一项测试的承担者，以及接受委托进行分析检验和观察的辅助人员等，均不列入。这些人可以作为参加工作的人员一一列入致谢部分，或排于脚注。”②所以，在研究成果署名时应坚持实事求是原则。但是，在实践操作中，有的教师存在伦理失范行为。教师写作的论文署名存在伦理失范行为的最大原因是教师的年终审核、职称评审、工作调动等方面都离不开论文，所以教师想尽各种方式多发表论文，但是有的教师由于自身研究水平有限、吃不了科研的苦、时间有限等多方面的因素，于是就采取了教师之间联合署名、向下级索要署名、“搭便车”等行为。这种行为虽然会带给教师一时的荣誉，但是损害的是身为教师的风范。

① 李宏伟，刘兴太，李玉明，等．医学科研论文署名的伦理探讨[J]．中国医学伦理学，1998(1)：58—60.

② 《科学技术报告、学位论文和学术论文的编写格式》是国家标准化管理委员会出台的规范性文件。1987年5月5日批准，1988年1月1日施行。

(2)学术抄袭问题。学术抄袭是最严重的学术不端问题,也会侵害他人著作权。《中华人民共和国著作权法》中提到为个人学习、研究或者欣赏,使用他人已经发表的作品,应当指明作者姓名或名称、作品名称,并且不得影响该作品的正常使用,也不得不合理地损害著作权人的合法权益。学术抄袭完全是将他人的研究成果据为己有,有的虽然是改头换面,但是仍然掩盖不了抄袭的事实。学术抄袭不仅损害了原著者的权益,也是对抄袭者自身研究伦理的践踏与侮辱。

知识链接

高等学校预防与处理学术不端行为办法(节选)

第二十七条 经调查,确认被举报人在科学研究及相关活动中有下列行为之一的,应当认定为构成学术不端行为:

(一)剽窃、抄袭、侵占他人学术成果;

(二)篡改他人研究成果;

(三)伪造科研数据、资料、文献、注释,或者捏造事实、编造虚假研究成果;

(四)未参加研究或创作而在研究成果、学术论文上署名,未经他人许可而不当使用他人署名,虚构合作者共同署名,或者多人共同完成研究而在成果中未注明他人工作、贡献;

(五)在申报课题、成果、奖励和职务评审评定、申请学位等过程中提供虚假学术信息;

(六)买卖论文、由他人代写或者为他人代写论文;

(七)其他根据高等学校或者有关学术组织、相关科研管理机构制定的规则,属于学术不端的行为。

第二十八条 有学术不端行为且有下列情形之一的,应当认定为情节严重:

(一)造成恶劣影响的;

(二)存在利益输送或者利益交换的;

(三)对举报人进行打击报复的;

(四)有组织实施学术不端行为的;

(五)多次实施学术不端行为的;

(六)其他造成严重后果或者恶劣影响的。

（3）一稿多投问题。对于一稿多投问题可以从两个方面尽可能地避免。一方面是研究者。一般研究者在完成论文后都会选择“普遍撒网”，这种做法从研究伦理规范来看是不妥的，但是现在的期刊用稿周期很长，研究者为了及时评审职称等常常不得已一稿多投。投稿与用稿是研究者与用稿机构双方的事情，也是一个双赢的事情，所以两者都应该重视，并积极作出调整，这才是避免一稿多投问题的有效手段。

（4）泄露研究对象的个人信息，侵害个人隐私权，违背研究开始之前作出的保守隐私的承诺。在前面收集研究资料的论述中也提到过这一点，研究者不能因为要达到自己研究的目的而侵害研究对象的隐私权，这是严重的伦理失范行为。

（5）运用多种手段提高科研成果的分量。科研成果的分量不是由研究者自己去判定、去吹嘘、去拔高，而是要通过实践检验，大众评判。

（6）学术价值不高，创新度不足。学术价值不高的研究，基本上可以算作资源浪费，研究并不是模仿前人的脚步，而是要有自己独特的风格，要有创新点，四平八稳的研究也许不见得是一件好事，或许还会得到拾人牙慧的评价。所以，研究有价值、有创新不仅是对学术的尊重，更是一种自身价值的展现。

四、实现科学研究伦理的策略

（一）提高幼儿教师的科学研究素养

图8-3-1　教育研究能力发展的内在因素

幼儿教师科学研究素养的高低是影响其科学研究伦理水平高低的关键因素。科学研究素养是研究者内在研究能力的集中体现，其基本内容包括三个层面：一是操作性的科学研究技能；二是进行科学研究的基本能力；三是科学研究时的思想素养。

图 8-3-1[①]是裴娣娜教授所作“教育研究能力发展的内在因素图”。从图可见，科学研究素养中三个层面的内容基本上涵盖了教师应该具备的所有科学研究能力。如果教师具备了这些能力，在科学研究工作中就能做到“从心所欲不逾矩”，就能自由、快乐地享受科研的乐趣。

从图中三个层面出发，裴娣娜提出，研究者要想使自己的研究能力尽快提高，就要做到：一要坚持学习科学理论；二要扎根于教育实践；三要有良好的学风；四要在博采众长的基础上形成自己的研究风格。[②]对于兼备实践者与研究者身份的幼儿教师而言，要提高自身的研究能力就要做到：一要提高自身的专业知识与能力，不断积极上进，树立终身学习的观念；二要积极参与教育实践，在实践中不断反思，总结经验；三要对自己有一个清晰的认识，对自身的职业有一个清晰的定位，对研究的价值有一个正确的判定，在自己的岗位上不断学习，为国家的教育事业奉献出自己的力量；四要有自己的研究特色与风格，向优秀的前辈虚心学习，但不照搬，紧跟研究热潮，但不从众。

（二）加强对科学研究工作的规范与监督

保证科学研究工作符合伦理规范除了从幼儿教师内在科学研究素养着手外，还需要从外在的规范与监督方面来加以约束。加强对科学研究工作的规范与监督主要从科学研究工作开展的步骤进行，分为科学研究工作开始前的规范与监督、科学研究过程中的规范与监督及科学研究成果呈现时的规范与监督。科学研究工作开始之前的规范与监督体现在，指导并验收幼儿教师的开题报告。开题报告是研究的蓝图，是整个研究的基本框架和依据。对开题报告进行规范与监督可以避免研究的随意性与盲目性，也可以有效遏制违背某些科学研究规范的行为发生。科研过程中的规范与监督体现在，引导教师落实科学研究计划，规范科学研究方法的运用，监督教师实事求是地收集、整理、分析研究数据，保证研究对象的各种权益等。科学研究成果呈现时的规范与监督体现在，做好研究成果审查工作，防止学术抄袭、署名失真、一稿多投、泄露秘密等不端行为。

---

① 裴娣娜．教育研究方法导论［M］．合肥：安徽教育出版社，1995:389.

② 裴娣娜．教育研究方法导论［M］．合肥：安徽教育出版社，1995:388-390.

幼儿园科学研究管理部门可以完成以上规范与监督的工作。众所周知，科学研究不只对幼儿园的发展发挥效用，而且对整个国家和社会的教育事业都有不可忽视的作用。因此，国家相关行政部门和教育主管部门也应加强对科学研究工作的规范与监督，必要时应加强对学术不端行为的处罚力度，加快相应立法进程。

（三）完善科学研究评价体系

科学研究评价的根本目的在于“以评促发展”，实施科学的、有效的、客观的评价对于提高科学研究水平和践行科学研究伦理的要求都具有积极的作用。

完善科学研究评价体系：首先需要在坚持方向性、客观性与发展性的大背景下有原则地开展。其次要促进评价主体的多元化，形成自评与他评相结合的评价模式。自评就是研究者对自身研究效果的评价，例如，以时间为参照，一年之前自己的研究水平或是成果怎样，再对比现在的研究水平，对自己有一个清晰明确的评价。他评就是除研究者以外的机构或个人，例如，上级教育主管部门、教育督导部门、社会有关部门或团体、幼儿家长、幼儿园领导及同事等进行评价。这种评价模式的优点在于，可以获得较为客观、全面的信息，便于发现科学研究的问题和采取相应措施。切忌在运用时偏废任何一方。最后，优化科学研究价值评价，关注价值的多样化。目前对教师的科学研究价值评价主要集中于科学研究对教师晋升职称的作用上，如此一来，科学研究评价就过于功利化，缺乏展示其真实价值的机会。其实，科学研究的价值最主要的体现在是否解决了实际困难和难题，是否促进了教育事业的发展，其他的价值都是由这两个价值附带产生的。因此，在追求科学研究价值时应分清主次，只有这样，科学研究活动才能真正成为教师自我发展的内在需求。

案例

晓兰研究生毕业后，被一所幼儿园高薪引进，主要负责幼儿园的教育研究工作。为了幼儿园的发展，园长要求晓兰积极申报课题。最初，出于对工作的热情和领导的期许，课题开展得很顺利，也作出了一些成绩，但后续领导不断地让晓兰申报各级课题，研究任务异常繁重。一个课题要作出成果往往需要很长的时间，研究的各个环节需要消耗大量的人力、物力和财力，但是领导只关注结果，这让晓兰倍感压力，最后迫不得已用了一些“非常手段”完成了一项课题。晓兰深知这样的“手段”是不符合科学研究伦理的，但现实迫使她不得不这样做，最终在课题结题环节，专家揭露了她抄袭的事实。

造成这样结果的原因有哪些？运用所学科研伦理知识回答：如果是你面临案例中的情形，你会怎么做？

本章小结

教师发展，师德为要。幼儿教师职业道德的养成需要从保教伦理、家园合作伦理与科学研究伦理三方面努力。保教伦理的内容主要有对保教行为的专业认同与承诺、保教过程中的人际关系与保教过程中的个人修养与行为。家园合作伦理的主要内容有对家园合作价值的认识与家园合作过程中的人际关系，处理好合作时出现的伦理问题，需要合作双方的共同努力。教育科学研究是促进教师专业成长的有效手段，幼儿教师在科学研究时需要考虑研究课题的选择、研究方法的规范与研究成果的发表三个方面的伦理问题，幼儿教师要提高对科学研究伦理的把握，首先需要提高自身科学研究素养，另外需要幼儿园加强对科学研究工作的规范与监督，完善科学研究评价体系。

思考与练习

1. 在保教过程中，幼儿教师对待幼儿的伦理要求是什么？

2. 幼儿教师在与家长沟通交流过程中需要注意的伦理要求有哪些？

3. 科研成果发表时，研究者应注意哪些问题？

推荐阅读

1. 刘焱．切实提高幼儿教师待遇[N]．中国教育报，2018-3-11.

2. 秦旭芳，刘畅．一千种家长需要一千种沟通方式[N]．中国教育报，2018-3-4.

参考文献

[1]罗斯科·庞德.法律与道德[M].陈林林,译.北京:中国政法大学出版社,2003.

[2]富勒.法律的道德性[M].郑戈,译.北京:商务印书馆,2005.

[3]阿图尔·考夫曼.法律哲学:第2版[M].刘幸义,等,译.北京:法律出版社,2011.

[4]中央教育科学研究所比较教育研究室.简明国际教育百科全书:教育管理[M].北京:教育科学出版社,1992.

[5]谭晓玉.教育与法律关系的法理学思考[D].上海:华东师范大学,1996.

[6]张维平,石连海.教育法学[M].北京:人民教育出版社,2008.

[7]中国学前教育研究会.中华人民共和国幼儿教育重要文献汇编[M].北京:北京师范大学出版社,1999.

[8]康德.法的形而上学原理——权利的科学[M].沈叔平,译.北京:商务印书馆,1991.

[9]夏勇.人权概念起源——权利的历史哲学[M].北京:中国政法大学出版社,2001.

[10]王广辉.人权法学[M].北京:清华大学出版社,2015.

[11]上官丕亮,陆永胜,朱中一.宪法原理[M].苏州:苏州大学出版社,2013.

[12]徐双喜.民法学原理与实践[M].郑州:郑州大学出版社,2015.

[13]蔡迎旗.幼儿教育政策法规[M].北京:高等教育出版社,2014.

[14]张利洪.学前儿童受教育权研究[D].重庆:西南大学,2013.

[15]吴鹏飞.嗷嗷待哺:儿童权利的一般理论与中国实践[D].苏州:苏州大学,2013.

[16]王本余.教育中的儿童基本权利及优先性研究[D].南京:南京师范大学,2007.

[17]南京大学法学院《人权法学》教材编写组.人权法学[M].北京:科学出版社,2005.

[18]吴鹏飞.儿童权利一般理论研究[M].北京:中国政法大学出版社,2013.

[19]申素平.教育法学:原理、规范与应用[M].北京:教育科学出版社,2009.

[20]洪秀敏.幼儿园教师必知的60条教育政策与法规[M].北京:中国轻工业出版社,2014.

[21]杨咏梅,欧阳美娴.中国儿童中心对七个城市小学生家庭教育状况调查显示——近八成家长不知道儿童权利[N].中国教育报,2014-3-20(12).

[22]冯晓霞.幼儿园课程[M].2版.北京:北京师范大学出版社,2001.

[23]秦前红,严晗.中外学术自由权的宪法保障比较[C]北京:“大学治理与大学章程”学术研讨会,2011.

[24]湛中乐.教师权利及其法律保障[M].北京:中国法制出版社,2015.

[25]邹瑜，顾明．法学大辞典[M]．北京：中国政法大学出版社，1991.

[26]劳凯声．变革社会中的教育权与受教育权：教育法学基本问题研究[M]．北京：教育科学出版社，2003.

[27]孙葆森，刘惠容，王悦群．幼儿教育法规与政策概论[M]．北京：北京师范大学出版社，1998.

[28]黄琴林．卫生学视野下的幼儿园物质环境现状研究：以重庆市主城区幼儿园为例[D]．重庆：西南大学，2011.

[29]万钫．幼儿卫生保育教程[M]．北京：北京师范大学出版社，1999.

[30]刘焱，石晓波．国外幼儿园装备规范的比较研究[J]．比较教育研究，2014(9).

[31]教育部教师工作司．幼儿园教师专业标准(试行)解读[M]．北京：北京师范大学出版社，2013.

[32]李季湄，冯晓霞．《3—6岁儿童学习与发展指南》解读[M]．北京：人民教育出版社，2013.

[33]杨莉君．学前教育政策法规概论[M]．长沙：湖南师范大学出版社，2008.

[34]李生兰，等．学前教育法规政策的理解与运用[M]．南京：南京师范大学出版社，2012.

[35]李红霞，朱萍，周玲玲．幼儿教育政策法规[M]．北京：高等教育出版社，2015.

[36]钱焕琦．教师职业道德[M]．上海：华东师范大学出版社，2008.

[37]E.弗洛姆．爱的艺术[M]．萨茹菲，译．北京：西苑出版社，2003.

[38]瓦·阿·苏霍姆林斯基．和青年校长的谈话[M]．赵玮，等，译．上海：上海教育出版社，1983.

[39]徐延福．教师职业道德修养[M]．北京：北京师范大学出版社，2015.

[40]周国建．幼儿园组织与管理[M]．天津：南开大学出版社，2012.

[41]檀传宝．教师职业道德[M]．北京：北京师范大学出版社，2015.

[42]戴萍．幼儿园教学活动中肢体语言的意义及有效运用[J]．宁波教育学院学报，2015(3).

[43]蔡迎旗．学前教育概论[M]．武汉：华中师范大学出版社，2006.

[44]李宏伟，刘兴太，李玉明，等．医学科研论文署名的伦理探讨[J]．中国医学伦理学，1998(1).

[45]裴娣娜．教育研究方法导论[M]．合肥：安徽教育出版社，2000.

[46]张亮．中国儿童照顾政策研究：基于性别、家庭和国家的视角[M]．上海：人民出版社，2016.

[47]汪之顼．生命早期1000天[A]．达能营养中心2020年论文汇编：孕期营养、母乳喂养[C]．中国疾病预防控制中心达能营养中心，2020：2.

[48]罗伯特·费尔德曼.发展心理学——人的毕生发展[M].北京:世界图书出版公司,2013.

[49]鲍秀兰,等.婴幼儿养育和早期教育实用手册[M].北京:中国妇女出版社,2015.

[50]陆颖.学前儿童卫生与保健[M].北京:陕西师范大学出版社,2014.

[51]周念丽.生命成长不可忽视的1000天,0—3岁儿童早期发展的核心经验[R].2020GEC全球托幼大会,2020.

[52]吴丽芸,高源,张文鹏.托育机构在促进婴幼儿情绪社会化发展中的作用——以5R的养教准则为例[J].早期教育(教育教学),2020(12):8-11.

[53]文颐.0—3岁婴幼儿发展与教育[M].北京:高等教育出版社,2016.

[54]刘国艳.中国12~36月龄幼儿情绪社会性发展影响因素研究[D].武汉:华中科技大学,2008.

[55]王晶,童梅玲.婴幼儿养育照护的框架和策略[J].中国儿童保健杂志,2020,28(09):993-996,1004.

[56]沙莉,庞丽娟,刘小蕊.通过立法强化政府在学前教育事业发展中的职责——美国的经验及其对我国的启示[J].学前教育研究,2007(2):3-9.

[57]刘占兰.学前教育必须保持教育性和公益性[J].教育研究,2009,30(5):31-36.

[58]姚雪芹,秦金亮.特殊儿童教育需求调查——基于家长的视角[J].阜阳职业技术学院学报,2020,31(1):94-98.

[59]黎宁真,刘萍,苏玉芳,等.早期干预对柳州市婴幼儿人格和情绪社会性发展的影响[J].医学与社会,2017(1):61-63.

[60]任丽辉,李靓.浅析身体障碍婴幼儿照护[J].才智,2020(27):149-150.

[61]刘云香,朱亚鹏.向儿童投资:福利国家社会政策的新转向[J].中国行政管理,2017(6):127-134.

[62]黄杰,高瑾,宋占美.城市家长对托育服务的需求及期望——基于3089位家长的调查研究[J].陕西学前师范学院学报,2021,37(2):1-11.

[63]田茂,王凌皓.台湾地区托育服务的功能及启示[J].现代教育科学,2017(3):149-155.

[64]王晖.3岁以下婴幼儿托育需求亟需重视[J].人口与计划生育,2016(11):22.

[65]彭聃龄.普通心理学[M].北京:北京师范大学出版社,2012.

[66]World Health Organization United Nations Children's Found, World Bank Group, Nurturing care for early childhood development: a framework for helping children survive and thrive to transform health and human potential[R]. Geneva: WHO, 2018.

[67]王卫平，孙锟，常放. 儿科学[M]. 第9版. 北京：人民卫生出版社，2018.

[68]祁月，张羽皘，蒋子晗，等. 2月龄时回应性照护对婴儿6个月内发育影响的出生队列研究[J]. 中国儿童保健杂志，2020，28(1)：23-27.

[69]黄蕴智. 延迟满足——一个值得在我国开展的研究计划[J]. 心理发展与教育，1999，15(1)：54-57.

[70]陈伟民，桑标. 儿童自我控制研究述评[J]. 心理科学进展，2002(1)：65-70.

[71]索长清. 美国早期学习结果框架中的学习品质：内容、理念及启示[J]. 外国中小学教育，2017(9)：38-47.

[72]安桂玲，徐艳，任波，等. 母婴同室产妇医院感染因素分析及应对措施[J]. 中华医院感染学杂志，2017，27(4)：939-942.

附录1

中小学教师职业道德规范(2008年修订)

一、爱国守法。热爱祖国,热爱人民,拥护中国共产党领导,拥护社会主义。全面贯彻国家教育方针,自觉遵守教育法律法规,依法履行教师职责权利。不得有违背党和国家方针政策的言行。

二、爱岗敬业。忠诚于人民教育事业,志存高远,勤恳敬业,甘为人梯,乐于奉献。对工作高度负责,认真备课上课,认真批改作业,认真辅导学生。不得敷衍塞责。

三、关爱学生。关心爱护全体学生,尊重学生人格,平等公正对待学生。对学生严慈相济,做学生良师益友。保护学生安全,关心学生健康,维护学生权益。不讽刺、挖苦、歧视学生,不体罚或变相体罚学生。

四、教书育人。遵循教育规律,实施素质教育。循循善诱,诲人不倦,因材施教。培养学生良好品行,激发学生创新精神,促进学生全面发展。不以分数作为评价学生的唯一标准。

五、为人师表。坚守高尚情操,知荣明耻,严于律己,以身作则。衣着得体,语言规范,举止文明。关心集体,团结协作,尊重同事,尊重家长。作风正派,廉洁奉公。自觉抵制有偿家教,不利用职务之便牟取私利。

六、终身学习。崇尚科学精神,树立终身学习理念,拓宽知识视野,更新知识结构。潜心钻研业务,勇于探索创新,不断提高专业素养和教育教学水平。

附录2

全美教育协会《教育专业伦理规范》①

（1975年全美教育协会代表大会通过，2010年修订）

序　言

全美教育协会（NEA）认为，教育行业由服务所有学生需求的教育工作者构成，“教育工作者”应包括支持教育的专业人士。

秉承尊重每一个人的独特价值与尊严的信念，教育工作者应该确信：追求真理、献身卓越和养成民主精神的事业有着至高无上的意义。实现这些目标的本质在于：保护教与学的自由；确保所有人享有均等的教育机会。教育工作者承担着维护最高伦理标准的责任。

教育工作者明确以上重要责任与教学过程息息相关。为了得到同事、学生、父母以及社会成员的信任和尊重，教育工作者应当追求并保持最高水平的专业操守。全美教育协会制定的《教育专业伦理规范》表达了所有教育工作者的期望，并为具体教学行为提供了判断标准。

全美教育协会及其下属机构规定：凡违反本规范任何一条的处罚都将是开除会籍。这项由全美教育协会及其下属机构规定的条款在任何情况下都应当强制执行。

原则一：对学生的承诺

教育工作者致力于帮助每一位学生认识到自己作为有价值、有能力的社会成员的内在潜能。因而，教育工作者要激励学生的钻研精神，帮助学生获得知识、理解力并有意识地建构价值目标。

在履行对学生的义务方面，教育工作者——

1. 不得无故压制学生的自主学习。

2. 不得无故否定学生的独到见解。

3. 不得故意地压制隐瞒或是歪曲学生进步的事实。

4. 应该尽力采取有效措施保护学生，使其在学习、健康和安全方面免受伤害。

5. 不得有意刁难和轻视学生。

---

① 转引自檀传宝：教师职业道德[M]. 北京：北京师范大学出版社，2015：202-204.

6. 不得因种族、肤色、教义、性别、国籍、婚姻状况、政治或宗教信仰、家庭、社会或文化背景或是性取向差异而不公平地——

a. 排除任何学生参与到教学活动中。

b. 不给任何学生以帮助。

c. 允许任何学生拥有某些特权。

7. 不得利用与学生的专业关系谋取私人利益。

8. 排除出于不得已的专业目的或者法律要求,不得泄露在职业过程中获得的关于学生的任何信息。

原则二:对专业的承诺

教育专业被公众赋予了信赖和责任,这就要求教育工作者拥有并追求专业服务的最高理想。

教育职业的服务质量直接影响着国家及其公民的权益。基于这点,教育工作者应该竭尽全力提高专业水平,推动形成鼓励专业判断的风气,以营造吸引贤能加入教育事业的氛围,并且协助阻止不合格的人进行教育实践。

在履行专业义务时,教育工作者——

1. 在教育职位申请时,不得蓄意错误陈述能力和资格或隐瞒相关事实。

2. 不得错误陈述专业资格。

3. 不得协助任何在品德、教育程度或者其他相关品质方面不合格的人成为专业教育人士。

4. 不得有意地给专业职业申请人的资格做虚假陈述。

5. 不得帮助非教育工作者从事未经授权的教育活动。

6. 除非出于不得已的专业目的或者法律需要,不得泄露在专业服务过程中获得的有关同行的任何信息。

7. 不得有意地制造关于同事的虚假或恶意的言论。

8. 不得接受任何可能削弱或影响专业判断或专业行为的赠品、礼物或恩惠。

思考与练习参考答案

一、第一章参考答案

1. 答案：D。

解析：党章是中国共产党规定党内事务的根本章程，但不是国家大法，所以不是教育法的渊源。

2. 解析：依据《中华人民共和国民法典》的有关规定，法人是具有民事权利能力和民事行为能力，依法独立享有民事权利和承担民事义务的组织。法人应当依法成立。法人的构成要素有自己的名称、组织机构、住所、财产或者经费。《中华人民共和国教育法》第三十二第一款条规定："学校及其他教育机构具备法人条件的，自批准设立或者登记注册之日起取得法人资格。"《中华人民共和国民办教育促进法》第十条规定："举办民办学校的社会组织，应当具有法人资格。举办民办学校的个人，应当具有政治权利和完全民事行为能力。民办学校应当具备法人条件。"据此，学校（尤其是民办学校）可以充当独立的法人机构。劳凯声认为，以近年来发生的许多学校学生人身伤害的纠纷为例，相当多的中小学由于其办学经费全部或基本来源于国家的公共财政拨款，因此其财产和经费并不独立，也无法独立承担民事责任。目前，地方政府投保设立学校事故责任险，实际上已经使学校责任转化为一种政府责任。2006年修订的《中华人民共和国义务教育法》强化了政府的义务教育责任，这实际上取消了义务教育学校的法人资格。请思考幼儿园是否能具有独立的法人资格？

3. 解析：行政处分属于内部行政行为，由行政主体基于行政隶属关系对所属行政相对人依法作出。行政处罚是外部行政行为，是国家特定的具有行政处罚权的行政机关依照法定权限和程序作出的行为，属于外部行政管理职能，其处罚对象既可以是个人，也可以是组织。

二、第二章参考答案

1. 答案：略。

2. 答案：B。

3. 答案：D。

解析:《幼儿园工作规程》第二十二条规定:“幼儿园应当配备必要的设备设施,及时为幼儿提供安全卫生的饮用水。幼儿园应当培养幼儿良好的大小便习惯,不得限制幼儿便溺的次数、时间等。”

4. 答案:C。

解析:《幼儿园工作规程》第三十三条第二款规定:“幼儿园不得提前教授小学教育内容,不得开展任何违背幼儿身心发展规律的活动。”

5. 答案:B。

解析:《幼儿园工作规程》第十八条中规定:“在正常情况下,幼儿户外活动时间(包括户外体育活动时间)每天不得少于2小时,寄宿制幼儿园不得少于3小时;高寒、高温地区可酌情增减。”

6. 答案:A。

三、第三章参考答案

一、名词解释

1. 解析:教育行政诉讼是指公民、法人或者其他组织认为行使国家行政权的机关和组织及其工作人员所实施的具体行政行为,侵犯了教育法所保护的合法权利,依法向人民法院起诉,人民法院在当事人及其他诉讼参与人的参加下,依法对被诉具体行政行为进行审查并作出裁判,从而解决行政争议的制度。

2. 解析:教育行政赔偿是指教育行政机关及其工作人员在执行职务过程中,侵犯了公民、法人或其他组织的合法权益并造成损害,依照法律规定,由国家承担损害赔偿责任的制度。

二、简答题

解析:根据《中华人民共和国教育法》,幼儿教师具有教育教学权、科学研究权、指导权、领取报酬权、参与管理权和进修权等。

四、第四章参考答案

1–5　BADAC　　6–10　BBBDC

五、第五章参考答案

1. 解析:幼儿园拥有办学自主权,是幼儿园最基本的权利。办学自主权主要涉及人、财、物、管理，体现在管理自主权（首要权利）、实施教育活动自主权、人事自主权、经费自主权及其他权利。幼儿园应当履行相应义务，承担教育结果和法律责任。应遵守法律、法规，贯彻国家的教育方针，执行国家教育教学标准，保证教育教学质量。同时应维护受教育者、教师及其他职工的合法权益。还应以适当方式为受教育者及其监护人了解受教育者的学业成绩及其他有关情况提供便利。另外应遵照国家有关规定收取费用并公开收费项目，依法接受监督。

2. 解析：结合蒙台梭利、瑞吉欧·艾米里亚等教育理念，以及建筑学、卫生学、环境心理学、教育学、美学等学科领域原理或观点，幼儿园物质环境设计应遵循合规性（即符合国家安全和卫生标准）、功能满足、审美价值、环保性等原则。幼儿园的建筑设计、室内布置以及户外布置主要遵循安全原则、卫生原则、适应需要原则、教育性原则、舒适原则、经济环保原则、美育原则。

六、第六章参考答案

1. 答案：D。

解析：根据《中华人民共和国教育法》第七十二条规定："结伙斗殴、寻衅滋事，扰乱学校及其他教育机构教育教学秩序或者破坏校舍、场地及其他财产的，由公安机关给予治安管理处罚；构成犯罪的，依法追究刑事责任。侵占学校及其他教育机构的校舍、场地及其他财产的，依法承担民事责任。"

2. 答案：B。

解析：《中华人民共和国义务教育法》第二十七条规定，对违反学校管理制度的学生，学校应当予以批评教育，不得开除。

3. 答案：C。

解析：《中华人民共和国义务教育法》第十九条规定，普通学校应当接收具有接受普通教育能力的残疾适龄儿童、少年随班就读，并为其学习、康复提供帮助。案例中的小宏只是轻度听力损失，故可以在镇里的小学随班就读。

4. 答案：B。

解析：《中华人民共和国未成年人保护法》第六十三条规定："学校、幼儿园、托儿所教职员工对未成年人实施体罚、变相体罚或者其他侮辱人格行为的，由其所在单位或者上级机关责令改正；情节严重的，依法给予处分。"

5. 答案：D。

解析：《中华人民共和国未成年人保护法》第四条规定：保护未成年人，应当坚持最有利于未成年人的原则。处理涉及未成年人事项，应当符合下列要求：（一）给予未成年人特殊、优先保护；（二）尊重未成年人人格尊严；（三）保护未成年人隐私权和个人信息；（四）适应未成年人身心健康发展的规律和特点；（五）听取未成年人的意见；（六）保护与教育相结合。

6. 答案：C。

解析：《国家中长期教育改革和发展规划纲要（2010—2020年）》提出：坚持以人为本，全面实施素质教育是教育改革发展的战略主题，是贯彻党的教育方针的时代要求，其核心是解决好培养什么人、怎样培养人的重大问题，重点是面向全体学生、促进学生全面发展，着力提高学生服务国家服务人民的社会责任感、勇于探索的创新精神和善于解决问题的实践能力。

7. 答案：C。

解析：《幼儿园工作规程》第二十二条第二款规定："幼儿园应当培养幼儿良好的大小便习惯，不得限制幼儿便溺的次数、时间等。"因此，该幼儿园的做法是错误的。

8. 答案：A。

解析：《中华人民共和国未成年人保护法》第六十二条规定："父母或者其他监护人不依法履行监护职责，或者侵害未成年人合法权益的，由其所在单位或者居民委员会、村民委员会予以劝诫、制止；构成违反治安管理行为的，由公安机关依法给予行政处罚。"因此，对于李某的行为，应由其单位给予劝诫。

七、第八章参考答案

1. 解析：了解幼儿、尊重幼儿、关爱幼儿。

2. 解析：首先，要与家长在平等、尊重的基础上开展家园合作；其次，要主动、经常联系家长，积极协调合作，为幼儿负责；再次，与家长合作时应坚持个别化原则；最后，幼儿教师在合作中要保持自身廉洁。

3. 解析：研究成果署名问题、学术抄袭，侵害他人著作权问题、一稿多投问题、泄露研究对象的个人信息而侵害个人隐私权问题等。